U0894501

文坛旧事

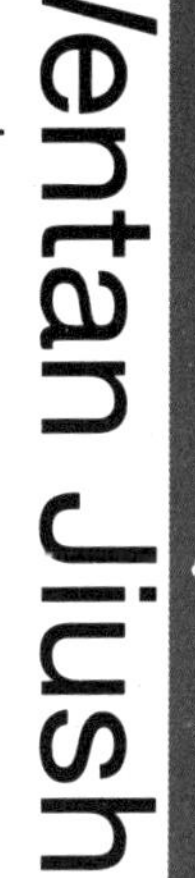

Wentan Jiushi

刘锡诚

Liuxicheng

著

武汉出版社

WUHAN PUBLISHING HOUSE

(鄂)新登字 08 号
图书在版编目(CIP)数据
文坛旧事/刘锡诚著.—武汉:武汉出版社,2005.5
ISBN 7－5430－3243－O
Ⅰ.文…　Ⅱ.刘…　Ⅲ.作家－生平事迹－中国－现代
Ⅳ.K825.6
中国版本图书馆 CIP 数据核字(2005)第 027961 号

书　名:文坛旧事

著　　者:刘锡诚
责任编辑:邹德清
装帧设计:刘福珊
出　版:武汉出版社
社　址:武汉市江汉区新华下路 103 号　　　邮　编:430015
电　话:(027)85606403　85600625
印　刷:湖北省通山县九宫印务有限公司　　　经　销:新华书店
开　本:787mm×980mm　1/16
印　张:16.25　　字　数:249 千字　　插　页:3
版　次:2005 年 5 月第 1 版　　2005 年 5 月第 1 次印刷
印　数:0001－3000 册
ISBN 7－5430－3243－O/K·293
定　价:28.00 元

文坛旧事

目录 MU LU

真理的追求者

——我所知道的晚年周扬

周扬是20世纪中国文艺界卓越的领导人和著名的马克思主义文艺理论家，对我国社会主义文艺事业作出了重要的贡献。我虽然从1957年就进入中国文联工作，多次听过他的报告，看见过他的身影，对他充满着崇敬，但文革前却没有交往。粉碎“四人帮”后，周扬重新回到文艺领导岗位，我先后在《人民文学》和《文艺报》杂志工作，开始与周扬在工作上有所接触，也常听到他的讲话和指示，1983年又在他的推荐和调遣下，到他担任主席的中国民间文艺研究会，在他的直接领导下作些组织领导工作。无论作为一个文艺领导者，还是作为一个马克思主义文艺理论家，周扬在文革逆境中的思考，在新时期对真理的追求，对马克思主义的探讨，对历史问题的反思，他的实事求是的精神，都给我们树立了榜样。

在我的记忆中，周扬是1966年文化大革命开始时，首当其冲，第一个在报纸上被不点名地公开批判的领导干部。[1]他被称为“阎王殿”里的“二阎王”。那时，我正出差在上海青浦县的朱家角调查新故事。忽然从广播里听到对这位文艺界高级领导人的指控和批判，心里陡然紧张起来：周扬被点名了！要搞运动了！因为我在离京前，已经听了以中央的名义发布的“五·一六通知”和《林彪委托江青召开的部队文艺工作座谈会纪要》的传达，听到广播就十分敏感地感受到了局势的紧迫。我当即决定回京，不能在外

[1] 这是一个需要进一步查对的问题。据周健明在《我所见到的周扬》一文里说：“我曾查阅过‘文革’中资料，发现周扬、周立波被公开点名始于《红旗》杂志，罪名是提倡国防文学和反对鲁迅。”

面滞留了。

“文化大革命”如疾风暴雨，待我回到北京，中宣部“阎王殿”已经被“砸烂”了，周扬被点名批判为“文艺黑线的总头目”，我们王府大街64号文联大楼里，楼上楼下到处都贴满了揭发各协会领导人的大字报。从文联的阳翰笙、阿英、刘芝明，剧协的田汉、李之华、李超、贺敬之，音协的吕骥、王元方、孙慎，作协的邵荃麟、刘白羽、郭小川、张光年，直到一些小协会的领导人，舞协的吴晓邦，曲协的陶钝，民研会的贾芝……无一例外都成了“黑帮分子”。连我也成了文艺黑线上的修正主义苗子，被揪出来了。周扬刚刚做过切除一叶左肺的大手术，在天津养病。1966年12月1日，被从天津转移到北京某地关押起来，从此失去了人身自由。1967年第1期的《红旗》杂志上发表了姚文元的长文《评反革命两面派周扬》，攻其一点，不及其余，对周扬极尽诬陷之能事，把革命文艺家周扬诬陷成反革命两面派。

一去十年，音信杳然，连周扬的家属和学生们也都得不到他的任何消息，甚至曾传说他已死亡，连户口都注销了。周扬在监禁中度过了9年漫长的岁月。1975年7月14日，在毛泽东的干预下，才获得释放。[2]“文革”后，我第一次见到周扬，是1977年12月30日上午在《人民文学》杂志社召开的“在京文学工作者座谈会”上，他被请来作一次发言（那时还没有尊称请他作“报告”）。这次会的主题是“向文艺黑线专政论开火”。在此前一两天，《人民日报》刚刚开过一次人数较少的座谈会。而参加这次座谈会的多达140余人。说是在京文学工作者座谈会，其实应邀到会的也还有些艺术家。因而可以认为，这是“文革”大劫难后文艺界的第一次相聚，而且是名副其实的文艺界的一次劫后的团聚大会。那时，我正在《人民文学》杂志当编辑，参与了这次“文革”后文艺界第一次大会的组织工作。这次大会的策划与组织工作，周明同志出力最多。

[2]夏杏珍《“文革”中周扬一案》，见王蒙、袁鹰主编《忆周扬》第655页，内蒙古人民出版社1998年。

劫后第一次公开露面和演讲

会议在北京东城海运仓胡同总参招待所举行。确定这个地方作为会址，记得是经过伍修权同志介绍的。会议 28 日开幕，31 日闭幕。张光年主持。28 日会上发言的有夏衍、冯乃超、曹靖华、峻青（上海）、雷加、秦牧（广东）、李曙光、韦君宜、吴组缃、冯牧、李準、周立波（湖南）、李何林、骆宾基、许觉民。29 日上午，请林默涵到会作长篇发言。下午会上发言的有草明、柯岗（四川）、蔡仪、王春元与杜书瀛。30 日上午，请周扬到会上作长篇发言。31 日上午大会上，宣读了卧病中的中国文联主席郭沫若的书面发言，中国作家协会主席茅盾发言，中宣部部长张平化、副部长兼文化部长黄镇讲话。

周扬恢复自由后，一直住在北京西郊万寿路组织部招待所里。几天前，中组部已任命周扬为中国社会科学院顾问。虽然有许多老同志去招待所看望过他，但到我们的会上来讲话，却是他第一次在文艺界公开露面。

因为从万寿路到海运仓要通过整个北京市区，路途很远，那天，周扬到达会场时，已经过了预定开会的时间。大家都静静地坐在会场里，等待着这位已经有十一个年头未曾露面的文艺界老领导。经张光年和会务组动脑筋巧安排，周扬是作为中国文联的副主席到会并发表讲话的。当面容苍老了许多的周扬在热烈的掌声中步入会场时，一眼看到这么多经历过劫难还健在的旧部，他的心情是异常激动的，眼睛闪着兴奋的光，尽管他早已习惯了在公开场合不动声色。在场的夏衍是拄着拐杖来的，他的腿在“文革”中被打断了。当时还是中年人的峻青，也是从“四人帮”的监狱中死里逃生出来的。有些曾经一道工作和战斗过的老作家，如老舍先生、赵树理同志、刘芝明同志等，已不幸死于劫难之中。相隔十多年后第一次站在这个讲台上向文艺界的旧友新朋讲话，他大概是在监禁中没有想到过的，

因此，他是百感交集，情绪很复杂的。开始时，他用低沉的声音向大家说："参加《人民文学》召开的这个座谈会，我觉得很幸福，感慨万端。"接下来，他便开始检讨自己的过去。我想也可以用"忏悔过去"这样的词儿来概括他当时的心情。他说："我是文艺队伍中的一个老兵，错误缺点很多，有路线性错误，有一般性错误，有历史的错误，有当前工作的错误。对我错误的批判，我都接受，这是对我很好的教育，我要感谢。"但他今天来这里讲话的主旨，是要揭发批判林彪、江青和"四人帮"制造的"文艺黑线专政"论的，他确也压抑不住对"四人帮"的仇恨和愤怒，所以，他接着就说："'四人帮'对我的诬陷迫害，我一概不能接受。'四人帮'是个很大的反面教员，要是没有这场文化大革命对"四人帮"的斗争，人民群众的马列主义水平不会有这么高。"

周扬讲话时，尽管不再有"文革"前那样的风采和魅力，甚至还有些小心翼翼、放不开手脚。他讲了三个问题：第一个问题是怎样评价30年代文艺；第二个问题是怎样正确评价十七年的文艺；第三个问题是要文化革命还是要毁坏文化？这些问题触及到在长达十年的"文革"中在江青控制下反复指控的所谓"又长又粗的文艺黑线"到底是否存在，以及十七年的文艺工作是否成绩是主要的。这些问题，不仅在当时看来都是十分重要而迫切的，而且也是中国当代文艺史上不能回避的重大问题。开会的1977年底，不仅影响和决定着中国之前途和命运的中共十一届三中全会还没有召开，甚至揭批"四人帮"的斗争，也还没有全面深入地展开，真理标准讨论也还没有进行，也就是说"两个凡是"观点不仅在上层决策的圈子里、也还在老百姓中有着很大的市场，总之，那时的思想禁锢还十分严重。尽管周扬在逆境中思考过许多问题，但他的思想不可能超越时代，也不可能将他所思考的问题全部讲出来。他这次长篇发言，对于研究他的思想历程是有重要意义的。

30年代文艺问题，是"四人帮"在《纪要》中炮制的"文艺黑线"的第一个根据，当然也是文艺界拨乱反正的第一个大问题。关于如何正确评价30年代文艺的问题，周扬说："江青和林彪炮制的'文艺黑线专政'论，把30年代文艺问题挑起来。关于30年代文艺，毛主席、鲁迅都有很高的估价。毛主席指出，当时是两个'深入'：农村革命的深入和文化革命的深入，指出在革命中，文艺是个重要的阵线。鲁迅指出，五四运动以来的文艺运动，是唯一的运动，而国民党对当时的文艺只有压迫和屠杀。所以，鲁迅说无产阶级的文艺是用烈士的血写成的。江青说30年代文艺不好，那么，敌人为什么仇恨呢？不是证明'四人帮'同国民党的看法完全一样吗？当然，他们的面貌各不相同，'四人帮'披着马克思主义的外衣。30年代文艺的成就无论如何不能抹杀。30年代有一批革命作家，他们坚信共产主义。其中有的同志献出了他们年轻的生命，有的直到现在还是文学革命的骨干力量。他们有错误，有缺点，但同志们可以想想，那是在什么背景下产生的？那时的革命发生了两个大转折：大革命的失败和农村革命、文化革命的深入，这时候，也是王明的始而'左'倾、继而右倾的路线的严重干扰的时期。当时的文学运动刚刚诞生，还是小孩，很幼小，不受影响是不可能的。像创造社、太阳社这样的团体，虽然有错误缺点，但不能说是不革命的。他们的教条主义不是封建的，而是马克思主义的。他们培养了很多的人。鲁迅确实是伟大的革命家、思想家、文学家，他作为文化革命的旗手当之无愧。我们在思想上对鲁迅缺乏认识，我们有缺点。1935—1936年两年间，形势变化，有的负责人被捕，条件很艰苦，自己觉得教条主义的做法不行了，需要改变。但是我们同党失去联系，看不到党的文件。后来看到共产国际季米特洛夫的文章非常鼓舞人心，像黑暗中看到光明。此后又看到党的《八一宣言》。'国防文学'口号就是在这样的情况下提出来的。我们并没有'背着鲁迅解散左联'，鲁迅也没有说'国防文学'不能提。问题是提出这个口号时来不及和鲁迅商量，来不及在党内商量，不敢提出无产阶级的特殊地位，而且有'左'的宗派主义和教条主义的错误。'四人帮'抓住我们的错误大做文章，企图把我们当时上海文化界的人打成反革命，打成和国民党一样的人。这件事就这么荒唐了十几年。"

在谈到怎样怎样正确估价十七年的文艺时，周扬说："建国以后，毛主席非常重视文艺，亲自领导过问文艺工作和文艺斗争。毛主席对十七年的文艺的评价，主要是肯定的。周总理对执行毛主席的文艺方针、路线，花了很多的心血，给予很多的关怀。这种情况，怎么能说是'黑线专政'呢？而且十七年中有很多好作品，即使是江青夸耀的八个样板戏，也是属于十七年的。怎么能否定呢？他们把十七年说成'黑线专政'，目的是要反对毛

主席、周总理，我们这些人不过是他们的靶子。十七年有没有缺点、错误？有，有刘少奇路线的干扰破坏（当时刘少奇同志的冤案还没有平反昭雪——笔者），也有我们路线性的错误。错误由我主要负责。他们打击我，是为了打总理。三年困难时期，我授意写了《为最广大的人民群众服务》的（《人民日报》）社论，说文艺服务的对象，除工农兵外，还有知识分子，这就错了？第一次文代会上，为工农兵服务的口号提得很高，第二次文代会就不那么高了，第三次文代会由于反修，又提得高些。说明为工农兵服务的思想，在我们的头脑中扎根不深，脱离群众，同工农兵结合得不够好。其次，在知识分子改造的问题上，在对待遗产的问题上，也有错误。毛主席'两个批示'之后，我们真心诚意想解决这些问题，谁不想把工作做好？我们进行了整风，'四人帮'说是'假整风'。你可以说整风还不彻底，为什么要说成是假整风呢？1965年底到1966年初，我向中央写了个报告，检查自己的问题，送到政治局通过，准备公开发表。但被'四人帮'压下了。他们不准革命，不许检讨，而是要打倒！"

周扬在讲到"要文化革命还是要毁灭文化"时说："四人帮"搞的是文化专制主义，搞的是阴谋文艺，他们不但要毁灭无产阶级文化，而且要毁灭古今中外一切进步的文化。"四人帮"的唯一的创造，就是一个"三突出"。创作怎么能用这样的公式呢？"三突出"是林彪的英雄创造历史的唯心主义史观，是极端个人主义、公式化概念化在创作上的混合物，是为他们篡党夺权服务的。最近要发表的毛主席的信，提到了形象思维问题。形象思维是文学的基本特征，是中外古今一切艺术的根本规律，否定形象思维，就是否定文艺。不要形象思维，必然导致公式化概念化，这是符合"四人帮"搞阴谋文艺、搞文化专制主义和毁灭文化的需要的。我们要维护两个基本的东西：一个是工农兵方向；一个是"两结合"的创作方法。要在彻底批判"四人帮"的斗争中配合政治形势，为工农兵服务，保卫毛主席的革命文艺路线。[3]

关于"文革"中被批判得沸沸扬扬的30年代文艺问题，周扬在劫后头一次公开发表的意见，实际上是一种申述，这个申述应该说是诚恳的、可信

[3] 此处所引，据《人民文学》编辑部编《在京文学工作者座谈会简报》第6期，1977年12月30日。

的。在这个问题上，后来由于组织的干预，有很大进展。关于十七年文艺，周扬肯定了成绩，也对出现的路线性错误承担了责任。当然他有历史的局限。那时右派问题还没有得到纠正。胡风问题也还没有平反。他能做到这一步，已属不易，因为当年一道担任领导工作的人中，还没有一个人站出来做出反思，更谈不上承担责任。回想1977年9月19日，邓小平同志同教育部的负责同志谈话，说："《(全国教育工作会议）纪要》里讲了所谓'两个估计'，即文化大革命前十七年教育战线是资产阶级专了无产阶级的政，是'黑线专政'；知识分子的大多数世界观基本上是资产阶级的，是资产阶级知识分子。这个问题究竟怎么看？建国后的十七年，各条战线，包括知识分子比较集中的战线，都是以毛泽东同志为代表的路线占主导地位，唯独你们教育战线不是这样，能说得通吗？《纪要》是毛泽东同志画了圈的。毛泽东同志画了圈，不等于说里面就没有是非问题了。"[4]那时，文艺战线的拨乱反正还踌躇不前，刚提出了批"文艺黑线专政"论问题，接着就冒出了一个"文艺黑线还是有的"论，因为文艺战线的"两个估计"的禁忌还没有解除。周扬在谈十七年的文艺战线时，也是沿用了邓小平估价教育战线的逻辑，即："建国十七年，各条战线，包括知识分子比较集中的战线，都是以毛泽东同志为代表的路线占主导地位，唯独你们教育战线不是这样，能说得通吗？"

顾骧同志在《此情可待成追忆》一文中说，1978年12月，周扬应任仲夷之邀，在广东省文学创作会议上所作的长篇讲话，即《关于社会主义新时期的文学艺术问题》，是周扬复出后第一次公开发表关于文艺问题的系统意见。[5]我以为，这个说法不够准确，上面引述的1977年12月30日上午在《人民文学》杂志召开的"向文艺黑线专政论开火"大会上的讲话，无疑应是周扬复出后第一次在文艺界露面并就文艺问题发表的意见。（当然，因为他发言的主旨是批判"四人帮"捏造的"文艺黑线专政"论，也许还谈不上是关于文艺问题的"系统意见"，在这个意义上，说周扬1978年12

[4] 邓小平《教育战线的拨乱反正问题》，《邓小平文选》第2卷第66页，人民出版社1983年。

[5] 顾骧《此情可待成追忆》，见王蒙、袁鹰主编《忆周扬》第449页，内蒙古人民出版社1998年。

月在广东的讲话是第一次也是说得过去的。）1977 年“四人帮”虽然被捉了，但文化大革命还没有被彻底否定。当时的政治形势是，8 月 12 日—18 日召开的中共十一大，提出了“抓纲治国”的方略，而这个“纲”，自然还是阶级斗争。全党的主要任务，是批右，而不是批“左”。周扬这个长篇发言中，仗义执言地站出来批判“四人帮”对 30 年代文艺和十七年文艺的歪曲和诬陷，是他十多年来思考的结果。他敢于对十七年间文艺上所犯的“左”的错误和缺点，承担主要责任，就显示了一个文艺领导人的成熟和宽容。但他也显然受到时代的局限，比如讲文艺还要“配合政治形势”，就显然还没有摆脱十七年文艺观点的影响。

周扬的自责精神，令在场的文学界人士中的大多数所感动。但也有少数同志，在某些问题上，如在“两个口号”的问题上，长期以来与周扬意见相左，并不是如此。《人民文学》1978 年 1 月号发表了会议的长篇报道后，编辑部于 2 月 13 日收到了李何林同志给严文井同志转张光年同志的一封信。信中说《人民文学》杂志的记者关于会议的报道歪曲了他对“两个口号”问题的看法，他没有说过“国防文学”起过团结作家的作用；他还打印了“两点声明”，散发给有关人士。这个“两点声明”，显然是对着周扬的。我们编辑部查对了会议记录，认为发表稿与记录稿原意基本相符，谈不上什么“歪曲”。经过分析和商讨，编辑部一致的意见是：李何林同志可能是想退回到他原来坚持的立场，以便能自圆其说。为了澄清事实，展开讨论，我们打算把经过核实的事实在刊物上公布。大家的这一意见没有得到主编张光年的认可，接着他又去人大会上开会去了，这件事就这样拖下了。正在这时，中宣部文艺局荣天屿同志于 3 月 4 日来电话，电话是我接的，说要调看“在京文学工作者座谈会”上关于 30 年代文艺问题的发言记录，并说是张平化部长和李晓明局长要看。显然李何林同志的“两点声明”起了作用。我们于 3 月 6 日（星期一）将包括周扬讲话、李何林发言在内的关于 30 年代文艺的部分会议记录送到了中宣部文艺局。文化大革命中，江青及“四人帮”以“国防文学”口号为重型炸弹，把周扬等“四条汉子”打翻在地。要解决“文艺黑线”问题，摘掉“文艺黑线”这顶帽子，30 年代文艺问题，特别是“两个口号”问题，就不可等闲视之。中宣部调看我们会议的记录，虽然一时间没有结果，但这个很有争议的问题，后来有很大进展。徐懋庸临终前有遗言，说明与鲁迅关系中出现芥蒂的真相；延安时代在中宣部任领导职务的吴亮平同志证实曾请示过毛泽东，毛泽东说过“两个口号”可以并存的话；陈云同志再次指示中宣部就此问题作调查；任白戈、周立波等当事人发表了说明当时情况的文章。历史的纠葛应该可以解开了。

“新时期文艺”和“三次思想解放运动”的提出

我们的研究思路和研究方法，总喜欢抓大的论题和大的构思，而常常忽略微观研究。其实，对于任何研究工作来说，倒往往是从一枝一叶入手，才能较为容易地把握一棵大树的全貌。前几年，中国社科院文学研究所的研究员蒋守谦先生到日本作学术访问，日本的中国文学研究者向他提出一个问题：“新时期文学”这个概念是谁先提出来的？一个简单的问题难倒了这位研究员。这说明我们常常会忽略这样简单的属于一枝一叶的问题的研究。蒋先生回国后查阅有关资料，认定第一次使用“新时期文学艺术”这个词汇的，出自周扬同志1978年12月在广东文学创作座谈会上的讲话《关于社会主义新时期的文学艺术问题》一文。作为一个新时期文学的编辑者，我对这个答案并不死心，又查了一些材料，查的结果是：1978年5月18日，周扬在全国戏剧创作座谈会上的讲话《谈社会主义新时期戏剧创作的任务》中已经提出了“社会主义新时期戏剧”的概念。[6]1978年6月5日中国文联第三届第三次全委扩大会决议中，采用了“新时期文艺工作”的概念。[7]“新时期戏剧创作”和“新时期文艺”的出现，都比《关于社会主义新时期的文

[6]见《人民戏剧》1978年第10期；后收入《周扬文集》第5卷第23-32页，人民文学出版社1994年。

[7]见《文艺报》1978年第1期；后收入《文艺界拨乱反正的一次盛会》，人民文学出版社1979年。

学艺术问题》要早一些，尽管这几个概念在意思上和构词上都是没有什么差别的。这也说明一点，周扬思路的清晰和概括的准确。这个名词一旦被结构出来，就得到了广大文艺工作者的认同，也就很快流传开了。

周扬是应广东省委书记任仲夷同志的邀请到广州，并于 1978 年 12 月 9 日在广东文学创作座谈会上发表这个讲话的。稍后又到广州的还有林默涵和张光年。12 月 21 日陈残云给我来信说，他们的座谈会已经结束，“会议开得不错，大家思想解放，畅所欲言，周扬、默涵、光年三同志都作了整天的报告，对大家的帮助很大”。我们《文艺报》编辑部 12 月 23 日听了广东文学创作座谈会的详细传达。周扬在广东的报告，无论对他个人来说，还是对当时中国的文学界来说，都是一个难得的、有新意的报告。在这个报告中，周扬提出和阐述了新时期文学艺术的任务、歌颂与暴露、社会主义文学和它的同盟军、艺术的形式和风格、学术上的自由讨论、文学艺术的领导等六大问题，如前面所提到的顾骧同志所说的，他第一次就新时期文学艺术问题发表了“系统意见”。

他在这次讲话中所谈的“歌颂和暴露”的问题，对于新时期文学来说，既有着现实的意义，又有着长远的理论意义。歌颂和暴露的命题，是新时期文学发展本身提出来的一个新鲜问题，是理论工作者不得不面对、不能不加以阐释和解决的问题。“伤痕文学”的出现并在很短的时间里形成了一股汹涌的大潮，但它是一股应予热情肯定并加以引导的文学潮流呢，还是一股所谓“伤感文学”和“暴露文学”？在 1978 年的文坛上曾掀起了激烈的争论，这个争论一直延续到 1979 年的上半年。除了私下里的议论和咒骂，座谈会上的口头交火外，不是也公开发表了《“歌德”和“缺德”》和《向前看啊，文艺》这一类的文章吗？在文艺界，责难和反对以揭露“四人帮”罪行为主要内容的“伤痕文学”的思潮，与当时出现的反对三中全会的思潮汇合在一起。《“歌德”和“缺德”》作者抓得很准，争论的核心确是歌颂和暴露。周扬虽然长期脱离文化界，但他敏锐地捕捉到这一争论的核心，旗帜鲜明地站在思想解放的立场上作出自己的回答。他说：

> 我们的文学特别要歌颂那些在各条战线上用各种方式抵制和反对林彪、“四人帮”，坚持工作和学习，坚持生产劳动，坚持科学研究，不怕

> 打击，不怕坐牢砍头，表现出大无畏精神的千千万万无名英雄们。天安门的革命诗歌，就是“四五”英雄们以无比的革命义愤，用血泪凝成的集体创作，是光辉灿烂的政治诗篇。《于无声处》第一次把这种英雄人物搬上舞台，这是文艺战线上的一个勇敢的突破，一个值得庆贺的成功。
>
> 在我们的文学作品中，过去写过在战场上、在敌人法庭上、在监狱中同民族的和阶级的公开敌人作斗争的英雄，但却没有写过同那些以“共产党员”的面目，伪装革命，混入我们的党和国家机关的各色各样的野心家、阴谋家作斗争的英雄。不怕抓，不怕压，敢于撕下那些坏人的假面具，这比同公开敌人斗争更复杂、更艰难，甚至也更痛苦。这需要胆略和智谋，特别需要有高度的政治敏感和政治勇气。这是一种新型的英雄主义。
>
> ……我们的社会主义文学，难道不应该对这种人（指《于无声处》中的何是非那样的人——笔者）加以暴露、加以鞭挞吗？《于无声处》第一次写了大胆反抗“四人帮”的新英雄，也写了无耻投靠“四人帮”的新叛徒。这就是这个戏的重要贡献，也是它受到观众欢迎的原因。话剧《丹心谱》，短篇小说《班主任》等作品，也都是写反对“四人帮”的斗争的，也都受到了群众的欢迎。对这类作品，即使其中还有某些缺点和不足，轻率地称它们是“伤痕文学”、“感伤主义的文学”或“暴露文学”，而对之采取贬低或否定的态度是不恰当的。我们正需要有更多更好的揭露林彪、“四人帮”的作品，否则我们怎么能表现我们这个时代的尖锐复杂的斗争，并从中吸取深刻的教训呢？[8]

正如周扬所说的，“歌颂和暴露”，实际上是文学的倾向性；倾向性是社会主义文学的本质特性，取消了倾向性，便是取消了社会主义文学本身。周扬的这个论点是对的。可惜的是，周扬以及一大批理论家所持的这一著名论点，在90年代文学中没有被继承下来，而是日益被消解，有些理论家和作家正在鼓吹以夸大文学的娱乐性来取代文学的倾向性，这无疑是文学理论的一个大倒退。

周扬的这篇长文，系统地阐述了他在复出后对新时期文学的一系列根本性观点。“新时期文艺”要健康地发展下去，一定要有一个“百花齐放，

[8] 周扬《关于社会主义新时期的文学艺术问题》，原载《人民日报》1979年2月23—24日；后收入《周扬文集》第5卷第86-88页，人民文学出版社1994年。

百家争鸣”的政治环境。“百花齐放，百家争鸣”是他晚年不断思考也不断重复阐述的一个问题。“双百”所以成为他复出后的一个文艺情结，是因为他多年来充当过中国文艺界的领导角色，而在几十年中，“双百”有时执行得好些，有时则不能很好地执行，在“文革”中，则干脆蜕变成了文化专制主义。这里面自有其惨痛的教训。他认为中国的文学艺术要出现繁荣和高峰，没有创作上的百花齐放，学术上的百家争鸣，是不可能的。比起过去多年来他在文章和报告中多次的谈论来，周扬在这篇讲话里对“百花齐放，百家争鸣”的阐述，显然增添了一个新的思想：“‘百花齐放、百家争鸣’，实际上就是发扬社会主义民主，防止思想僵化。而思想僵化，对于我们是最大的危险。”尽管他没有解释这个所谓“思想僵化”是指着谁说的，读者自会明白，是指那些掌握着方针政策的高层领导人。

△ 参观大港油田(1979年) 张光年(右一)、周扬(右三)、李季(右四)、冯牧(右五)、罗荪(右六)

在周扬看来，“新时期文艺”的出现是与一个新的思想解放运动相联系的。就在差不多同时，他在1979年3月23日，应我们《文艺报》之邀在“文学理论批评工作座谈会”上作长篇讲话时，第一次提出了“三次思想解放运动”的观点。他说：

我想我国半个世纪以来是不是有这么三次大的思想解放运动？第一次是有名的五四运动。这是我国历史上破天荒第一次伟大的反帝、反封建的运动，是以科学和民主为旗帜的思想解放运动，文学革命运动，在文学方面就是反对文言，提倡白话，反对旧道德，提倡新道德。因为五四运动才有马克思列宁主义在中国的传播，才有中国共产党。我们党就是五四运动的产物。“五四”文学革命发展为革命文学，即无产阶级革命文学，这就是所谓十年左翼文学运动。这是历史的一个必然发展。无论在文学革命或革命文学运动中，鲁迅都是伟大的旗手。他和整个新文学运动一样经历了从民主主义到共产主义思想的伟大变化。以共产主义思想为指导的左翼文学运动，一方面是五四运动的继续和发展，另一方面又是五四运动的批判和否定。如果说“五四”文学革命还是统一战线的性质，到革命文学时已经是无产阶级性质了。……我们说五四运动是一次空前伟大的思想解放运动，这是因为要把人们的思想从两千多年的封建思想统治，即以孔子的教条为中心的儒家思想的统治中解放出来，这是一件多么不容易的事。……

以王明为代表的“左”的教条主义和宗派主义，曾经在一个相当长的时期，在我们党内占据了统治的地位，给我国革命事业带来了极端严重的危害。1942 年延安整风运动，就是反对教条主义的。这虽是党内两条路线的斗争，但它的意义不限于党内，在思想的意义上说，它是五四运动之后的第二次大的思想解放运动。……因为有了这场思想解放运动，所以只有三年的时间，就取得了全国的胜利。实践证明了，这次整风运动，既弄清了思想，又团结了同志，全党团结，全民团结，才取得了这么大的胜利。

现在我国进入社会主义的新的发展时期，我们正经历第三次伟大的思想解放运动。大家所讲的四五运动，是这次运动的一个重要标志。这第三次思想解放运动，应从文化革命的时候算起。文化革命的本来目的，是批判资产阶级、批判修正主义，反修防修，避免重蹈苏修的覆辙。但是由于林彪、“四人帮”一伙野心家、阴谋家的干扰破坏以及其他原因，这场革命没有达到它的目的，反而被野心家、阴谋家所利用，成为他们篡党夺权的工具。对文化大革命怎么看，是许多同志头脑中的一个问题，也是思想战线上我们大家都关心的一个问题。……文化大革命可不可以说是一次剧痛的难产？……文化大革命是经过了很长时间的剧痛，付出了很大代价的一次难产，这个难产产生了什么东西？既然承认四五运动

是伟大的革命运动，它就是这个难产的产儿。这个产儿凝聚了老一辈无产阶级革命家的心血和希望，也带来了林彪、“四人帮”所造成的不正常发育的某些痕迹。同志们也许要讲，不难产不是更好吗？历史不是以人的意志为转移的。如果革命按照人的意志，那革命就太容易了。它往往不按照你的意志，甚至违反你的意志。所谓不以人的意志为转移，就是不管是什么人，包括领袖人物在内。历史就是这样铁面无情的。我们所能做到的，就是从这个历史的曲折过程中总结经验，吸取教训。只有这样，没有别的办法。……经过这次思想解放，迷信破除了。迷信不要，对毛主席的尊敬、信仰还要，而且应该要。我们信仰的是作为科学思想体系的毛泽东思想。

周扬的“三次思想解放运动”的理论，是他总结我国60年现代史的理论思考的结晶。可惜的是，作为“文学理论批评工作座谈会”组织者的我们，包括我们《文艺报》的主编冯牧和罗荪，没有能够站在一个历史的高度和理论高度充分认识周扬提出的这一理论观点的重要意义，因而也就没有及时作出决定在《文艺报》上公开发表，造成了一个历史的失误。（现在冯牧和罗荪两位先辈和领导已经不在人世了，我现在来说这样的话，只好请他们原谅了。）40天后，周扬在中国社会科学院召开的纪念五四运动60周年学术讨论会上作报告，题目就叫《三次伟大的思想解放运动》。他所讲的当然比在我们的会上讲的更严谨了，但所阐发的思想还是那些思想。他在社科院纪念“五四”60周年学术讨论会上的报告，在5月7日的《人民日报》上全文发表，在思想理论界发生了强烈的反响，“三次思想解放运动”的说法，得到了思想理论界的广泛认同。

在我们的会上所作的报告的第二部分，他就是以这个“三次思想解放运动”的思想为根据，试图总结“五四”以来60年和建国以来30年间的文艺发展的经验教训。总结三十年和十七年的文艺工作经验教训是他晚年的一个夙愿。在我们的会上所作的讲话，在总结经验上他实际上只讲了两个问题：一个是用什么思想观点来总结，他说不能用历史虚无主义，而应用历史唯物主义；二是从纵的方面即从历史的发展方面和横的方面即从许多重大问题方面来总结。他提出了要写一部中国现代文学史和一部中华人民共和国文学史的设想。（我在一次《文艺报》的编委会上听荒煤说过，周扬要他挂帅写一部中国现代文学史或中华人民共和国文学史。荒煤对他说：我没有掌握材料，很多重要的材料，包括周恩来总理等中央领导同志关于文艺的讲话，都存在中宣部文艺局和文化部，但当向这两个领导机关提出看材料时，他们却答复说，你们写公开的，我们搞内部的。荒煤为此很生气。）他对三十年和十七年文艺的总结，在此后的许多讲话中，都有所涉及，但比较起对30年代文艺的总结来，对建国后的三十年和十七年文艺的总结，做的并不算好，或者说他还没有来得及做。对三十年和十七年文艺的认真总结，是第四次文代会的工作报告，即《继往开来，繁荣社会主义新时期的文艺》。[9]令人遗憾的是，尽管在我们的“文学理论批评工作座谈会”上有许多人就文艺与政治的关系问题谈了很多很有启发性的意见（如上海的李子云、江苏的陈辽、北京的郑伯农等），我们也有简报送给他，他却始终没有能够想清楚，或没有很好地解决文艺和政治的关系问题。他在这个问题上的老观点，一直延续到1979年下半年讨论他主持起草的第四次文代会报告时，还没有放弃。这可能与他对毛泽东的信任有关，也与他无法跳出自己的狭隘经验有关。在这一点上，倒是胡乔木给他的报告稿提出了重要的修改意见。胡乔木1979年10月30日讨论时说：“周扬同志的报告中有一个问题——关于文艺为政治服务、文艺从属于政治的提法……我认为这个提法现在还是不提为好。它在理论上是站不住的，马恩也从来没有这样讲过，在他们的著作中找不到文艺必须‘从属’于政治的根据。照这样，难道哲学、科学等等也必须从属于政治吗？这种话，马恩从未讲过，全世界也没有人讲过。我们说‘文以载道’，但没有人讲‘文以载政’。把文艺看成是一种工具，是讲不通的。这在理论上也是站不住的。”周扬同志和起草组，删去了关于“文艺为政治服务”和“文艺从属于政治”的提法。文代会的报告定稿，最后是经中央政治局讨论过的，作为三十年文艺的基本总结，没有再重复“文艺为政治服务”和“文艺从属于政治”这个多年来的文艺方针。但胡乔木似乎并没有完全说服周扬，周扬在稍后于1980年2月初召开的剧本创作座谈会上讲话时，又一次较为全面地申述了他对文艺与政治关系的看法。

---

[9] 周扬《继往开来，繁荣社会主义新时期的文艺》（1979年11月1日），见《文艺报》1979年第11、12期合刊；又见《周扬文集》第5卷第160—197页。

强调继续解放思想

建国以来的历次政治运动中，他整过一些人，他主持文艺工作的十七年期间，也犯过“左”的或“右”的、但多数是“左”的错误，因此，他是一个最有争议的人物。周扬复出后，我有好几次在会议上听到他向反右中和其他政治运动中受过他伤害的同志检讨自己，情深时常常流下泪来，不能自已。对于他这样一个高级干部的这种诚恳与自责，文艺界普遍对他怀着谅解和尊敬之情。认为他是经过文革在反思中达到彻悟的共产党人之一。他出狱后不久便亲自登门去看望被他伤害过的冯雪峰、萧军、丁玲等老同志老朋友，有的还曾是老对头。他去看望冯雪峰时，文革还没有结束，“四人帮”还在台上，生命处在危难中的冯雪峰，嘱托他为瞿秋白澄清一个问题；萧军称赞他是一条“汉子”。周扬在文革结束后，努力推动思想解放、推动真理标准讨论、推动新时期文学运动等举动，重新获得了文艺界人士的尊重。中央和文艺界再次选中了周扬。历史再次选中了周扬。周扬在第四次文代会上当选为中国文联主席，兼任党组书记。周扬在文艺界的威望和地位是公认的。如果说“文革”前他的威望仅仅是一个党的领导者所带来的话，那么，文革后他的威望则是人们对他的人格和追求真理的评价。

△ 周扬在第四次文代会上作报告(1979 年)

第四次文代会虽然通过了新的文艺方针，但对这个方针，对三十年和十七年文艺的总结，却存在着不同的、甚至是对立的观点。文代会期间，代表们在许多问题上意见纷纭，一时难于统一起来，会议又不能开得很长，中央决定，文代会闭幕后，再开别的会议，继续就一些重要问题展开讨论。胡耀邦说要连续开四个会议：剧本创作座谈会、文学编辑工作会议、音乐创作座谈会、少数民族文学创作会议。1980 年 1 月 23 日—2 月 13 日在京西宾馆由中国戏剧家协会、中国作家协会、中国电影家协会联合召开的剧本创作座谈会，就是计划中的第一个会议。这次会议所以叫剧本创作座谈会而不叫别的什么座谈会，我想大概是因为在文代会之前出现的一些有争议的作品，如《假如我是真的》（又名《骗子》）、《在社会的档案里》、《女贼》（当然也还有诗歌《将军，不能这样做》）等，都是剧本。从这些作品延伸出来的若干文艺理论问题，如文艺干预生活问题等，在文代会上成为争论的热点问题。胡耀邦在《在剧本创作座谈会上的讲话》里说：鉴于"直接关系文艺事业发展的全局的、重大的方针性问题，没有一个大体上一致的看法，就会影响我们的工作。文代会闭幕之后，我们和周扬同志、穆之同志等一起商量过两条办法：一条是用中央的名义批发一个中央文件，这就是《中共中央关于认真学习贯彻第四次全国文代会精神的通知》。这个文件由周扬同志主持起草，经过中央的同志，包括华主席、邓副主席反复修改。……这个文件明确地肯定第四次文代会是开得好的，邓小平同志代表中央所作的祝词，提出了我国新时期文学艺术的任务，正确地分析和估计了文艺队伍的状况，进一步解决了文艺和人民、文艺和生活的关系，以及党如何领导文艺等一系列根本性的问题。""另一条是……酝酿召开这个座谈会。"[10] 参加剧本创作座谈会的人数很多，会议时间也拖得很长，可见争论之烈。即使会议结束后，《文艺报》也还发表了沙叶新那篇有很大争议的文章《扯"淡"》。就是一例。

周扬于 2 月 11 日上午到会发表讲话。笔者认为，在周扬所讲的四个问题中，有两个问题是他的重点，也是有新意的。一个是要继续解放思想；一个是关于文艺为政治服务和文艺干预生活问题。

继续解放思想是周扬讲话的核心，继续解放思想也是他的三次思想解

[10] 胡耀邦《在剧本创作座谈会上的讲话》，引自中国电影家协会编《电影艺术参考资料》1980 年第 5 期（总第 66 期）。

放运动理论的组成部分。周扬提出继续解放思想，是有感而发的，是针对着有些人因为出了《假如我是真的》、《在社会的档案里》等作品而把社会上某些消极现象归结为文艺作品的影响所致的责难，是针对着说思想解放过了头的流言。他说：文艺作品对社会有很大的影响，但不能把现在一些消极社会现象都归结为解放思想的结果。我们还要继续解放思想。所谓要解放思想，是因为有什么东西束缚了它。中世纪，因为有宗教、有基督教的束缚，才有文艺复兴。18 世纪又来了个启蒙运动。现在所以要继续解放思想，是因为林彪、“四人帮”的极“左”路线在理论上、组织上的残余势力不可低估。一个国家、一个民族，如果思想不解放，就停滞了。思想解放是从必然王国到自由王国的飞跃，没有过头的问题。思想解放没有止境。不管思想活跃出了什么问题，我认为都是好事，不然思想就僵化了。现在还是要按照三中全会、邓小平同志提出来的，要解放思想，实事求是。思想解放就是思想与实际情况相符合。符合于现实发展的才是解放，落后于现实发展的则是不解放，思想超过了现实是过了头。为什么要继续解放思想？因为我们要正确地认识这个时代，正确地反映这个时代。我们要搞科学的社会主义，不要搞感伤的社会主义。有些作家写的是当前最尖锐的主题，没有激情是不行的，但单单凭愤慨也还解决不了问题。《将军，不能这样做》这首诗，我看了，写得很好，但有缺点。《在社会的档案里》一面是林彪、“四人帮”的帮派势力，一面是无政府主义。是不是能用无政府主义来反官僚主义？不能。不能因为反官僚主义，就同情诈骗犯、盗窃犯。黑格尔说：合理的就是现实的，这是辩证法，但不能说现实的就是合理的。一个革命的作家没有革命的倾向性怎么行？我们提倡讲真话，但又不能限于讲真话。现在我们常说恢复了现实主义，这个说法我不完全同意。十七年也有现实主义，也不能说回到了“五四”。那么解放后就没有现实主义？同样也不能说回到 19 世纪，回到现代派艺术。现实主义是我们的指路明灯，但我们还有一个明灯：革命。我们要继续发扬过去的好的东西，但又不能全部肯定。我们还要有理想。

在文艺与政治的关系问题上，在文艺干预生活问题上，周扬有自己的观点，他是不轻易附和他人的意见的。前面我们提到，在讨论周扬在文代会上的报告时，胡乔木发表了不要再提文艺为政治服务的口号，报告稿中也删去了这样的内容，邓小平同志在文代会的祝词中也讲了不要再讲文艺为政治服务，但这不等于周扬对这个问题没有自己的看法。他在剧本创作座谈会上把文艺为政治服务、文艺干预生活作为要讲的四个问题中的一个继续发挥了他的见解。他说：在无产阶级专政的条件下，文艺与政治到底是什么关系？小平同志讲过了，不要再讲文艺为政治服务，但也不能讲文艺可以脱离政治。不提文艺为政治服务，并不等于文艺不为政治服务。文艺怎么能与政治没有关系呢？有人喜欢讲文学是人学，文学是写人的命运的。拿破仑曾对歌德说：命运就是政治。社会不能离开政治。在很大程度上是政治的结晶。文艺界对此没有人有不同意见。那又为什么不赞成文艺从属于政治呢？毛主席说，文艺是社会生活在作家头脑中的反映。生活当然不只是政治生活。马克思说，物质生活的过程制约着人的社会生活、精神生活的过程。文艺的作用要通过政治来实现，但直接制约着文艺的是社会生活，而最后制约着文艺的是经济。经济决定上层建筑。当然，一，经济决定意识形态不是直接的，而是复杂的、曲折的；二，上层建筑各因素之间，也发生着影响；三，上层建筑有相对的独立性。特别是哲学和文学，表现出相对的独立性。我们不应满足于过去讲的文艺服从于政治。过去时代的文艺，凡是优秀的，都是反对政治的。我不认为文艺为政治服务这个提法是错误的，要批判。有人提也可以，当然最好是不这样提。作为规律，不科学，应有新的口号来代替，这就是：文艺为人民服务，为社会主义服务。关于不再提文艺为政治服务口号，周扬在剧本座谈会后召开的“全国文学期刊编辑工作会议”上讲话时，又说：“我们不再提文艺为政治服务，并不等于文艺与政治没有关系，它的关系是很密切的，你要离也离不了的。既然有关系，为什么不讲文艺为政治服务，已经讲过。我在湖南两次讲话，以及剧本座谈会上的讲话中都说了，不再继续提‘文艺从属于政治’这个口号，并不等于过去的提法就错了。”[11]

关于文艺干预生活问题，周扬的态度是不赞成，不提倡。他说，文艺与政治都是上层建筑，但文艺是通过政治来实现的，政治任何时候都是统帅。文艺还要服从党的领导。文艺干预生活，其实质就是干预政治，就是

[11] 周扬《在全国文学期刊编辑工作会议上的讲话》，引自会议文件第 7 页。

把文艺摆在了统帅的地位上了。文艺干预生活，实际上就是写社会阴暗面，暴露黑暗。否则，为什么不把文艺反映生活叫做文艺干预生活呢？文艺干预生活，也能起好作用。但对此，我不赞成，也不提倡。算是一种文艺流派吧。至于把干预生活叫做现实主义，恐怕不行。[12]

对青年作家的扶植

第四次文代会结束后不久，1980 年的春天，周扬和沙汀曾联名向《文艺报》推荐了一位农村业余作者周克芹写的长篇小说《许茂和他的女儿们》。由于周扬和沙汀的热情扶植，使这位处身于山乡的业余作者名重一时，这部作品后来也荣获了第一届茅盾文学奖，他也被选为四川省作家协会的主席。周克芹的小说固然达到了一定的成就，但他的成名，不能说与周扬和沙汀的推荐没有关系。周扬对周克芹的评价和褒奖，不禁使我想起在延安时他写的评价赵树理的文章。[13]

事情是这样的：1980 年春天，在重庆文联工作的老作家殷白（张惊秋）寄给周扬同志一篇评论文章，所评论的是四川省简阳县红塔区的业余作者周克芹的长篇小说《许茂和他的女儿们》。这部小说最初发表在地区的内部文艺刊物《沱江文艺》上。后来重庆的《红岩》杂志转载了其中的部分篇章。周扬读了这部长篇的大部分后，于 2 月 3 日给老朋友沙汀同志写了一封信，请他读读这部小说，并请他把殷白的评论文章转交给《文艺报》的主编罗荪同志。我当时在《文艺报》担任编辑部副主任兼文学评论组的组长，罗荪同志就把周扬给沙汀的信和沙汀给周扬的复信（2 月 18

[12] 此处所引周扬在剧本创作座谈会上的讲话，均采自笔者的记录本。

[13] 周扬《论赵树理的创作》，《解放日报》1946 年 8 月 26 日。后来多种书里都选了这篇文章。

日）连同殷白的文章《题材选择作家——评〈许茂和他的女儿们〉》一起交给我处理。

读了周扬给沙汀的信和沙汀的复信，很使我感动。周扬在给沙汀的信里热情地肯定了当时还名不见经传的业余作者周克芹的小说。他说："殷白同志寄给我他写的一篇评论，推荐了蜀中一位值得注目的新作家周克芹同志的长篇小说《许茂和他的女儿们》。他对这篇小说热情称赞，他的文章是有分析的，写得也生动，没有像某些评论文章的那种公式化、八股气。我已读了这部长篇的大部分，的确是一部引人入胜的书。故事发生的时间是在1975年我国人民和'四人帮'激烈斗争中的一个短暂的曲折时刻，地点是四川的一个偏僻的农村。历史背景回溯到农业合作化初期，展示了那时以来的时代风云的变化莫测和农村新旧势力的反复斗争，描绘了各种人物之间错综复杂的关系。每个人物的面貌都不相同，亲近如父女之间、姐妹之间的关系，也由于每个人的性格、遭遇和觉悟水平的不同，心灵深处各藏有自己的秘密，彼此也并不能完全开诚相见。人物的命运，和当时我们整个国家的命运一样，走在坎坷不平的道路上。他们的生活中经受了多少的颠簸，心中有多少良好的愿望，他们的思想感情又是多么丰富啊。作者对农村环境和人物的描绘是栩栩如生的。谁能说农村不是一个广阔的天地呢？谁能说这些普通的每天从事平凡劳动的农村男女特别是青年男女不是足以震撼大地的伟大力量？当然，我并不是说这部小说已经充分地把农村的广阔天地展现在我们面前了，但是无论如何，已使我们多少看到了这片令人神往的天地，看见了在其中活跃的一些充满活力的可爱的人物。小说也描写了我们农村中、社会中的不少消极面、阴暗面，但并不给人以消沉的感觉，相反给人以鼓舞的力量。这是我们现实生活中所蕴藏的无穷潜力。我们的文艺作品应当努力表现劳动人民的这种真正的力量。"在充满肯定和赞扬这部小说所取得的成就的同时，周扬也指出了这部作品的不足。他说："这篇作品中是否发议论和抒情的词句多了一点，就是说得太显露了一点，不够含蓄，给读者的想象没有留下足够的余地呢？这是值得作者考虑的。但有一点我是相信的，作者抒发的是自己的真情实感，所以不论怎样，它还是能够感动人的。""发现人才，爱惜人才，十分重要。爱惜人才不只要热情鼓励，还要严格要求。对有希望、有才能的作家，也不能乱捧，乱捧

只有害处。”[14]周扬对沙汀说：“您对四川的作家，包括这位青年作家，想必有所了解。您对故乡的人情风俗，都很娴熟，您创作上又素来以现实主义手法见长，您是最有资格来评论这篇小说的。我盼望能听到您的宝贵意见。”沙汀收到周扬的信后，很快读完了《许茂和他的女儿们》这部小说，并给周扬回了一封很长的信，除了赞同周扬对小说的评价外，还对作品进行了独到的有说服力的分析。

△ 罗荪

我收到罗荪转来的周扬和沙汀的信件以及殷白的评论文章《题材选择作家》后，便着手读他们推荐的这部长篇。我读了小说，老农民许茂和他的女儿四姐许秀云等人的命运和遭遇，也在我的心灵上产生一种震撼和激荡，不禁感叹周扬、沙汀和殷白这几位老前辈艺术眼力的敏锐，是他们发现了这部粉碎“四人帮”以来创作的优秀长篇小说；同时也引起我的深思，我们编辑部分管的编辑，应该是读过《红岩》杂志上发表的其中的片断的，不知为什么把它从眼前放过了。不管有什么理由可以解释，总之我们没有发现。编辑部研究决定，立即将周扬、沙汀的通信和殷白的文章在《文艺报》第4期上发表。

读完小说，编完这组稿子，我心里总还是有一种冲动。我想见见这位给当代文学提供了一幅70年代末中国农村生活画面和各种人物的、又富有传奇色彩的农民作家。《文艺报》第4期出刊后，我便去了一趟简阳。《文艺报》虽然才出了一个月，但我在当地发现，周扬对周克芹小说的肯定性评价，在简阳的青年中已广为人知。周扬和周克芹一样，成了当地人们所

[14] 周扬、沙汀《关于〈许茂和他的女儿们〉的通信》，《文艺报》1980年第4期。

熟悉的人物。在简阳红塔区的一间极其简陋的、窗户上糊满了废旧报纸的职工宿舍里，我找到了周克芹，并同他作了长谈。像我见过的许多区乡干部一样，他很朴实，当时他还没有脱产（即后来所说的还没有“农转非”）。我把载有周扬文章的刊物送给他。他感谢周扬。他说周扬对他的小说的评价是实事求是的。因为周扬说话了，所以报刊上连续发了好多文章，但那些文章就显得不实事求是了。报社、通讯社、电台也纷纷来记者采访他，给他造成很大的压力，但他不愿意出头露面，不愿意表态，不愿意谈什么创作经验。他说，省里还有好多比我成就大的作家。当我了解了他的这些想法后，我虽然在简阳住了好几天，也同他谈了不少创作上的问题，了解了他的创作过程，但我还是放弃了写一篇访问记的念头，尽管写这样一篇东西在我来说并不是什么难事。我不写周克芹的访问记，但我要在这里引述一封在简阳读到的几个青年农民写给周克芹的信：

周克芹同志：

读过《许茂》后，我们不禁要问，你是什么时候来过我们这里，并把这里的发生过的很多事情写成了书？也许书的作者——克芹同志，是同我们一样的农民？要不怎么为我们说话呢？

你的书写出了有些我们想说而不敢说的话，你的书教给我们有些不曾明白的道理，你的书对发生那些可悲的事有一定的见解，这是写这方面书的人难能可贵的精神表现。我们中华民族有几千年文明的历史，也有过引以为荣的兴旺时代，但是今天，造成贫困落后的是谁，根源在哪里？历史是人民写的。再过若干年，或就在眼前，人们心中已有一本不成文的书了。

我们是勤劳勇敢的民众。我们占总人口的大多数生活在农村，经济文化极度的贫穷。能怪我们懒吗？不是的。是统治者们不帮助我们摆脱贫困，不教给我们文明道德。他们利用庄稼人的缺点来制造灾难。在十年浩劫（岂止十年）的大悲剧中，在有的人看来，造成我国贫穷落后的似乎是这些腰无分文、目不识丁的庄稼人！现在看来，真真是可笑可悲啊。

作家同志，像这样的书多多益善，虽然它不怎么完美。看过你的书后，郁积在胸的气可以舒散一点，你的书还具有教我们识别真善美、

假恶丑的能力。

紧握双手

四川泸县几个青年农民

80 年 4 月 2 日[15]

读了这封信，感受到一种酣畅淋漓的快感，周扬的读后感，是可以与农民们的评价相印证的。我的简阳之行，是在周扬和沙汀的启发下才有的。没有周扬和沙汀的评论，不仅不会有我的简阳之行，甚至周克芹也许永远不过是个在小范围里为人所知的业余作者而已。历史常常是这样由许多偶然性造成的。

面对意见分歧的领导核心

第四次全国文代会后，文艺界的思想认识并没有能够统一起来，有些问题上的分歧，甚至愈演愈烈。作为中宣部副部长、文联党组书记的周扬，在几次会议上，都强调在有关方针问题上要统一认识，在政治上要与党中央保持一致，在理论问题上要百家争鸣。1980 年 4 月 1 日中宣部文艺局召开文艺问题座谈会，由贺敬之主持讨论文代会召开一年来的文艺形势。我也被通知去参加。据文艺局的通报，在文代会通过的文艺方针问题上，就有不同意见，而且各行其是；文艺创作中，也出现了一些带有倾向性的问题，对这一类的倾向性问题的看法，又很不一致。周扬在第一天（4 月 5 日上午）讲话。他深深感到了文艺界在文代会后还存在着的意见分歧和行动不一。这显然是与中央不保持一致。所以周扬说：文艺上要贯彻“双百”方针，这一点是坚定不移的。但又要有统一的意志和统一的行动。只有党中

[15] 录自笔者 1980 年 5 月 5 日在简阳访问时的笔记本。

央的意志，才能代表广大群众和干部的意志。

外地有的地方的领导人，不同意文代会上通过的方针。在一次《文艺报》的编委会上我就听说过，上海的陈沂说上海不贯彻文代会精神。黑龙江的宣传部长陈某在一些问题上的看法也与北京不一致。但这似乎无关大局。而在文艺界领导层中的意见不一致，却最令周扬头痛不已。如刘白羽对陈荒煤在《文艺报》上发表的悼念赵丹的文章就有意见，而且不是一般性的意见。赵丹遗言的主要意思是，他在生命垂危的时刻，什么都不怕了，他要对党说，党管文艺不能管得太具体等。林默涵同志对报刊上大量发表伤痕文学也持批评态度，他认为伤痕文学就是揭露社会的黑暗面。魏巍同志也当面向周扬提过意见，说现在刊物上只发表一种倾向的作品。有人对《文艺报》的意见也很大，认为《文艺报》在搞同仁杂志，不发表不同意见的文章，对右的倾向不进行有力的批评。甚至有人还说《文艺报》是右派掌权。等等。

针对着文艺领导核心中长期以来存在着的意见分歧，周扬从 1980 年 10 月 23 日起，邀请夏衍、刘白羽、林默涵、张光年、陈荒煤、冯牧、贺敬之、赵寻等人到他在安儿胡同的家里连续开谈心会，他想通过党内老同志谈心的方式达到领导核心的团结。谈心会开了好多次，到 11 月 13 日算是告一段落。周扬在老同志谈心会上作总结发言说：

会开得很好。文艺界老同志有些争论，能开诚布公地讲出来，态度诚恳，开始形成正常的批评与自我批评的空气。领导中有分歧，不奇怪，没有分歧倒是奇怪了。经过 30 年，特别是近十几年的曲折发展，一部分同志对文艺问题产生了不同见解，不仅不奇怪，甚至是不可避免的。回顾 4 年来，没有抓紧解决，我有责任。现在如果再不冷静地看这些问题，不行了。今天全国形势比任何时候都更有利于解决思想界、文艺界的争论和分歧。前一段，只想弥合一下，现在看来不能解决问题。我看是看到了，但抓迟了。有一种说法：“文艺界是三国演义。”几个方面的同志都是文艺界的领导，应该互相交流，不讨论不交流不争论，在重大问题上观点统一不起来是不好的。现在这个会，至少是能交流，恢复了批评与自我批评的作风。可以有不同的态度，但有两种态度和做法是错误的：一种是无限上纲；一种是自由主义，不闻不问。这两种态度都无助于矛盾的解决。一是扩大矛盾，

一是无视矛盾。无限上纲，可能“左”的影响更厉害一些。“左”，我们有很长的传统，根深蒂固。现在文艺界的争论，有没有路线分歧？必然有。思想政治路线，都存在不同的立场，必然反映到文艺上来。对路线问题持有不同看法，但不能扣上路线错误的帽子。一些同志的自由主义，另一些同志的思想僵化，都不要扣帽子。不要随便说某人是“凡是”派的代表，说某人反对“四个坚持”。群众怎么说我们没法禁止，我们不要在意，同时要引起我们的注意。不要怕人们背后议论我们。让人家背后不议论我们，不可能。过去我苦恼过，现在我不苦恼了。哪个人背后不遭议论？有人还说我们是延安派、鲁艺派呢。这一两年来，我很少批评别人，但这不是想抓选票。有一点我问心无愧，党中央决定了要我做什么，我坚决执行。总之，对一些议论要采取正确的态度、批判的态度。既不盲从紧跟，又不要自由化。对自己的工作，一定要采取谦逊态度，感到自己工作的不足，努力使自己做到能听不同意见。这点讲起来不容易，做起来更不容易。有些同志不能听不同的意见，只能听好的意见、奉承的意见。要形成能听不同意见的空气，主要是解决如何正确对待自己的问题。这种争论今后还会有，任何争论都不要戴帽子，打棍子。而且争论双方要互相谅解，只要是内部矛盾。《文艺报》发表沙叶新的文章（指《扯“淡”》——笔者），是讨好上海，他把责任推到胡耀邦同志身上。这涉及到文艺战线上的大争论——如何评价第四次文代会通过的文艺方针，以及按12号文件、按第四次文代会精神召开的剧本创作座谈会、文学期刊编辑工作座谈会、少数民族文学创作会议等一系列会议的评价。我们在政治上要维护邓小平、胡耀邦同志的思想路线，文艺上要拥护四次文代会及一系列会议的精神。

周扬希望尽快建立起一个文艺工作的领导核心。他说：粉碎“四人帮”以来很长时间没有形成一个有力的领导核心。我失职，没有负起责任来。现在再不尽快建立起一个领导核心来，我们的文艺工作会犯大的错误。各部门老死不相往来，有问题不能摆到桌面上来讨论，来争论，辜负了人民的重托。我们一定要解决好。通过工作逐步地建立起来。有的同志对此采取怀疑态度。不管有多少困难，要采取积极态度。有原则性的意见，通过党的会议、少数人的会议摆出来。由于流言蜚语造成的误会也会有。我国是个大国古国，应建立起自己的精神文明。我们的担子很重，应自觉地搞好工作。我们有两个条件是好的：一，对党的事业有信心。二，大多是从事了几十年的文艺工作的，有些经验了，对党一条心。应当采取积极的、当仁不让的态度，不要采取消极的、打退堂鼓的态度，提出辞职。要互相信赖。只有这样才是对党负责的态度。有些重大问题，毛主席、周总理没有完成的事情，我们要靠集体的力量做完。什么叫领导核心？就是能团结尽可能广大的文艺工作者，带领他们前进。这个核心的本身，也应是团结的。长期处在散兵游勇的状态下，客观上就会形成宗派。在这个意义上，文联和各协会的担子很重，有大量的工作要做。首先是做好团结的工作。最重要的一条，是帮助人们解决思想和工作中的问题，否则，只是站在监督的地位，动辄教训人，是不会做到团结人的。要重视总结经验，总结新经验是当前最重要的事。总结新经验才能帮助人，把他们团结起来。我们面前有很多困难，最大的困难是如何了解新情况，解决新问题。不要摆老资格。不管你有多少经验，我们到底老了，走不动路了，就这一条就脱离群众。在建立领导核心时，大胆吸收新力量、新血液，非常必要。有人主张大胆，有人主张谨慎。我说宁愿大胆一点。我看了些材料，参加了些会，这些青年中大有人在。核心一定要建立起来；核心一定要不断更新，不断输送新的血液。实际上很多人已经接了班，我们要自觉交班，不要不体面地交班。另一方面，要引导。对虚无主义的思想，全盘否定马列主义的，能不引导吗？有人说文学面临着新的考验，要突破“四个坚持”。这里确实有个谁引导谁的问题。拿什么去引导？只能用他们能接受的东西去引导他们，不能强迫他们接受我们的思想。要了解和理解他们。文联和作协有大量工作可做。要做好中青年同志的工作，同他们保持密切的联系。要考虑定个制度，定期地由中宣部出面召集碰头会、例会，交流情况和思想。

周扬还谈了对文艺形势的看法。他说：“所谓形势，最大的问题是什么？归根结底是‘双百’方针能不能贯彻下去，能不能贯彻到底的问题。”这是他多次谈论过的一个问题。他特别强调“双百”方针。在这一点上，我感到他与胡乔木是有分歧的，当然很微妙。据传达，1980 年 4 月 1 日胡乔木在第五次理论座谈会上讲话时说：能不能说我们思想工作的政策就是百花齐放、百家争鸣？我们思想工作的政策，能不能用百花齐放、百家争鸣来概括？我们可以检查一下，这样的宣传带来了什么后果？如果我们宣

传“双百”，不提要保持马克思主义的主导地位，必然要走到同自由主义分不清界线的地步。“双百”方针不是唯一的方针。王任重在中宣部说：乔木同志 4 月 1 日讲话中关于文艺问题的意见，与周扬是一致的。乔木讲，“双百”方针不是唯一的方针。现在光讲百花齐放不够，还有推陈出新、古为今用、洋为中用，至少这几个是很重要的方针，不同情况下还是要使用的。“双百”可以突出一点。4 月 15 日周扬在中宣部文艺局召开的文艺问题座谈会上讲话时说：文艺还是要贯彻“双百”方针，这一点是坚定不移的。4 月 25 日周扬在全国文学期刊编辑工作会议上的讲话中，又用大段的篇幅谈了关于‘双百’方针的问题。他说：“现在，粉碎‘四人帮’后我们一定要把‘双百’方针认真贯彻，不管会碰到多少困难、阻力或者还会碰到什么挫折，我们一定要贯彻这个方针，因为这个方针已经写进了我们的宪法。我们共产党员，全体人民，只有执行宪法的义务，没有违反宪法的权力。当然宪法只是纸上的东西，要执行一定会遇到各种阻力。这我们要有精神准备。鉴于过去的经验，我们在重新贯彻这个方针时，一定要准备经受考验，不要以为，贯彻这个方针会很顺当，这是不可能的。我们要有勇气，准备经受考验。这个方针考验每个人，也考验方针本身。代表极‘左’思潮的人，他们是要反对这个方针的，巴不得这个方针失败。因此要求我们要有精神准备，遭受一点挫折，是难免的。在社会主义社会里，在无产阶级专政的国家里，实行双百方针有有利的条件，但也不要看成是个轻而易举的事情，要看成是个斗争的过程。”[16] 他在老同志谈心会的总结中还说，双百方针的根本问题是“放”的问题。要有两个自由：一是讨论的自由，一是形式和风格发展的自由。对文艺的领导要用社会方式，舆论（评论）和竞赛的方式。

在老同志谈心会上，周扬以老领导、中宣部主管文艺的副部长、文联主席的资格对他的老朋友、老部下、老同事苦口婆心地做说服工作，希望大家能团结起来，形成一个强有力的领导核心。他曾经在一次会上把对立双方的代表性人物的名字点了出来：一方是刘白羽，林默涵；另一方是陈

---

[16] 周扬《在全国文学期刊编辑工作会议上的讲话》，引自会议文件第 6–7 页。

荒煤，冯牧。他要他们各自作自我批评。他们也确实作过自我批评，尽管笔者没有亲耳听见，但恐怕他们各自阐述自己的观点比检讨自己的成分要多。其实周扬也充分估计到，虽然是共事多年的老朋友，在经历过 20 年的种种事变后，各人的观点已很不一样了，甚至不排除有路线性质的分歧，因此，要想通过几次谈心就能达到在文艺问题上观点的一致，大概是很难的。事实也确是如此，他并没有达到预期的效果。据我这样的站在文坛边缘的人看，这种分歧，一直到 1984 年周扬躺在了医院的病床上都没有解决。

在思想斗争的旋涡中

对于周扬来说，1981 年是不平静的一年。他被推到了思想斗争的旋涡之中。从张光年的日记里得知，1 月 26 日周扬在家里召集核心组会，林默涵介绍了他和刘白羽向王任重提出对周扬、陈荒煤、冯牧批评的内容。会议决定春节后召开文艺骨干学习会，开展批评与自我批评，求得思想一致和团结。[17] 这次会议是以中央宣传部的名义召开的，周扬主持，名称叫“文艺部门党员领导骨干会议”，议题是学习年前召开的中央工作会议的文件，实际上是要借中央工作会议的东风，开展批评与自我批评，消除分歧，增强团结，要求文艺界在政治上与中央保持一致。参加这次会议的人，比原来他召集的老同志谈心会的成员大大扩大了，包括了中宣部、文化部、文联及各协会、人民日报、广播局、新华社、总政治部文化部、北京市委宣传部等单位的负责人 120 余人。

周扬在 2 月 12 日上午开幕会上第一个讲话，全面阐述了他对当前文艺问题的看法。他说，这次会议讨论的中心问题，是要检查一下三中全会以

[17] 张光年《文坛回春纪事》第 219 页，海天出版社 1998 年。

来我们的文艺工作执行了中央的路线、方针，还是背离了、违反了中央的路线、方针？是坚持了四项基本原则，还是背离了四项基本原则？在执行三中全会的路线和维护四项基本原则的问题上，我们是不是旗帜鲜明？他所提的问题，正是很长的一个时期以来，特别是第四次文代会以来，不同意见争论的焦点所在。他回答说："我看，文艺界基本上执行了中央的路线、方针，基本上维护了四项基本原则。"他的自问自答是有所指的。中央工作会议讨论了生产问题，要求稳定经济。但许多同志提出了宣传战线，批评了包括文艺战线上出现的一些问题，要求文艺适应当前面临的形势。国际上发生了波兰团结工会事件。有一位中央领导同志有批示：有的同志认为中国不会发生波兰事件，为时过早，假若有两方面做不好，一是经济，一是政策，也可能发生。宣传工作，包括文艺工作，搞不好，只提倡写阴暗面，不能鼓舞人，庸俗低级。中央决定进行经济调整，关停并转。对自发团体、自发刊物问题，也要制定几项措施。周扬说文艺界基本上执行了中央的路线、方针，一方面是正面估价文艺界的形势，另一方面，也是对他们那个开了好久的谈心会上提出的种种责难的回答。他还补充说："我们共产党员要旗帜鲜明，但不能把什么问题都提到阶级斗争、路线斗争的高度。"他的言下之意是说，有的人动辄把文艺界出现的某些问题或错误上纲上线说成是阶级斗争、路线斗争。

他对"基本上"作出解释："我说'基本上'，是认为粉碎'四人帮'以后，特别是三中全会以后，文艺界首先冲破禁令，批判了'文艺黑线专政'论，重新强调了'双百'方针，宣传了实践是检验真理的标准的讨论，提倡解放思想，打破禁区，扩大文艺题材范围，宣传了革命的'四五运动'，宣传了张志新式的英雄人物，提出了文艺要培养社会主义新人，提出了文艺为人民服务、为社会主义服务，文艺创作要注意社会效果。在胡耀邦同志推动和指导下，开了多次文艺会议，大大活跃了文艺界的民主空气和创作空气。这些基本上都是执行了中央的路线、方针，基本上也是旗帜鲜明的。说'基本上'，意思就是说，执行中央的方针、政策不够有力，有时也不无偏差，对某些错误的作品和言论，没有予以及时恰当的批判，在有的问题上，旗帜不够鲜明，放任了文艺界自由化的倾向。4 次文代会期间及其以后，我有什么做得不对的，有什么差错，大家可以毫不客气地指出来。

整个说来，文艺工作成绩是主要的，文艺界出现了新气象、新成果。当然，不可讳言，也出现了不少问题和一些偏差，在创作上单纯地不适当地揭露社会阴暗面。当然，革命现实主义文艺要发挥它的批判的功能，但是，不能只揭露阴暗面，而不写我们生活中的光明面。……其次，在创作上，脱离生活、脱离实际，生编硬造一些惊险、恋爱情节，模仿西方资本主义的生活方式，模仿低级庸俗的歌唱表演，有的连民族自尊心、民族尊严都不顾了。……我们的理论批评战线，也显得薄弱，有某些混乱现象。"

周扬在"文革"后复出以来，一向强调文艺界要坚持贯彻"双百"方针。现在形势的发展，出现了一些新问题，不仅文艺创作上一些揭露阴暗面的作品（如《假如我是真的》）引起某些负责人、包括中宣部部长王任重的不满和责难，而且社会上出现了自发社团和自发刊物问题，党内高层人士中出现了所谓"三四左右"的说法。"三"是指三中全会，"四"是指四个坚持。因此这次讲话，尽管他还是两面都讲，但却不能不面对反对自由化的问题。他说："坚持这两个自由（指保证文艺创作和学术研究的自由——笔者），保护这两个自由，同时要反对资产阶级自由化。如果说文艺界有什么值得注意的问题，主要是存在着自由化的倾向。"他说："对于文艺的领导，还特别要靠社会方式，靠群众的舆论、群众的选择和鉴别。像过去那种官僚主义的审查制度，是要不得的，但不能根本没有审查。电影、戏剧、电视等方面，有关主管部门，要审查选题计划、剧目计划，刊物、报纸，对于要发表的文章怎么能不审查呢？审查权限放在哪一级好，可以根据具体情况决定。要建立生产责任制，生产单位对于生产计划不能没有审查。对于文化事业，行政命令也不能完全取消，有的节目该禁的还是可以禁。要讲文艺自由，绝不是绝对的自由。这种绝对的自由世界上是没有的。鼓吹自由化，实际上就是要搞绝对个人主义、无政府主义，搞非法社团和刊物，个人要办电影，办剧团，多数青年是想自己搞研究、搞艺术，个别有野心的惟恐天下不乱的人，就别有用心和目的，不可不防。所以我们既要坚决克服和防止对待文艺工作的粗暴现象，又要反对和防止自由化倾向。"[18]

---

[18] 周扬《联系实际，总结经验，认真学习中央工作会议文件——在文艺部门党员领导骨干会议上的讲话》，见文艺报编辑部编《文艺情况》1981 年第 4 期（3 月 10 日）。

他的观点是：文艺界在三中全会以来的成绩是主要的，是执行了中央的路线、方针的，但存在着一些问题，如文艺作品揭露阴暗面的问题，一些在政治思想上与中央不一致的文章的问题。这些问题归结起来就表现为一种自由化倾向，应引起文艺界各部门领导人的注意。但要分清艺术创作和学术研究上的自由与资产阶级自由化的界限。面对着对文艺界的指责，周扬的估计是清醒的，实事求是的。大约一个月后，我们在编辑部听到传来的消息说，邓颖超同志给邓小平同志写了信，说不要过分地指责文艺界。邓小平同志将这封信批给有关部门了。

这次党员文艺领导骨干会议前后开了3个多月。本来要由周扬作总结报告的，由于发生了一系列事情，如：3月24日周扬在1980年全国优秀短篇小说评选发奖大会上作《文学要给人民以力量》[19]的讲话，4月份过问1977—1980年全国中篇小说评选工作并听取汇报，特别是4月份出现了白桦的电影《苦恋》事件，不久召开中共十一届六中全会，因此，起草好的报告稿胎死腹中，会议没有总结，不了了之。[20]

《苦恋》事件是一个关系到文艺界全局性的重大事件。白桦、彭宁编剧、北京电影制片厂摄制的电影《太阳与人》在内部审查观摩放映时，有一份简报报到上面去，称其为“四反”（反对四项基本原则）作品，因而不能公演。《解放军报》4月20日发表了“特约评论员”文章《四项基本原则不容违反》及一整版批判文章。因电影没有公演，批判不得不以发表在一年前《十月》杂志上的电影剧本《苦恋》为靶子。第二天中宣部就开会研究了军报文章。冯牧告知我们，《文艺报》不要急于表态，等中宣部的决定。同时，我们获悉，《人民日报》和新华社都不予转载。荒煤同志来告诉

[19] 周扬《文学要给人民以力量》，《周扬文集》第5卷第360－371页，人民文学出版社1994年。他在这次讲话中，谈了真实与忠诚、勇气和虚心等问题，提出了评奖也是讲评的著名观点。他的这次讲话不知道为什么没有收入《1980年全国优秀短篇小说评选获奖作品集》（上海文艺出版社1981年）中。

[20] 顾骧说，周扬要他帮助起草这次会议的总结报告，并口授了提纲。但总结没有做，报告稿胎死腹中。见《此情可待成追忆》，见《忆周扬》第453－454页，内蒙古人民出版社1998年。

我们，乔木找电影界同志谈了，对《苦恋》，一是批评，二是修改。王恩茂同志说，是不是不要改了。周扬打了电话，说白桦是有才华的作家，《苦恋》有错误，但还是应帮助他修改好。我们编辑部研究时，大家认为白桦写了很多好作品，现在《苦恋》有错误，对他要保护，我们不同意那种一棍子打死的做法，决定由唐因动手写一篇《〈苦恋〉及其评论》，既批《苦恋》，也谈对它的批评，同时组织一篇全面评价白桦创作的文章。后来这个计划没有实现。

《文艺报》处在斗争的漩涡中。对《文艺报》有很多很多的要求和指示，也有很多很多的意见和指责。正在我们准备对几篇有错误倾向的文章进行批评时，又接二连三地出了《苦恋》事件和叶文福事件。有些人指责《文艺报》对错误倾向批评不力。《文艺报》的问题，中宣部、甚至胡耀邦同志也不能不管了。在8月8日中宣部召集的思想战线问题座谈会上，胡乔木讲话批评文艺界软弱涣散，各自为政，提出反资产阶级自由化思潮。接下来，文艺界开始讨论如何克服和检查软弱涣散状态，《文艺报》和《新观察》成了中国作家协会检查的重点。周扬虽然爱护和保护《文艺报》，但不得不花很大精力用于解决《文艺报》的事，他为此很伤脑筋。他曾于5月14日为《文艺报》的问题专门开过一次小范围的会。[21] 周扬私下里也给《文艺报》提过一些意见。有一次谢永旺向我转述过他的意见："《文艺报》团结的面还是要宽一点。对徐迟的文章那样处理是欠妥当的。（指同期发了徐迟的文章和李基凯与徐迟争鸣的文章——笔者。）批《苦恋》影响很大，可以不用这种方式嘛，还是自由些好。经济在变化，文联各协会要有更多的自由。现在，你们是不是不能在《文艺报》上发文章，要拿到外面去发？你们还是要写，也可以在刊物上发一点。到外面去发，说明你们可以写。《文艺报》圈子不要太小，毕竟还是要代表作协。"

在唐因和唐达成授命写作、联合署名的《论〈苦恋〉的错误倾向》文章在10月1日出版的第19期《文艺报》（10月7日《人民日报》转载）上发表后，周扬在10月12日召开的文联主席团扩大会上宣布，他已向中央

[21] 见《风雨伴君行》一文。

提出辞去中宣部副部长的职务。周扬的辞职，在文艺界引起震动和忧虑。夏衍、冯牧、贺敬之的忧虑，是不言而喻的，外地一些敏感的文艺家，也纷纷来信来电向我们询问。他们担心的是，三中全会以来文艺战线取得的大好局面和思想解放势头能不能保得住，能不能继续下去。

对民间文学事业的倡导和支持

我曾粗略地研究过30年代左翼文艺队伍的文艺思想，除了鲁迅先生外，包括左翼的文艺理论家和领导者周扬在内，他们对民间文艺，要么是看不起，要么是缺乏研究，总之，他们对民间文艺是轻视的、忽略的。建国后，在对待民间文艺的态度上，周扬却有了很大变化。这可能与延安时代毛泽东文艺思想的影响和鲁艺文学系音乐系对陕北民间文艺的搜集有关。

建国后，周扬同志积极支持我国的民间文学事业，在他的领导和批准下，于1950年3月29日成立了全国性的社会团体——中国民间文艺研究会。周扬的历史功绩不可磨灭。第一，二任理事长是郭沫若，周扬是副理事长。[22]成立初期的中国民间文艺研究会，其业务范围，包括了民间文学和民间艺术（曲艺、音乐、美术、舞蹈、工艺等）和从国统区和解放区来的许多著名艺术家，因而有“小文联”之称。后来，各专业协会陆续成立了，民间艺术的不同行当也就自然而然地归到各专业协会去了，中国民间文艺研究会的专业范围，则侧重于搜集和研究民间文学。建国17年间，中国民间文艺研究会团结各地会员，继承“五四”歌谣运动的传统和延安民间文艺工作的传统，做了很多工作，如搜集了大量民间文学作品，特别是在少数民族地区的搜集研究工作，成就尤为显著。对民间文艺作品的搜集出

[22] 钟敬文《周扬和民间文艺》，《忆周扬》第332－340页。

版和对民间文艺的作用的认识，比“五四”以来的任何时候都更受到重视。但无可置疑的是，民间文艺工作也受到“左”的文艺思想的严重影响，在“文艺为政治服务”的方针下，在“搜集整理”、“厚今薄古”等的口号下，使搜集到的民间文学资料丧失了真实性，充满了思想的伪造与艺术的拔高，因而造成了不可挽回的失误。这当然不能怪罪到某一个人的头上，是时代病所造成的恶果。

1958年，在“三面红旗”——“总路线”、“大跃进”、“人民公社”的时代，毛泽东发动了搜集民歌的运动。毛泽东3月22日在成都会议上说：搞点民歌好不好？请各位同志负个责任，回去以后，搜集点民歌，各个阶层、青年、小孩都有许多民歌，搞几个点试办，每人发三五张纸写写民歌，会收到大批的（旧？）民歌，下次会印一本出来。毛泽东还说：中国诗的出路，第一条民歌，第二条古典，在这个基础上产生出新诗来，形式是民歌的，内容应当是现实主义和浪漫主义的对立统一。搜集民歌的工作，北京大学作了很多。我们来搞可能找到几百万成千万首的民歌，这不费很多的劳力，比看杜甫李白的诗舒服一些。

周扬作为文艺战线的领导人，对毛泽东发动的这场搜集民歌的运动，当然要推波助澜，他在中共八大一次会议上作了《新民歌开拓了诗歌的新道路》的长篇发言。这篇文章发表在同年出版的《红旗》杂志创刊号上，发生过很大的影响。他写道：“最近由于毛泽东同志的倡导，全国各地展开了声势浩大的搜集民歌的运动。这是我国目前社会生活和文化生活中的一件大事，一件令人兴奋的大事。”《人民日报》也于4月14日为这个运动发表了社论《大规模地收集全国民歌》。对这次搜集民歌运动，应该一分为二，既不能像过去一些民间文学工作者们所作的那样全盘肯定，也不应像有些文艺研究家们所作的那样全盘否定。在全党动手搜集民歌运动中，各地编辑出版的民歌集，既搜集了大量的所谓新民歌（许多是浮夸风的产物），也搜集了大量的旧民歌。中国民间文艺研究会着手编辑多卷本的《中国歌谣选》（笔者参加了前期的编选工作），并以郭沫若和周扬二人的名义编选《红旗歌谣》。1958年12月，周扬（还有林默涵）亲自审阅修改定稿的中国民间文艺研究会《国庆十周年献礼〈中国歌谣及故事丛书〉编选计划》，规定《中国歌谣选》收各类歌谣55000行，其中大跃进歌谣只占1500行，

大部分是古代和近代歌谣。“文革”中曾批判周扬在编选民歌的比例问题上，表现了他的“厚古薄今”观点，看重传统民歌，轻视新民歌。为编选《中国歌谣选》，曾邀请了北大教授游国恩、魏建功来主持工作。“文革”前印出了五卷的内部征求意见本。现在我们看到的这个正式版本改成了两集本，于“文革”后的1980年出版。第一集收选近代歌谣，第二集收选新中国歌谣。与原先计划中的《中国歌谣选》相比，已面貌全非，恐怕与周扬当年的初衷已相去甚远。[23]虽然全书由周扬同志写序，但我相信周扬并没有看过全书。《红旗歌谣》于1959年1月由红旗杂志社出版。不管是文革前出版的《红旗歌谣》，还是文革后出版的《中国歌谣选》，显然都是在“文艺为政治服务”口号下的产物，所选作品，要么是中国近代以来政治（军事）斗争的宣传品，要么是新中国建国以来的政治运动中产生的、或政治性很强的颂歌，反映普通老百姓日常生活、人情风俗和淳朴情感的“非政治性”歌谣则分量极少，不大能够较为充分地反映出中国源远流长的民间文化的传统。尽管这个充溢着强烈的政治观点、政策说教和斗争情绪的选本，不能认为是一部成功的、经得起时代考验的、可与“国风”三百篇相媲美的近代民歌选本，但周扬的《中国歌谣选·序言》以及1959年写的《红旗歌谣·前言》对歌谣的历史、特性和意义所作的解说，应该说还是很精辟的。[24]周扬作为文艺理论家，对民间文学的特性是有深刻见地的，早在1960年8月4日，他在中国民间文艺研究会扩大理事会上说过这样一段话：“比如我是一个宫廷诗人，他也是一个宫廷诗人。我这个诗人经常向民间去找诗，他却不到民间去找诗，但他会拍马屁，皇帝就很喜欢他。我这里经常反映点人民的要求和不满，皇帝就打击我。越是打击我，我就牢骚越多，越不满意，就越反映人民的东西。”[25]他说这段话的时候，正是三年困难时期，周扬在这样的时候用这样的思想启发大家，从民间作品中去看民间的疾苦和倾听人民的声音，不是值得记下一笔的吗？

---

[23]《中国歌谣选》，中国民间文艺研究会、中国社会科学院文学研究所合编，上海文艺出版社1980年。

[24]这个序言，后收入《周扬文集》第5卷中，文字上略有改动。

[25]据个人笔记。

“文革”开始，中国民间文艺研究会和其他协会一样被“砸烂”，停止工作长达十多年之久。1979 年 10 月召开的第四次全国文代会上得以宣布恢复活动，周扬被选为主席。我在 1957 年到民间文艺研究会工作，“文革”中受到冲击，后下放干校，1971 年 6 月第一批从天津团泊洼文化部干校分配到新华通讯社工作。协会恢复时，我已在《人民文学》杂志社作编辑，后来转到《文艺报》和作家协会，没有也不想再回民研会工作。1982 年夏天，在中宣部在河北涿县召开的文艺评论座谈会期间，中宣部副部长贺敬之同志找我谈话，说民研会负责人××把协会搞得一团糟，还对中宣部兴师问罪，民研会工作瘫痪了，因为我在“文革”前在那里工作过，要我到那儿去担任领导工作，而且不许××再插手民研会的任何事情。这虽然是中宣部的主管部长的带有决定性的意见，但由于事情来得突然，我没有思想准备。接下来，是文联党组的负责同志赵寻、延泽民、李庚分别找我，但我都没有答应。

中国民间文艺研究会的工作处在瘫痪之中。1982 年 12 月 14 日，作为中国文联党组书记和民研会主席的周扬，不得不在他的家里召集了中国民间文艺研究会主席团扩大会议。参加会议的还有：民研会副主席、北京师范大学教授钟敬文，副主席、中央民族学院教授马学良，文联书记处书记延泽民，常务理事、社科院少数文学所的副所长王平凡，民研会副秘书长程远。周扬委托文联党组的副书记、书记处常务书记赵寻主持。周扬同志讲话，直截了当地宣布了××的错误，解除他在民研会的领导职务，并成立延泽民为组长的临时领导小组，作为过渡，尽快把领导班子搭起来。文联党组副书记赵寻把那份会议记录交给了我，要我保存着。后来，我把它交给了办公室管文件档案的同志存档。

1983 年 3 月 7 日周扬同志在中央党校礼堂作纪念马克思逝世一百周年的报告《关于马克思主义的几个理论问题的探讨》，报告后和文章发表后，遭到胡乔木的批评。这事我们在编辑部虽耳有所闻，真相却不甚了了。大家都为他鸣不平，也为他担心。周扬的心情很不好，可想而知。他身后虽然寂寞，却已有许多回忆文章把这件事披露出来了。这一年的 3 月 20 日是老民间文学研究学家钟敬文教授的 80 寿辰，年初我约他写了一篇《我的民间文艺生涯 60 年》的文章，在《文艺报》上发表，同时，我给周扬同志写

了一封信，告诉他钟先生 80 寿辰的事，建议他给钟先生写一封信表示祝贺。周扬果然给他写了信，称赞钟先生“成就卓著，人所共仰”。4 月初，全国民间文学工作者聚集在西山一处开会，延泽民同志邀我去开会，我便中向大会建议为钟先生开一个他从事民间文学研究教学 60 年的祝贺会。我的建议得到同意，决定 10 日开会，我自告奋勇去请周扬来参加并讲话。周扬虽然心情很不好，还是毅然来到了会场。周扬见了面就问我：“称钟敬文‘先生’好，还是称‘同志’好？”我立即就去探钟先生的口风。钟先生对周扬能来参加为他召开的会议，非常高兴。毫不犹豫地对我说：“就称同志！”那天，我还代为请了林默涵和林林同志。周扬在会上讲话，热情地叙述了和钟老多年的交往，称赞他对民间文学事业的忠诚和贡献，对钟先生作为一个知识分子，一生靠近革命，矢志不渝地献身民间文学事业，取得的卓著成绩，表示了热烈的祝贺，并给了很高的评价。

会后周扬同志要我坐他的车与他一起走。周扬对我说：“民研会现在缺一个领导人，机关瘫痪了，要请你到民研会去工作。你怎么还没有去？”他还讲了些民间文学是条很重要的战线一类的话，我就没有在意听了。对于周扬的问话，我虽然已有思想准备，但我仍然没有当场答应他。我想我在《文艺报》工作得好好的，又担任着编辑部主任，干吗要到那个是是非非的地方去？记得有一次见到汪曾祺，他是在民研会被打成右派的，是个受害者，他也听到了要调我到民研会的消息，关心地对我说：“别去那个地方，那个以整人为职业的人是能合作的人吗？”但当我一想到从去年夏天贺敬之同我谈话以来，作为老领导、作为民研会主席的周扬同志，一直在等待我的回答，我心里确有些不忍。一个文艺界的老领导，竟然到了这样的一个时候，手下没有一个能够替他在那里抵挡一下子的人！我想到这里，再也没有说什么话，车里的空气显得沉闷起来。

不久，作协要召开第四次作家代表大会，8 月初冯牧带上当时在《文艺报》工作的唐达成、谢永旺和我，还有《人民文学》的涂光群，到西山国务院的一个招待所，去起草工作报告。有一天晚上，冯牧递给我一份周扬同志给他、贺敬之和赵寻的信件，要我看。我看了，上面有周扬的批示，是催我到民研会去的，周扬还特别写了一句话：“请冯牧同志大力帮助”。冯牧对我说：“我硬顶了两次，这次我不能再顶了，事不过三呀！”冯牧是我十分尊敬的领导，我在他直接领导下工作五年来，非常愉快，人生难得遇到这样一位知人善任、体谅下级、爱护下级、作风民主，而又知识丰富的学者型的领导。但他也是个不会为我的事去得罪他的老师和领导的人。主持《文艺报》工作的副主编唐因，也非常激动地反对我离开。但事已至此，我似乎已无可选择，只有到民研会去了。后来我才知道，我离开《文艺报》的事，并没有经作协党组讨论，听说张光年同志从外地休养回京后，很是生气，可是已来不及了。

周扬是新中国民间文艺事业的创建者，对它的建设和发展，一向十分关心。他在粉碎“四人帮”后，被选为中国民间文艺研究会的主席，重要的事，我们都是通过各种不同的方式向他请示汇报。同年12月8日，中国民间文艺研究会在京举行三届二次理事会，主要讨论加强理论工作，由我向大会提出报告，并选举我担任书记处常务书记。会前我到周扬同志家里去向他请示汇报会议准备情况，并把起草的将要在大会上所作的工作报告稿呈送他审阅。周扬同志是继郭沫若之后的第二位主席，他喜欢我们参与主持具体工作的干部，不断提出新的问题和措施，把事业推向前进，而不要墨守成规，故步自封。他对报告稿中提出的加强民间文学理论研究工作的设想表示同意，并欣然答应到会讲话。

他因提出了“社会主义异化”论，而受到一些人的猛烈批判和攻击。事情折腾了大半年。11月6日，被迫向新华社记者发表了违心的检讨，心情的沮丧是可想而知的。他的身体状况也每况愈下。正在病中的他，12月9日下午在我们的搀扶下来到会场时，受到了与会全体理事的热烈欢迎。他发表了一篇非常热情非常亲切的讲话：

> 郭老去世以后，我任民间文艺研究会主席，实际上却没有做什么事情。30多年以来，我对民间文学事业始终是十分热心的。现在提倡研究民间文学，钟老是长期从事这项工作的，并且成绩很大。我本人没有研究出什么成绩来，只能讲一点。我愈想愈觉得民间文学研究工作是非常重要的，所以我赞成这个事业。
>
> 我们这么大个国家，有56个民族，在世界上是首屈一指的。我们有几千年的历史，仅就这一点，也是世界第一的。但我们不希望什么事情都讲争个世界第一，因为中国现在究竟还有很多落后的东西。我们本应

该是世界第一强国，但是还没有成为第一强国。过去我们不是老爱宣传第一嘛，现在我们为什么不宣传了呢？是因为这样宣传有些惭愧。它本来是可以第一的，从历史上讲它第一，从人口上讲它也是第一。但是不能讲第一。这是因为在近代的时候，中国是落后的。解放以后，我们赶上去了，摆脱了和改变了这种落后的状况。所以说，我只是有一点可以讲，可以向同志们表示：那就是，我对民间文学事业十分热心。

在文联的几个协会里，民研会本来应该是一个很大的协会，但是现在在组织上却是一个很小的协会。我看了你们的工作报告，我觉得写得很不错。我当然没有很好地研究。不知是哪位同志起草的，可能是锡诚同志起草的吧。这个报告是写得很可以的，很好的。

现在，对民间文学这样一种遗产，祖先遗留给我们的、人民群众创造的遗产，我们怎么对待？过去我们有个方针，就是搜集、整理。今后怎么办？我觉得是不应该辜负这份遗产的。我们就是要进行研究，进行科学的整理，把民间文学研究的水平提得更高。它不但是中国的财富，而且是世界的财富。现在当然是世界的财富了。但是它还不是完全精致的东西，还没有经过更大的加工。所谓更大的加工，就是科学的研究。

我们国家应该造就很多而不是几个研究民间文学、民俗学的人才。民歌、民间故事都是很丰富的啊。就讲云南这个地方，少数民族是比较多的了，那里的民间文学是异常丰富的。马子华寄给我一本小书，讲的是白族的故事。这些故事与汉族的故事比较接近，它虽然有很多缺陷，但看起来还是蛮优美的。我不过是举个例子。像这样的财富呀，是不可胜数的。比如柯尔克孜族的史诗《玛纳斯》就更不用说了，是值得我们花力量记录整理和研究的。这份财富，要成为世界公认的财富，要成为世界公认的财富，就要进行科学的整理和研究。而只能靠我们这些人，靠我们整个民间文学研究的水平。这些人本身就是财富。假使不能达到这个水平，我们就有负于这些财富了。中国古人的文化非常丰富，民间文学财富也很多，但是还没有成为世界公认的财富，不经过研究，就不能成为一个公认的财富。我希望经过大家的努力，使我国民间文学的财富为世界所认识，为世界所掌握。我们几十年来虽然做了很多工作，但是我们现在还没有达到这一步。

我不知道我们攻读民间文学博士学位的有多少人。（钟敬文：我们现在还没有招，教育部授权我培养博士研究生，但我考虑到目前条件还不成熟，所以没有招。）我认为应该招收民间文学博士研究生。这倒不是为了名誉。按照民间文学的财富，是应该也可以产生博士的。关键是我们的重视和培养。博士学位可以反映学科的水平，研究的成果，也反映国家对它的重视程度。（钟敬文：外国人研究我们的东西，得到博士学位的很多。）苏联有，日本也有。

每次到这里来，我只能讲空话，只能讲希望。但是这些空话包括了许多热烈的愿望。希望是不是成为空话，那就要看大家的努力了。我们国家的学术水平要提高。所谓水平就是研究水平，就是科学水平，不是别的水平。提高我们国家的学术水平，包括提高民间文学研究的学术水平。民间文学的素材很多，我们要在这些素材上进行研究，使这些研究达到世界科学研究的水平，这是我们的希望。

我今天来，一方面确实有一种感情想要看看大家，看看老朋友。在座的萧崇素，是我最早的朋友了。他可能还要参加田汉纪念会吧？二十多岁时，我们就是朋友。他一直搞民间文学研究，所以我很羡慕他。我和沙汀认识就是通过他。今年是田汉的85岁诞辰。我很高兴地知道当年南国社的少年演员萧崇素同志20来岁的时候，曾当过演员。（萧：是个不讲话的演员。）我至今还记得萧崇素写过一篇《唐叔明礼赞》的文章。也许你自己都忘了吧？（萧：忘了。）我记得它登在《申报》上，你自己找来看。唐叔明也是当时的演员，现在还在，还在北京，70多岁了。他是很有名的，但是昙花一现，以后就没有联系了。我看可以建议邀请他这个最早的南国社演员参加田汉纪念会。

我今天到这里来，多少有点怀旧的感情，这不是南国社，这是中国民间文艺研究会啊。民研会比南国社意义更大了，人才也多。我祝同志们这次会开得成功！接下来，还要发奖。祝一切都能获得成功！利用这个机会，互相认识一下，互相交流一些经验，使我们的民间文学事业一天天发展，而不是一天天衰落。这是我的希望。

那时，我还是一个中年干部，在各方面都很不成熟，摆在我面前的困难很大，我需要的是支持和理解。当我对自己提出的以加强理论工作为今后民研战线的重点把握不大的时候，周扬同志当着全国理事们的面所讲的这番肯定的话，无疑是对我这个晚辈的最大支持。我从心眼里感激他。况且他当时心情不好，又是带病来的。他的讲话，当然不只是对我一个人的支持，更重要的是，经过周扬同志的阐述，加强民间文学理论研究工作，提

高学术水平，就成了全国民间文学战线的共同认识，为下一步确定民间文学工作的新的方针定下了基调。

在少数民族民间文学的搜集和研究方面，周扬是一位先行者。1958年7月17日，中宣部召开编写少数民族文学史座谈会，周扬在会上提出了在少数民族地区实施“三选一史”（即歌谣选、故事选、谚语选和文学史）的计划。会后中宣部于8月15日将《关于少数民族文学史编选工作座谈纪要》转发各地，开创了少数民族民间文学搜集研究工作的先河。从此开始了少数民族民间文学的有计划的搜集和研究，其中包括搜集和出版藏族史诗《格萨尔》等民族史诗。我就是根据那个报告的安排，被派往青海去执行的。那个文件的批发者，正是当时任中宣部副部长的周扬。

记得1961年4月10日，周扬在何其芳主持召开的少数民族文学史座谈会上发表过一篇精彩的讲话，对大跃进期间兴起的群众性批判运动和学术界出现的“左”的倾向发表了下列意见：“‘以论带史’这个口号有毛病。‘以论带史’其结果必然引导人专门讲原则，不讲史料。研究历史就是向史料作调查，向文学的地下的史料作调查。‘以论带史’就是叫青年拿历史去套公式，从原则出发而不是从实际出发。不能使历史适应原则。一个人要想成为有知识的人，就要伸出两手，一手伸向古代，一手伸向外国。”他不仅对在头脑热昏时期提出的“以论带史”提出了批评，而且他也不同意在搜集和研究少数民族的民间文学上采用陈伯达提出的“厚今薄古”的方针[26]，而提出了一个“古今并重”的原则。对于整理和研究少数民族的文化遗产来说，如果按照“厚今薄古”的原则，那么，少数民族的几乎是只流传在口头上的民间文学、甚至民族史料，就会因无人问津而被历史所淹没。周扬的观点显然是对的。这时的周扬，与1958年发表《新民歌开拓了新诗的道路》时已有了很大的不同。国家正经历着三年困难，中央提出了调整、巩固、充实、提高的治国方针，被大跃进所膨胀了的头脑已经因缺乏食物而冷静了下来。周扬当然也不例外。

[26]陈伯达《厚今薄古，边干边学》，《人民日报》1958年3月11日。此为当时任中宣部副部长的陈伯达应国务院科学规划委员会副主任郭沫若的邀请，在国务院科学规划委员会第五次会议上的讲话。

△ 周扬与《格萨尔》研究学者合影（1984年）

中国社会科学院少数民族文学研究所是1979年文代会期间，由马学良和钟敬文两位先生提议，经周扬同志当场拍板同意，并指令民族研究所负责人、语言学家傅懋绩先生负责筹备成立的。因此周扬理应是少数民族文学所的当之无愧的创建者。到1984年1月，中国社会科学院少数民族文学研究所召开第四次藏族史诗《格萨尔》工作会议，周扬欣然应邀到会讲话。他在讲话中再次把我推荐给到会的来自各地和各民族的史诗研究者们。他说我原来是搞文艺理论的，现在新加入到民族文学和民间文学工作中来，是新的力量，等等。其实，我年轻时是第一个被民研会派到青海去组织《格萨尔》的搜集和研究的人。周扬同志并不知道我这一段历史。那年我才24岁，是在兰州通往西宁的铁路刚竣工后，乘头一趟火车去的西宁，那时西宁市的规模还只有一个县城那么大。那个时期，青海省文联的王歌行、左可国、徐国琼等人，在老文艺家程秀山的领导下搜集、翻译和编印了60多种《格萨尔》原始唱本，在开创中国的"格萨尔学"上有不可磨灭的功劳。周扬同志这次专门就《格萨尔》研究作专题讲话，对于开展《格萨尔》的研究，建立我国自己的史诗学具有重要的意义。

1984年下半年，为了筹备中国民间文艺研究会第四次代表大会，我到周扬家里向他汇报，他对我说，他身体不好，不能再担任下届主席了，让我和中宣部有关部门商量另择人选。中宣部干部局负责同志把我找去，他

们正在筹划和考察新一届领导班子的人选，也征求了我的意见。我推荐钟敬文先生担任下届主席。干部局接受了我的意见。周扬同志当时的处境，文艺圈子里的人，很多人都是知道的。我能够理解。但在开会前的一段时间里，还是有人去为自己的一点私利纠缠他。这当然使病魔缠身、已出现轻度语言障碍的周扬相当恼火。因此，在开会前夕，周扬同志给我们写来了一封辞去民研会主席的信件。信里说："我因年老多病，近期又住院治疗，无力也无法顾及民研会的工作，出于不得已，为了对党对民研会工作负责，今特提出辞去本届民研会主席的职务。今后凡有关民研会的一切工作，请找有关领导方面直接请示解决，我不再参与任何意见，对这次会议也不再过问，我担负民研会工作期间，对于民研会领导中纷争之事未能解决，工作不好，有负众托，请同志们批评、指教。周扬 12 月 12 日"

我手里拿着周扬同志这封简短的信件，感觉好像很沉，脊背上不由得爬过一阵悲凉。周扬于开国后不久亲手建立起来的中国民间文艺研究会，虽然在"文革"中曾经遭到破坏，但还是获得了新生，可是现在他病倒了，他被人击倒了（不是被朋友"割伤……手指"），他衰老了，无力再顾及它了。令他特别头痛的民研会机关里的长期纷争，他虽然尽了全力，在 1982 年底甚至下决心调整了领导班子，却仍然未能彻底解决。他的浓重的失望情绪，我是能够体会得到的。周扬同志把我这个没有来历没有背景的中年干部安排在协会的领导岗位上，惹得那个不甘心失败的老人在代表大会上大打出手，好一番表演。好在，在中宣部和文联等领导机关和领导的支持下，在钟敬文、马学良、姜彬、田兵等许多老前辈的帮助下，中国民间文艺研究会的代表大会开得还算成功。

后来，周扬一病不起，长期住在医院里，再后来，变成了没有思维能力的"植物人"，直到逝世。他一生为中国文艺事业作出的贡献是很大的，他虽然也犯过许多错误，特别是在大搞阶级斗争的年代，但他晚年沉痛忏悔自己的过失，得到了人们的广泛信赖，他竭尽全力维护和发展改革开放带来的大好局面。周扬的一生，是不懈地追求真理的一生。作为晚辈，我对他了解很少，但他对我个人的教诲，我是始终铭记的，他永远活在我的心中。

1999 年 6 月 13 日

饯腊催耕

——回春前后的张光年

我虽然“文化大革命”前就在王府大街64号老文联大楼里工作过多年，也研究过张光年（光未然）40年代被迫流亡云南时，在路南县一带搜集写定的彝族（阿细人）民间叙事诗《阿细的先鸡》，读过他50年代的文论集《论戏剧的现实主义问题》，也被他60年代在《文艺报》上发表的《题材问题》和《谁说“托尔斯泰没得用”》等文采飞扬的文章激动过，但同他认识并在他的领导下做一名编辑，却是在1977年的7月初，我从新华通讯社调到《人民文学》杂志社之后。当时他是出版局的顾问、《人民文学》杂志的主编。

中国文学艺术界联合会和中国作家协会以及其他文艺家协会，在“文化大革命”一开始就被“砸烂”了。我亲眼看到许多著名的作家艺术家被揪斗、被抄家、被侮辱的情景。我当时虽然属于年轻干部，却也没有逃脱被隔离、被揪斗、被抄家的命运。但令造反派没有想到的是，到了1969年9月底，不管你是造反派，保守派，还是走资派，所有干部统统都得下干校劳动锻炼。被从《文艺报》主编的位子上拉下马来的张光年，自然也不例外，与作家协会两派群众组织以及自动和被动靠边站的干部一起，下放到了湖北咸宁文化部五七干校。我在文联工作，先去了张家口地区的官厅水库文化部干校，继而转到哲学社会科学部河南罗山——息县干校，后来又转回文化部静海（团泊洼）干校，对光年同志这个阶段的情况不了解。干校从1971年开始陆续分配干部，到1976年“四人帮”垮台后，干校作鸟兽散，除了像郭小川那样被特别看管的人物转到团泊洼以外，大部分人以种种借口回了北京，赋闲在家。据张光年的《向阳日记》载，文化部咸

宁干校撤销，合并到静海干校，他也于1975年10月6日去了静海干校。但只在那里呆了13天，10月18日就接到通知，说他的问题解决了，叫他回京。10月21日张光年应邀到原文化部留守处看了结论。“中央专案组李某出示结论稿，说明这一批（干部）问题的解决，是经过党中央讨论、毛主席批准的。结论是专案组写的，如有意见，合理的可以修改。我细看了两遍，觉得最后一段的总结：‘张光年同志的问题属于人民内部矛盾，现在审查结束，应即恢复组织生活，发还扣发的全部工资，工作由原文化部留守处安排。’以及问题的定性‘严重路线错误’，都反映了党中央的精神。其他文字内容和提法，有些值得商酌，几句话说不清楚；怕再往返周折，拖延时日，使孩子们失望。想了一下，终于签了字，写了‘同意结论’四字。……李宣布从现在起结束审查，前后经过半小时，问题算告一段落了。”[1] 他在后来的一次发言中提到，他是被定性为犯了“严重路线错误”，这个路线指的是“刘少奇修正主义文艺路线”。看来当时他对此并没有完全想通。他带着这样的政治结论，被安排在出版局当顾问。从此他开始有了正式的工作。

《人民文学》和《诗刊》获准于1976年1月复刊。《诗刊》由李季当主编。在实际工作中，出版局的负责人石西民要张光年协助李季在《诗刊》工作。《人民文学》由袁水拍主编。张光年作为出版局的顾问，也参与了《人民文学》创刊的工作。他在1975年11月20日的日记中记着：“上午偕严文井到（东四）八条《人民文学》编辑部听取筹备工作情况。先由袁水拍介绍同编辑部同志们见面，随后是小会。刘剑青汇报了编辑工作进展情况。卢更生提出了调干、房子、家具等问题。袁水拍、严文井、李希凡就第一期内容各自提出了补充意见。我表示将这些意见向出版局领导及时转达。”[2]

1976年10月6日，是新中国历史上一个大转折的日子。以华国锋为首的党中央一举粉碎了作恶多端的“四人帮”，人民重新获得了光明。万民欢腾。前一时期，出版局领导曾提议要张光年管《人民文学》，但他没有接受。12月3日，出版局领导石西民再次要他“管一管《人民文学》”，又被他“谢绝”了。随着揭批运动的深入，袁水拍与“四人帮”的瓜葛太多了，

[1] 张光年《向阳日记》第228-230页，上海远东出版社1997年。
[2] 张光年《向阳日记》第61页。

显然他已不能再留在《人民文学》负责人的位子上。于是，张光年走马上任。

选择张光年，自有其历史的逻辑。他是著名诗人，仅他年轻时代创作的那首《黄水谣》就一时间唱遍全国，无人不知，无人不会。他又是建国以后活跃于文坛的重要马克思主义文艺理论家之一。这位老文艺家，算起来，当年应是64岁，说起来还在身强力壮的年齿。平常他不来上班亲政，日常工作交给了副主编刘剑青。刘剑青是他“文革”前任《文艺报》主编时的中层干部，业务行政都还能胜任。这样他就可以较为集中地考虑一些在那个特殊时代不能不考虑的重要的事。但从办刊的方针大计到重点文章的组织及审定，还都得张光年拿主意、拍板定案。在那种政治形势复杂多变、有些事情非常敏感的时代，刘剑青毕竟也还没有对许多重大问题自己作出决断的经验。而张光年虽端坐家中，却消息灵通，有了什么想法，或有什么事情要了解或决断，或有什么稿件上的问题，只要给编辑部来个电话，编辑们就去到他的家里，同编辑们当面谈。当时他住在东总布胡同作协的一所四合院的最后一进院里。从编辑部所在地东四八条到东总布胡同也不是很远，如骑自行车，也就是20分钟的路程。

历史赋予的第一个机遇

时代的转换，无疑是难得遇到的旷世大事。《人民文学》上已经陆续发表了一些初步摆脱“四人帮”的文艺教条，思想艺术都较好的作品，特别是短篇小说。涌现出了一批青年作者队伍。但1977年的文艺界，却仍然是相当寂寥的。那个出笼于1966年的《林彪同志委托江青同志召开的部队文艺工作座谈会纪要》还没有被触动。许多重要作家都还没有获得自由或刚刚获得自由，更多的作家还没有开始动笔写作。即使刊物的编者和作者，“四人帮”思想的毒害也都需要在揭批中加以清除。刊物上发表的一些揭批“四人帮”及其在文艺界的流毒的作品，但也都还没有彻底摆脱“四

人帮”的精神枷锁。帮腔帮调还相当严重。许多作品是图解概念之作。总之，作者们的思想还没有充分解放。张光年说得好：都在“戴着枷锁跳舞”。

无论着眼于揭批“四人帮”的第三战役，还是着眼于推动社会主义文学创作的发展，似乎都需要另外采取一些措施。于是，9 月 27 日，我们《人民文学》编辑部碰头会上，在讨论第 11 期刊物的发稿计划时，编辑部提出了召开一次短篇小说座谈会的设想。但他同时也表露了一些担忧：“当前全党全国正在抓揭批‘四人帮’，我们却召开短篇小说座谈会，合适吗？”当然，这个座谈会如果能开成，它将被作为长达十年的“文化大革命”之后第一次全国性的文学界的集会记载于中国现代文学的史册上。

编辑部小说组和评论组各自都认真做了准备后，10 月 8 日，刘剑青带上小说组组长涂光群和评论组组长的我到张光年家里汇报，并定了下来。10 月 11 日，在张光年家里又作了一次研究，他在听完编辑部关于当前创作形势汇报，沉思有顷之后，对编辑部提出的以控诉“四人帮”，贯彻“百花齐放”方针，促进小说创作的发展为座谈会的中心议题表示同意，并对座谈会提出了 20 字方针：“生动活泼，交流经验，交换意见，不做结论，择善而从。”过了一周，17 日又到他那里去开汇报会时，他又对前次会议上所说的意见作了补充：第一，要给周扬、夏衍、林默涵三位寄送刊物；第二，《纪要》就不要提它吧，权当就没有这个文件好了，但要指出这是个错误的文件；第三，会议不发消息，要求来参加会议和打算报道会议的记者，一律挡驾，只由《人民文学》发个独家报道。待会议开完后，给出版局写个报告。

张光年这个补充意见，实在是他的苦心。虽然“四人帮”被粉碎一年多了，揭批“四人帮”的第二战役已经结束，第三战役即将开始，但给中国文艺界带来灾难性打击的那个《纪要》却还被保护着，只是因为它是经伟大领袖毛主席改过三遍定稿的，而“凡是”毛主席说过的又都不能改、不能批！另外，张光年也不愿意在这个重要时机，因报道自己主持的会议而干扰中央当时制订的“抓纲治国”战略部署，从而坏了大局。会议开完后，情况实际上发生了变化，北京的主要媒体如《人民日报》、《光明日报》等都发了报道，《光明日报》还选发了作家们在会上的发言，其影响远远超出了当时的文学界这个小小的圈子。

粉碎“四人帮”后的第一次文学界会议——“短篇小说创作座谈会”

于10月20日在北京虎坊路附近的远东饭店开幕了。这是一家很小的饭店，但很清静幽雅。它大约从来还没有与灾难深重的作家们发生过什么关系。也许有什么缘分，从此有好几次文学界的会是选择这里作为会址的。应邀到会的作家评论家，包括老中青三代。他们是：茅盾、沙汀、刘白羽、周立波、张光年、马烽、李準、王朝闻、茹志鹃、韦君宜、王愿坚、邓绍基、张庆田、张天民、邹志安、叶文玲、赵燕翼、萧育轩、陈骏涛、张家钧（张韧）。编辑部人员，除了剑青外，小说组和评论组的许多编辑同志都参加了。

与会的四川老作家沙汀，50年代曾经在中国作家协会工作过。这次是到京给文学出版社送中篇小说稿子《青㭎坡》的。据《沙汀日记》载，张光年于9月15日设家宴招待了远道而来的老友沙汀，同沙汀以及同住一院的严文井一起喝了大曲；之后，又在帮助沙汀联系医院检查身体。10月12日，张光年给沙汀打电话，除了对他说联系医院的事外，还请他参加由《人民文学》杂志主办的小说座谈会并准备一个发言。在报到的前一天，即10月18日，张光年又打电话告诉他，小说座谈会快开了，请他参加，他如身体不适，也可以不参加。沙汀在电话里回答说，他要参加。[3]在开会前，阎纲、涂光群、周明和我等同志，都曾前去招待所拜见过他，并约他在会上发言。开会那天早晨，我跟随《人民文学》编辑部派的车，先去招待所接上沙汀，再去宇宙红接上周立波，把他们送到会场上来。

△ 短篇小说创作座谈会合影（1977年）

张光年主持了这次短篇小说座谈会。在这次座谈会上，大家畅所欲言，集思广益，在当前短篇小说创作的

[3]吴福辉编《沙汀日记》第320－321，349－350，356－357页，山西教育出版社1998年。

五个问题上形成了较为成熟的见解。（见《人民文学》编辑部1977年11月19日整理印发的《人民文学简报》第3期（内部参阅）所载的短篇小说座谈会纪要）张光年在这次短篇小说座谈会上插话甚多，时有精彩闪光的思想。关于这一点，沙汀在他的日记里也有所记载。除了吸收到会议纪要中的周恩来总理关于“革命现实主义是基础，革命浪漫主义是主导”的思想观点外，还有：当茹志鹃和沙汀交替发言，批评有些作者受“四人帮”文艺教条的毒害，动辄从正面去写大斗争大场面大事件，阐述短篇小说应以“以小见大”为原则时，光年插话说：“与其说从正面写，不如说是从表面写。”“都写整体，就不要典型了。”

△ 茅盾出席短篇小说创作座谈会(1977年)

他在24日下午的结束会议上为会议作了总结。这天下午，我因为联系和筹划第二天代表们到香山去游园的事，未能听完他的讲话，所以记录本上只记了他讲的第一个问题：“从生活出发”。他说：“文学创作要从生活出发。反映人民的生活斗争，产生出来的是革命的花朵，永不凋谢的花朵。反映与‘四人帮’的斗争，是文化大革命的最新凯歌。生活形式是多种多样、千差万别的，文学艺术反映群众的斗争，也一定是多种多样、千差万别的。我们要投身到不同形式的矛盾斗争中去。这种投身有时是需要长期的。”

文化大革命前，张光年主持《文艺报》时，思想是很“左”的，他曾经写过一些影响很大的批评文章，在政治运动中，也曾错误地整过一些同志，把一些不该划为右派的同志划成了右派。但经过文革后，他的思想发生了变化，认识有了质的提高。他跟上了发展的形势，思想解放，尽管他没有像周扬那样当众作出自我批评，取得文艺界朋友们的谅解。短篇小说座谈会的召开以及会议的指导思想，就是张光年在粉碎“四人帮”之初思想解放走出的第一步。他给自己的论文集《惜春文谈》的第一辑所起的标题是《十年噩梦醒来迟》。这个标题对他当时的思想境界的定位是准确的。他在序言里说："(这一辑) 收入写于70年代末的两篇，标志作者思想解放的开始——开始摆脱（未能完全摆脱）'带着枷锁跳舞'的窘态。"[4]当时他的思想已开始解放了一点，但还有很大的局限，还在"带着枷锁跳舞"。

在23日晚召集的一个小范围的包括出版局王子野、总政刘白羽、作家周立波参加的工作会上，张光年就明天（24日）举行的闭幕会议的发言内容谈了几点构想：一，不要造成中央不管文艺的印象，实际上中央在管。针对着会上有同志提出恢复文联、作协和《文艺报》的要求，他说他不赞成搞什么文联、作协和《文艺报》。这个问题由中央去考虑。不要造成这样一种印象，好像中央忽视了文艺。这不符合事实。只要中宣部一恢复，这些问题就自然会得到解决。（周立波插话：现在的确没有人管。）现在恢复《文艺报》的条件还不成熟。整个文艺队伍还没有组织起来。（刘白羽插话：《人民文学》要把《文艺报》的部分任务承担起来。）二，十七年黑线问题不要提，已经解决了。毛主席的革命文艺路线始终居于领导地位，不成问题。三，《林彪委托江青召开的部队文艺工作座谈会纪要》不要提，权当没有那么回事吧。

张光年的总结发言，其所以如此谨慎，不是没有原因的。来自上级组织的压力，使他不能不把会议的调子定在仅仅是个业务会议的圈子里，凡是涉及文艺界的问题，都要压下。他对会议结束后于10月28日出版局党组听取《人民文学》关于"短篇小说创作座谈会"的汇报时出版局局长王匡的讲话，也是有保留的、甚至是不满的。但身为出版局局长的王匡，在当时的形势下所以出言谨慎，也是有难言的苦衷的。

对于张光年来说，其经历无疑是丰富的，但粉碎"四人帮"的这一次短篇小说座谈会，却是历史赋予他的第一个机遇。他成就了一番事业，同时也重塑了他的形象。

---

[4]张光年《惜春文谈·序言》第1页，上海文艺出版社1993年。

主持“向文艺黑线专政论开火”大会

作为一个在“文革”中受到迫害的老文艺家，张光年对“四人帮”的覆灭欢欣鼓舞，对党中央的抓纲治国方针双手拥护，极力维护国家和社会的稳定，不愿意提出什么新的问题来干扰党和国家的部署。但作为一个文艺批评家和领导干部的张光年，心中却无法压抑住对林彪、“四人帮”炮制的“文艺黑线专政”论的愤怒。他对任何保护“四人帮”的谬论的言论和措施，都无法认同。“四人帮”覆灭已经一年多了，《林彪委托江青同志召开的部队文艺工作座谈会纪要》仍然是套在全国文艺工作者头上的紧箍咒，他们炮制的“文艺黑线专政”论还时时被用来当作歪曲和否定十七年和 30 年代文艺的棍子。因此，批判“文艺黑线专政”论就成为当时揭批“四人帮”反革命文艺谬论的关键。

11 月 20 日，《人民日报》编辑部邀请文艺界人士举行座谈会，坚决推倒“文艺黑线专政”论。参加座谈会的有首都的著名文艺界人士茅盾、刘白羽、贺敬之、谢冰心、吕骥、蔡若虹、李季、冯牧、李春光等。张光年是应邀与会的人士之一，并在会上发了言。他的发言，后来收到《惜春文谈》一书中。

张光年参加完《人民日报》的座谈会后，便考虑他所主编的《人民文学》如何投入这场即将开始的批判林彪、“四人帮”制造的“文艺黑线专政”论的斗争。其时，我们编辑部经过几次研究，已经确定从题材等问题来着手批判“文艺黑线专政”论的实质，一个专题一个专题地来做。11 月 22 日下午，我给主编张光年打电话，向他报告编辑部的这些打算，他在电话里对我说：

《人民文学》编辑部是否可举行一个座谈会，限于文学方面，批《纪要》。可谈得深一些。然后进一步搞材料，组织有说服力的文章。这是党中央安排的。教育部的批判文章是政治局审查时加上的，又通知《人民日报》开座谈会。文学界要很好地投入战斗。你们研究一下，可以很快见到版面，把战斗气氛搞得浓浓的，有一定规模，不是冷冷清清的。[5]

编辑部根据主编张光年电话的精神，研究了召开深入批判“文艺黑线专政”论座谈会的具体方案：座谈会于12月28日—31日在北京总参招待所召开；议题定为“向文艺黑线专政论开火”，繁荣社会主义文艺；参加人员主要是文学界人士，另邀请文联各协会的前负责人；请党中央主席华国锋为《人民文学》杂志题词，并安排在大会最后一天（31日）在会上公布，以此为契机掀起批判“文艺黑线专政”论和繁荣社会主义创作的新高潮。

但当时从上而下传出来一种奇怪的观点：“文艺黑线专政”是没有的，“文艺黑线专政”论可以批、应该批，毛主席的革命文艺路线始终占着主导地位；但文艺黑线还是有的，十七年文艺存在着一条文艺黑线。这种论调的根据，不是别的，正是毛泽东改过三遍的《纪要》和1963、1964年针对中国文联各协会的两次批示。《纪要》当时还没有批，也不准批。凡是毛主席说过的就句句是真理！

尽管阻力重重，张光年的由《人民文学》编辑部主办座谈会的决心没有动摇。比较起《人民日报》编辑部召开的座谈会来，这次以“向‘文艺黑线专政’论开火”为题的在京文学工作者座谈会，邀请的人多达100余人，是在长达10年的“文化大革命”中被“四人帮”的法西斯专制主义打散了的作家队伍的大会师。

由张光年来主持这次文学界大会师的大会，这是历史赐予他的一个特殊的机会。当他站在这么多久别重逢的老朋友、老同志、老相识面前，朗声宣布大会开幕时，台下的作家们无不热泪盈眶，其激动的心情是无法用笔墨来表达的。张光年在会上说：

今天这个座谈会是在华主席为首的党中央提出要坚决推倒“四人帮”的“文艺黑线专政”论，全面贯彻执行毛主席的革命文艺路线和华主席

---

[5] 见笔者的工作日记，1977年12月22日张光年电话记录。

在十一大提出的战斗任务而召开的。最近，中央宣传部举行座谈会，有300多人参加，张平化同志讲了话。中宣部座谈会的精神，张平化同志的讲话精神，也是我们这个会的精神。从遵义会议以来，毛主席的革命路线始终占主导地位。刘少奇的修正主义路线的干扰破坏是严重的，但是我们站在毛主席革命路线上同他进行了斗争。“文艺黑线专政”论是“四人帮”制造的冤案，是加在我们身上的精神枷锁。今天要起来打烂这个枷锁。

希望到会的同志畅所欲言，对“文艺黑线专政”论的全部谬论和阴谋进行揭发批判，可以从各个不同角度来谈，也可以对有些问题进行探讨、展开讨论。例如，对《光明日报》那个编者按，[6]我就有不同的看法。要是说有刘少奇的文艺路线，那么，这条路线的内容、纲领是什么？代表作家是谁？代表作品是什么？如果说文艺的党员领导干部是黑的，不是又回到“黑线专政”论了吗？不是把华主席、党中央取掉的精神枷锁又加在我们头上吗？据说《光明日报》一再重复这个论调，使有的同志文章不敢写，写了赶快索回修改。我们这个会也要接触《光明日报》重新加上的枷锁，免得大家不敢讲话。

“四人帮”把我们的队伍打散了，但没有打垮。今天，华主席党中央又把我们集合起来，我们要在华主席英明领导下，像广大民兵那样，招之即来，来之能战，战之能胜。对“四人帮”进行义正辞严的声讨！

张光年的上述发言，基本上没有离开中宣部座谈会的调子，但他把《光明日报》编者按当靶子，实际上是向党内的“凡是”观点发起的一次小小的冲击。至少是一种试探。在当时相当一个时期内，《光明日报》批“四人帮”的“文艺黑线专政”论的文章，都是持这种观点的。而这个“文艺黑线还是有的”观点，其实是来自当时党内的“凡是”派。

中国文坛的前领导人周扬，于12月30日上午来到会场，首次在公众

[6]《光明日报》1977年12月7日第二版通栏标题《打好文艺战线揭批“四人帮”的第三战役》的编者按说：“……十七年的文艺战线，黑线是有的，这就是刘少奇的反革命修正主义文艺路线。这条黑线，对我国文艺事业确实有过相当严重的干扰和破坏。但是，总的说来占主导地位的是毛主席的革命文艺路线。”《光明日报》在这一段时间里发表的类似文章中，也多持这种观点。

场合下露面，并应邀在会上发表了长篇讲话，在当时是意味深长的。因为在不久前中宣部召开的会议上，周扬却仍然被点名确认为文艺黑线的代表人物，说如果要周扬回到文化部长的位子上，无异于"回到十七年"，无异于黑线回潮。在张光年主持下，《人民文学》编辑部的同志们没有理睬这种论调，还是邀请周扬到会讲话。周扬出来了，就说明所谓"文艺黑线还是有的"论调是不堪一驳的。这是周扬第一次公开在文学界的集会上发表讲话。他的到来和他的讲话，受到了大多数与会作家的热烈欢迎和谅解，也奠定了周扬复出后，于1978年担任中国文联主席和党组书记，继续领导中国文坛的基础。

前面并非坦途

以"向'文艺黑线专政'论开火"为题的在京文学工作者座谈会的长篇报道，分别在1978年1月17日《人民日报》和1978年第1期《人民文学》发表后，在读者中反映甚为强烈。我曾奉命把文艺界和读者来信中反映的情况，综合地向张光年同志汇报过一次。大致反映是，文学界人士热切地希望把三十年文艺和十七年文艺的功过是非弄清楚，而一般读者则希望开展对近两年来发表的坏作品、阴谋文艺进行批判和清理。《人民文学》后来也就是在这两个方面组稿和安排版面的。在《人民文学》座谈会之后，全国各地的文艺刊物，批判"四人帮"制造的"文艺黑线专政"论和阴谋文艺的声势也高涨起来。

"开火"的大会，对于批判"四人帮"在文艺上的法西斯专制，虽然坚冰已经打通，但前面也并不是一片坦途。

1978年1月17日，接张光年电话称：消息是华主席审阅的，他本人谦虚，不同意再发题词手迹。华主席给张平化打电话说：文艺界批黑线专政论，可以批，应该批。也不要把十七年讲得没有一点错误缺点了。教育战

线是发现了那个条子，好批；文艺上没有那个条子，不好批。[7]

到了3月初，一位新闻界的朋友告诉我，张平化在中南五省宣传部长会议上讲话时说，十七年文艺界的确有一条黑线，我们反对的只是黑线专政。

可以想见，“文艺黑线专政”论成为谬论，已不成问题，而“文艺黑线”论却仍大行其道，还不能批。

大会之后，大会的长篇报道在1978年第1期的《人民文学》上发表了。刊物出版后不久，2月13日，编辑部接到张光年转来的鲁迅研究室李何林写给严文井并转张光年的一封信。信中对《人民文学》第1期的本刊记者报道中引述他在在京文学工作者座谈会上的发言有意见，说刊物歪曲了他对两个口号问题的看法，他没有说过“国防文学”起过团结作家抗日的作用。他还随信附来打印的两点声明，同时将其散发给了有关人士。30年代文艺问题是批判“四人帮”在文艺上的阴谋的一个重点，但在30年代问题上，特别是在国防文学问题上本来就存在着分歧的意见。在我的印象中，在处理30年代问题上，中宣部的总的思路是批判“四人帮”的阴谋要一致，而一些具体问题上的分歧，则让学术界去争鸣。如今，关于30年代文艺问题的分歧，终于在会议报道上爆发出来了。

△ 张光年与本书作者

接到张光年转来的李何林的信后，我们立即查对了原始记录。结果是发表稿与原始记录稿基本相符。编辑部分析后认为，李何林先生是想退回到他原来的立场，力求做到自圆其说。大家的意见是，要在刊物上公开发表他的两点声明，然后附上编辑部的核实经过，把真相公之于读者，以期澄清事实，引起争鸣。

为了推动批判“四人帮”的深入，编辑部拟定了一份约稿计

[7]见笔者的工作日记，1978年1月17日张光年电话记录。

划。3月30日上午，刘剑青、阎纲和我一起到朝阳医院去探望在那里住院的张光年，并向他汇报我们的打算。那天，正好周扬也在那里。我汇报了两个问题：(一) 我最近到武汉去了解的湖北文艺界的情况以及河北省关于《红旗谱》的评价。河北文联负责人田亚夫说，省里要他们提出对《红》的意见，批“文艺黑线专政”论时，大家说《红》是一部好书，可是省委宣传部却把报道压住不发。(二) 我们准备在刊物上发表一组关于30年代文艺问题的文章，拟约沙汀、王瑶撰文，林默涵在“开火”会上的长篇发言，也准备在刊物上发。张光年同意了我们的设想。

下午我和阎纲一起去沙汀和林默涵处组稿，第二天我又去北大找王瑶，很快便把计划落实了。我在北大读书时上王瑶先生的新文学史课，是他的学生，约他写30年代的文章，他表示有点儿为难。他对我说：他的处境很难，在两个单位工作，一个单位一种观点，而他是折中的。李何林的鲁研室认为国防文学是王明路线的产物，北大则认为不能这样看。两家的人各自的看法又大都一致。他说他是能够接受周扬同志的发言的。

关于30年代文艺问题，我们听说任白戈同志写了文章，在中宣部送审中。周扬、张光年也向我们提到此文。沙汀也向我提到此文，建议我们要来看看。我从王瑶那里回来，便给中宣部文艺局副局长荣天屿打电话，询问：任文是否已定了给哪家刊物？如果没有给其他刊物，是否可以给《人民文学》发表？荣说，此稿已送周扬和茅盾看过，沙汀也看过，提了修改意见。他说，他要把我们的意见向张（平化）部长请示，然后答复我。过了五天，4月6日，荣天屿便给我打来电话，说：“经请示张部长，任白戈同志文章转给《人民文学》。我们写了一信，关于30年代问题有些争论，我们认为，当前应一致起来批判‘四人帮’，希望你们组织有分量的文章。至于有争论的一些问题，让他们学术界去讨论，也可以组织文章，也可以发些资料性的文章。至于任白戈同志的文章，经周扬同志看过，用铅笔改了一些地方。我们也改了一些地方。沙汀同志知道他的写作过程，可同他商量一下，其中个别地方，还有可以推敲的地方，你们可以同作者直接联系。”[8]4月10日我

[8]此电文系笔者当时的记录稿，见笔者1978年4月6日的工作日记。

收到天屿同志转来的任白戈文章后，即报告了张光年，并告之以我的意见：可以在《人民文学》发表。任文在编辑发表过程中得到了沙汀和张光年的帮助和指导。该文发表于《人民文学》1978 年第 5 期，题为《坚决肃清林彪、江青一伙对 30 年代文艺的诬蔑》。任白戈是“左联”的重要成员，解放后从政担任过西南局书记，他的文章以雄辩的历史资料澄清了关于 30 年代文艺的许多重要问题，是批判林彪“四人帮”的第三战役中的一篇重要文章。同期发表的，还有林默涵根据 1977 年 12 月 29 日他在“开火”会上的讲演记录稿修改定稿的《解放后十七年在文艺战线上的思想斗争》[9]一文。

作为《人民文学》杂志的主编，张光年当时关注的另一个方面，是批判“四人帮”利用刊物搞阴谋夺权和肃清“四人帮”的流毒。当时刊物面对着好几个热点问题，有《人民文学》自身的，也有其他刊物的，但情况也颇复杂。《人民文学》编辑部多次研究，但举棋未定。随着形势的发展，很快便作出了决策。

比如《北京文艺》发表的《严峻的日子》[10]。“四人帮”覆灭后，全国各地的评论家和读者来信，强烈要求《人民文学》介入，予以严正批判。但这篇文章的发表，涉及到北京市委书记吴德，在北京市迟迟按兵不动的情况下，我们《人民文学》作为一家中央级的文艺刊物，当然也不宜过早行动。4 月 3 日，我与剑青到张光年处，请示和研究第 5 期刊物版面安排。正好张僖也在，他们正在研究中国文联全委会的筹备工作。张光年要我们《人民文学》写一个大报道，描述一下全国文艺的新形势。我们谈到《严峻的日子》，应该批评，但要保护作者；而《北京文艺》原定 4 月号发表批评文章，现在该刊不能及时兑现，而且即使他们决定发一篇批评文章，北京

[9] 虽然在《人民文学》上已发表了默涵同志的《与姚雪垠谈〈李自成〉》，实际上此文应是作者长期受“四人帮”迫害、获得自由回京后，第一次公开演讲和第一篇重要文章，文中公开了十七年文坛的许多重要史实。此文没有收入作者近年出版的《劫后文存》。

[10] 伍兵《严峻的日子》，《北京文艺》1976 年第 6 期。这篇小说的内容写镇压在天安门广场上悼念周恩来总理的群众，是“四人帮”在北京市的代理人支持下炮制和发表的，因而是有险恶的政治目的的。

市的吴德也不一定批，那我们就不能等了。我们出来批评，当然会刺痛吴德。张光年对我们说：就是要刺痛一下嘛！

过了几天，到4月10日，刘剑青向我传达张光年和他的意见：我刊决定批《严峻的日子》，北京市委的盖子要揭。我们组织金童写文章（前些日子，我们收到了署名金童的读者来信），写一按语，也把我刊从第1到第6期的错误文章都点到。

第二天，刘剑青在编辑部碰头会上又说：随着运动的发展，刊物上要发表一些批判“四人帮”利用刊物搞阴谋夺权的文章。张光年看了《严峻的日子》，决定发北京人民出版社金童的读者来信，改成文章，加编者按语。其他错误文章，可以列出几篇，也可归纳出几个问题笼统地写。但要避开天安门事件，就说广大群众到天安门悼念周总理，被打成反革命。编辑部发表这样的错误文章，也有责任，有的甚至是捉刀代笔。要保护作者，矛头指向“四人帮”，可以点到主编和常务副主编。

我们按照张光年的这个决策开始工作。一方面准备一篇大报道，分工由阎纲写第一部分，即批判“文艺黑线专政”论的情况；傅活写第二部分，即文艺界一年来初见成效，文艺繁荣的情况；吴泰昌写第三部分，即作家深入生活的情况；最后由我汇总定稿。另一方面，由我准备一个批判《严峻的日子》的编者按语。按语很快写好后，由刘剑青与张光年一起改了一遍，算是定稿发排了。星期日我加班一天，大报道也如期完成了。4月24日是星期一，我带着大报道到张光年处请他阅改。谁知，张光年改变了主意，说大报道决定不发了。改为集中发表任白戈、王瑶和林默涵三人关于30年代问题的文章。关于《严峻的日子》的编者按语，他说：昨天陈笑雨的追悼会上见到了吴冷西同志，吴说《毛选》第6卷要发表毛主席给《文艺报》的信。我就想到，我们这按语也是“政治性不足”，“文也不足”。张光年说，他还要改一遍，要我给他一份样子。

这里牵涉到一段文艺界的史实：1958年初，根据毛主席的意见，《文艺报》组织了几位文学界人士撰写文章，对丁玲的《三八节有感》、王实味的《野百合花》等在延安发表的旧作进行再批判。编辑部撰写了这个专栏的编者按，送毛泽东审定。毛泽东当时在杭州，看了来件后，亲自动手作了大量修改和重写，即退给《文艺报》的主编张光年、副主编侯金镜、陈

笑雨，并将这个专栏的栏题改为《再批判》。毛泽东为《文艺报》写的按语是这样的："'奇文共欣赏，疑义相与析'，许多人想读这一批'奇文'。我们把这些东西搜集起来全部重读一遍，果然有些奇处。奇就奇在以革命者的姿态写反革命的文章。鼻子灵的一眼就能识破，其他的人往往受骗。外国知道丁玲、艾青名字的人也许想要了解这件事情的究竟。因此我们重新全部发表了这批文章。谢谢丁玲、王实味等人的劳作，毒草成了肥料，他们成了我国广大人民的教员。他们确能教育人民懂得我们的敌人是如何工作的。鼻子塞了的开通起来，天真烂漫、世事不知的青年人或老年人迅速知道了许多世事。"[11]那场"再批判"，批错了许多人，铸成一大错案，这里不去说它。在清样的空白处，毛泽东主席还以龙飞凤舞的行书给三位主编写了一封短笺：我在杭州，明天就是你们付印的日子。其他文章来不及看了，兹退还。你们是政治家，政治性不足；你们是文学家，文也不足，不足以唤起读者的注目。最近文风有所改进，但就这篇按语说，则尚未。毛泽东还写道：题目太长，"再批判"三字就够了。用语太直，用字太硬，形容词太凶，效果反而不好，宜加注意。[12]毛泽东就文风问题对《文艺报》几位主编的批评，倒是对该刊后来文风的改进起了显著的好作用。现在，张光年就我为批判《严峻的日子》起草、他修改的编者按语所说的"政治性不足"、"文也不足"的话，就是来源于此。一方面，说明他对毛主席30多年前的话记忆十分深刻，另一方面，也说明他也要我注意，文风问题不是一个小问题，文风不好，用语太直，用字太硬，形容词太凶，都不会产生好效果，不能被读者所接受。

当时批判"四人帮"在文艺上的罪行，摆在我们面前还有几件棘手的事情。一件是《人民文学》1976年发表的小说《铁锹传》，在天津文艺界引起了强烈的反应，编辑部收到了天津文化局的作家杨润身、王昌定、王树人三人合写的一篇批判文章。但此文是否要发表，我们拿不定主意。请示张光年，他对我说，要先征求一下天津市委的意见，如他们认为要在中

[11] 见《文艺报》1958年第2期。

[12] 引自阎纲《文风的回忆》，收入作者《冷落了牡丹》一书，敦煌文艺出版社1997年。

央刊物上批判，那我们就发批判文章，否则，我们就不发。记得后来《人民日报》内参上发表了有关这篇小说的批判文章和材料。

另一件是浩然在“文革”后期发表的几篇作品，在评论界和读者中意见也很大。《广东文艺》1977 年第 12 期发表了李冰之（于逢）同志写的《评浩然的“新”道路》之后，接连发表了三篇批评文章；《解放军报》于 2 月 4 日发表了读者来信批评浩然的《西沙儿女》。关于浩然的那几篇作品，我们编辑部研究过多次，2 月 21 日我又到张光年处同他商量和请示，突然见到报刊上的这些文章和读者来信。2 月 27 日张光年的夫人黄叶绿给我打来电话，转达他的决定：在《人民文学》上转载李冰之的文章。这就表明了我们刊物的态度，一是浩然的那些作品应该批评，二是浩然毕竟是人民内部矛盾，属于同志犯错误，我们自己没有组织文章，而只转载广东的一篇。

积极推动文联作协的恢复

在《人民文学》杂志 1977 年 12 月 28 日—31 日召开的“开火大会”结束后，中宣部部长张平化宣布中国文联及各协会恢复工作，筹备组由林默涵为组长，张光年、冯牧为副组长。文联的机关刊物《文艺报》也于 1978 年 7 月复刊，由冯牧和孔罗荪任主编。

在《文艺报》筹备组 5 月 8 日召开的选题会议上，张光年和冯牧都就当前文艺形势和《文艺报》的任务作了发言。张光年说：《文艺报》复刊，党中央很快就批准了。这是广大群众干部的要求，也是文艺界的希望。《文艺报》以文学为主，面向整个文学艺术界，也要顾及业余作者。要在斗争中立，在破中立。要扶植新生事物和新生力量，多做雪中送炭的工作。我们的队伍是有力量的，要在恢复的过程中把力量组织起来。要树立良好的文风和刊风，这就是按“十一大”的精神，说老实话，实事求是。有些问

题长期摆在那里，没有解决。要恢复党的传统，恢复生动活泼的政治局面。在这类问题上，该讲话时就要讲话，而且文章要写得犀利些，泼辣些。《文艺报》是一份在国外有影响的刊物，它的复刊会受到国内外的注意。复刊后要积极参加国际斗争，反帝、反霸。苏联的《文学报》反华文章发的很多，我们不能装聋作哑。过去我们常向外国作家约稿，今后也要加强同外国作家的联系，也可以向他们约稿。《文艺报》复刊，面临的困难很大，大家要学大庆的精神，有条件要上，没有条件也要创造条件上。刊物要始终坚持贯彻“双百”方针。“双百方针”是阶级的方针，并非“四人帮”所说的，贯彻“双百方针”就必然导致什么自由化。复刊第1期应写一篇好的《致读者》，说清我们的刊物是不是“反党的喉舌”，当前以及今后干些什么。

显然，张光年对《文艺报》的复刊，有着更多的个人感情，因为在“文革”前有10多年的时间，他是与《文艺报》荣辱与共的。如今他的发言里，既融会着“文革”前的苦涩经验，又适应当前时局的需要。现在，张光年在思想深处还是把《文艺报》当成党的“哨兵和喉舌”来筹划它的未来的。这种多年来习惯了的思想，到1979年召开的第四次全国文代大会上，邓小平向文艺家们作报告之后才算宣告结束。邓小平在这个报告里明确无误地宣称：“党对文艺工作的领导，不是发号施令，不是要求文学艺术从属于临时的、具体的、直接的政治任务，而是根据文学艺术的特征和发展规律，帮助文艺工作者获得条件来不断繁荣文学艺术事业，提高文学艺术水平，创作出无愧于我们伟大人民、伟大时代的优秀的文学艺术作品和表演艺术成果。”[13]一本刊物，即使是像《文艺报》这样的刊物，应该遵守党和国家的大方向（四项基本原则和宪法；文艺为人民服务，为社会主义服务）和方针（“双百”方针），但它绝非是“哨兵和喉舌”。

在筹备《文艺报》复刊的同时，张光年还负责筹备恢复作家协会的工作。如果说在1977年前后，许多原来作家协会的老部下，陆续到张光年家里，要求他借在出版局工作的条件和自己的威望能帮助安排工作，他为此

[13] 邓小平《在中国文学艺术工作者第四次代表大会上的祝辞》，《邓小平文选》第185页，人民出版社1983年。

也作了许多成人之美的善事的话，那么，现在，恢复文联各协会就不再是个别朋友的工作安排的事，而是一件涉及全局和大多数老文艺干部的事，是涉及到发展和繁荣社会主义文艺事业的大事了。

第一步是筹备召开文联全委扩大会议，推倒“四人帮”的诬陷不实之词，宣布恢复几个协会。文联及各协会筹备组成立之后，即通知阎纲、吴泰昌转到即将复刊的《文艺报》去并参加筹备工作。我则先留下来处理《人民文学》评论版面的收尾工作。张光年和冯牧两位领导让我也参与筹备文联全委会的工作。

关于文联全委会的召开，林默涵与张光年商定，要向郭沫若作一次汇报。5月14日，我在办公室里写人民文学出版社召开的儿童读物出版工作座谈会的报道，忽然接到张光年打来的电话，要我与郭老的秘书王庭芳联系一下，他和默涵要到郭老那里去汇报。我拨通了郭老家里的电话，但王秘书不在，是栾秘书接的电话，我简要地把意图说了一遍。过了一个多小时，栾秘书回电说：(1) 郭老住在医院里，医生不同意会客；(2) 郭老身体很不好，即使见了，恐怕也不能做任何事了。请你们自己准备就行了。我听了电话感到很压抑，但也只能照实向张光年汇报。

文联全委扩大会议于5月27日至6月5日在北京西苑饭店召开。会议宣布中国文联和中国作协恢复工作。在6月3日召开的中国作家协会主席团扩大会议上，主席茅盾宣布张光年就任作协书记处常务书记。在粉碎“四人帮”前后的三年里，张光年在文艺战线上在力所能及的范围内做了大量的工作，包括向有关单位推荐一些同志安排工作，在所主编的《人民文学》上发表揭批“四人帮”、悼念周总理的文章等。随着文联全委扩大会议的召开，如今，这个阶段就此结束了。但，“四人帮”对文艺工作者的诬陷和迫害还没有得到彻底平反，揭发和批判“四人帮”的任务还很重，路途还很遥远，特别是“文艺黑线”的帽子还沉重地压在文艺工作者的头上，不仅心中积愤难平，更重要的是，许多受冤屈和蒙难的老文艺家无法出来工作。

抓住“文艺黑线”论不放

文联全委扩大会议闭幕后，中国作家协会恢复活动，复刊的《文艺报》仍然延续50年代的旧制，是在中国作家协会领导下的中国文联机关刊。正式任命冯牧、罗荪为主编，谢永旺为编辑部主任，刘锡诚和陈丹晨为编辑部副主任。编辑部就设在冯牧在文化部政策研究室的办公室，即东城区礼士胡同129号。这所小公馆式的四合院，“文化大革命”中曾是于会泳的办公室。现在成了我们的办公室。环境虽甚舒适，但却十分拥挤。复刊号于1978年7月15日出版。月刊。

作为中国作协书记处的常务书记和党组书记，张光年很重视《文艺报》这本刊物。由于历史的关系，他的心胸中也确有一个《文艺报》情结。决定复刊后的第一次编辑部全体会议，张光年就亲自出席并讲了话。张光年说，《文艺报》是文联委托作协主办的刊物，它代表中央宣传部发言。《文艺报》不能回避矛盾，要回避矛盾，就不用办《文艺报》了。要勇于斗争，但也要善于斗争。要做到稳、准、狠。“文革”中打击了一批革命回忆录。其罪状有：第一，为自己树碑立传；第二，歌颂错误路线。现在，刘志丹平反了，刘志丹小说也平反了。邓大姐说了话，澄清了事实。值得注意的是，现在又有许多老干部拿起笔来写回忆录了。《文艺报》在今后的半年里，要宣传贯彻文联全委扩大会，要发展这个会议的胜利。然后是为第四次全国文代大会作思想舆论准备。第四次文代会要总结粉碎“四人帮”后文艺战线的成绩和问题。他还说，有些问题要继续接着谈，如：文艺作品的真实性问题；是从生活出发还是从概念出发的问题。评论要抓典型。好的典型和坏的典型都要抓。好作品要大力提倡和支持，如近期上演的话剧《丹心谱》，就是一出好话剧，这部话剧概括了千千万万中国人的感受。

文联全委扩大会后，全国各条战线上都在开展揭批“四人帮”的第三战役，文艺界面临着的突出问题是“文艺黑线”是否存在的问题。正在这个时机，邓小平就光明日报那篇题为《实践是检验真理的唯一标准》的文稿向文化部的黄镇和刘复之作了一次谈话，给了文艺界以精神武器。在中宣部的领导下，为了在文艺界打好揭批“四人帮”的第三战役，把批判引向深入，于8月22日（？）在京成立了文艺界大批判领导小组，张光年以作协代表的身份参加了这个小组，冯牧则以文化部的代表、孔罗荪以《文艺报》代表的身份参加了这个小组。我们《文艺报》编辑部9月22日传达了文艺界大批判领导小组会议的精神：要突破文艺理论上的禁区，要实事求是，开展实践是检验真理的唯一标准的讨论。张光年在这次会上也强调了：要抓住实践是检验真理的唯一标准问题。他说，现在有些论点已批得差不多了，关键的问题是就差一张纸没有捅破了。30年代问题，要发表文章。《文艺报》就在这样的背景下，召开了第一次联系文艺界实际的“实践是检验真理的唯一标准座谈会”。作为会议成果，在刊物上发表了几篇文章，但那次座谈会，由于准备不足，议题不集中，参加的人员的代表性也显得不够，所以成果不是很明显，其影响不是很大。

在大批判领导小组会议之后，张光年抓住时机，以作协的名义，于10月20日—25日在远东饭店召开了《人民文学》、《诗刊》和《文艺报》三个刊物的联合编委会。他在会上作了长篇开场白和发言。他说：编委会要讨论方针问题，就不可能避开当前思想战线上大家关心的问题。要把当前社会上普遍关心的问题与文艺问题结合起来，不拘形式地扯一扯。在讨论中把问题弄清楚。他说，一年前，集中批“文艺黑线专政”论，一直延续到文联全委会开会，作用很大。最近一段时间显得比较寂寞，不那么生动活泼了。文章发表得也少了，报刊上不那么活跃了。《人民日报》、《文学评论》以及大学的期刊，作协的三个刊物，都作了很多工作，但比起上半年来，劲头很不够。眼看着别的战线生动活泼，尖锐泼辣，相比之下，文艺战线就逊色多了。是不是没有问题，没有意见可说？第三战役问题都解决了？是不是心有余悸不敢说？不是。要创造机会，在文艺问题上展开讨论。当前真理标准问题的讨论，社会实践是检验真理的唯一标准，是毛主席阐明过的。其他问题，报刊上宣传的，如加强社会主义法制，扩大社会主义民主等问题，也大有可谈的。没有民主的土壤，百花就开不起来。要形成生

动活泼的政治局面，文艺创作才能繁荣。

张光年说：文艺创作能不能适应新时期的总任务？华主席在国庆节的致辞中说，“四化”是伟大的革命。上层建筑、意识形态中凡是不适应生产关系的部分，要迫使它进行改革。看起来，文艺好像离得远一些。但如果文艺不适应大变动、大革命的形势，就会发生危机。当前展开的关于真理标准问题的讨论，确实接触到了问题的核心。“四人帮”拉大旗作虎皮，他们利用人民群众对革命导师的热爱，搞句句是真理，句句照办，而他们自己却不照办。毛主席在《创业》的批示中说：“党的文艺政策应该调整一下”。他们不照办，不执行。他们不迷信。归根到底，他们要搞愚民政策。他们把革命导师关于发扬民主的语录撕成碎片，当成吓人的帽子，打人的棍子。一切革命词句在他们那里都发生了质变。他们用反革命的魔术，败坏马列主义毛泽东思想的名声和威信。实践是检验真理的唯一标准。经过“文化大革命”的检验，什么是真什么是假，群众都搞清楚了。

作为发言的重点，张光年着重谈到在批了“文艺黑线专政”论之后仍然被某些人坚持着的“文艺黑线”论的问题：

> “文艺黑线专政”论是被推倒了，至少是没有人公开为它辩护了。但还有一种说法，“文艺黑线”的帽子却不能摘掉。黑线是有的，那就是刘少奇的文艺黑线。这是改组以前的《光明日报》提出的论调。现在的《光明日报》是光明的日报了。那时许多同志却感到惶惑。当时我们在会议上反驳了这种说法。我不赞成这种说法。现在也不赞成。在此我可以举出四条事实：
>
> （1）林彪、“四人帮”讲的文艺黑线，刘少奇文艺路线，是一回事，都是指的建国后周总理领导的文艺革命路线，是我国社会主义的主流。十七年间，文艺领导干部曾犯过右的或“左”的错误，但绝不是反党反社会主义的（江青的《纪要》里说是反党反社会主义的），这是为客观事实证明了的。是不是可以说，“黑线专政”论是荒谬的，而构成“黑线专政”论的前提（文艺黑线）是可以成立的？我看这是文艺战线上的大是大非问题。
>
> （2）最近一年来，报刊上在集中批判“文艺黑线专政”论的同时，也批判了“文艺黑线”论。“文艺黑线”论也是颠倒是非、混淆黑白的。一个是理论黑，一个是作品黑，一个是队伍黑。所谓理论黑，一个是三结合，一个是黑八论。说十七年是刘少奇反革命修正主义文艺路线，完全

与事实不符。大量事实证明，他们把毛主席文艺路线当成刘少奇文艺路线来批。他们明明知道十七年是周总理领导的，越是周总理领导过的，越是当成毒草批。我认为，给文艺界加上刘少奇文艺黑线，是个阴谋，矛头首先是针对周总理的。把不是刘少奇的人，都推到刘少奇那里去。揭发出这个阴谋，本身就是捍卫毛主席革命文艺路线。

(3) 彻底纠正林彪、“四人帮”捏造的冤案。文艺界那么多有生力量含冤而死，许多人至今背着黑锅。这不利于调动积极性，不利于促进文艺的繁荣。有些业余作者也受到株连，至今未获解决。其原因，据说黑线是有的，还要观望一下。

(4) 党中央热望文艺繁荣起来，热望作家们彻底打碎“四人帮”制造的精神枷锁，从实际出发，与新时代的工农兵相结合。“四化”向我们提出了新问题：要有新的作品问世，要有今天的杜甫、李白、巴尔扎克，要真正满足人民群众的要求。

前面已经说过，对“文艺黑线”论的批判始终是阻力重重的。阻力主要来自前面我们引述的邓小平同志所说的“凡是”观点。“文艺黑线”论者的主要口实，是毛泽东1963、1964年两次对文联及协会的批示。既然毛主席说过的，就句句是真理，就不能动。张光年以锐利的锋芒，以《光明日报》的编者按语为靶子，揭发其阴谋性，是一针见血的。参加这次联合编委会的是首都文艺界的一些有影响的文学家艺术家，他们是：刘白羽、曹禺、魏巍、谢冰心、唐弢、草明、韦君宜、柯岩、李季、严辰、冯至、冯牧、罗荪、邹荻帆、赵寻、陈荒煤、沙汀、臧克家、霍加、李瑛、袁鹰、林默涵、李春光等。大家在批判“四人帮”的谬论上没有任何分歧的观点。张光年的开场白是有影响的，推动了作协的三家刊物对“文艺黑线”论批判的深化。

不久，在中央的决策下，在报刊上发表了周恩来总理1962年《在文艺工作者座谈会与故事片创作会议上的讲话》，极大地推动了对“文艺黑线”论的批判。[14]

首都文艺界影响较大的一次活动是《文艺报》和《文学评论》两家期

[14] 周恩来《在文艺工作者座谈会和故事片创作会议上的讲话》，见《文艺报》1979年第2期。

刊于12月5日联合召开“文艺作品落实政策座谈会”。这次规模盛大的平反昭雪座谈会，以民间的方式，为大批在“文革”中被打成反党作品和反党作家的作品和作家平了反，痛击了万恶的“四人帮”的文化法西斯专制主义。张光年也在这次会上发了言，他说：参加这个会很受教育。这个会是得人心的。粉碎“四人帮”两年多了，文艺界还有这么多问题没有解决。我们党很英明，现又挖出了康生、谢富治这两个大坏蛋。康生的血债是累累的，我们文艺界只是其中的一部分，仅这一部分就已很惊心动魄了。冤案如山啊！他们究竟是几人帮？不去算它了，就用“四人帮”来作为他们的代名词吧。早在“文革”前他们就大搞阴谋了，他们上欺中央，下压全党，千方百计进行欺骗，用毛主席的片言只语作为打人的棍子、杀人的刀。他们败坏我们的党、我们的领袖的崇高威望。现在还有那么多作品、作家没有平反、昭雪，今天会上只谈了一部分。很多作家惨遭迫害呀，比如周立波同志现身患重病，癌症晚期，但还坚持写作。沙汀等许多老同志也是长期受迫害，报纸上长篇累牍地对他们进行诬陷。我们今天为他们平反，是正义的、政治的行动，一部作品就影响一大片人和一大片类似的作品。要解放这些被压抑的、受挫折的社会主义文艺生产力，调动他们的积极性，是很有现实意义的。我们若不进行斗争，就不能得到解放。

张光年提出了“文艺黑线”问题：最近我曾参加过两个座谈会，提到了“文艺黑线”问题。究竟有没有“文艺黑线”呢？许多同志纷纷起来控诉“文艺黑线专政”论造成的极大的残害，但是这一问题并未很好解决，还有人为其辩护呐，讲什么“文艺黑线还是有的”。我们文艺界要很好地广泛地讨论，究竟有没有“文艺黑线”？我们如果承认有这个东西，就是否定毛主席的革命路线；承认这个东西，就是多少肯定了“四人帮”的反革命诬陷。

最后张光年以作协领导人的身份说：凡是我们力所能及做的事情，如在我们的报刊上发表文章，可以去做，不要等待。这样做，华主席、党中央会支持我们的。不仅是北京，各地报刊都来做这一工作，都来查一查，做好平反落实政策的工作。我也希望各地报刊就“四人帮”强加给文艺界的“文艺黑线”问题有没有存在的根据，都来争论争论，否则，我们的文艺生产力就不能得到彻底的解放。我们要像爱护眼珠一样地爱护来之不易的安定团结，我们要一心一意地搞四个坚持现代化，要抓纲治国。要做的事情很多，其中之一就要把林彪、”四人帮“造成的大量冤假错案平反，解放生产力。与全国各条战线相比，我们文艺界落后了，要急起直追，拿起笔来，把揭批林彪、“四人帮”的第三战役搞得更加有声有色。过去的10年，我也主编过《文艺报》。我们自己做得不当的事情，也要考虑、总结，总之要实事求是。对于林彪“四人帮”的揭露，我们不仅要用评论，还要用形象。康生不是爱看鬼戏吗？我们可以写鬼戏去揭露他们，写出一批深刻动人、揭露他们丑恶灵魂的作品，教育我们的后代。

自批判“文艺黑线专政”论以来已有两年多的时间，这两年中张光年在胸中郁积着的对于“文艺黑线”论的满腔愤懑，今天终于倾泻出来了！会后，他将他的思考写成了一篇题为《驳“文艺黑线”论》的长文，发表在1978年12月19日的《人民日报》上。在那篇文章中，系统地批驳了构成所谓“文艺黑线”论的三个根据：“理论黑”、“作品黑”、“队伍黑”。[15]然而，他还是巧妙地回避了“两个批示”。我们《文艺报》也撰写了一篇《必须彻底推倒“文艺黑线”论》的本刊评论员文章，表达了我们的观点。这两篇文章，加上报刊上发表的一些文章，相互配合和呼应，把“四人帮”诬陷和迫害文艺界的最后一个法宝，彻底打碎了。

但批判和推倒“文艺黑线”论的斗争，在全国各地的发展是不平衡的。当时我先后收到了很多作家评论家们从各地的来信，诉说他们那儿的情况。湖广两地，对待“文艺黑线”论的态度，就恰成对照。这两地都是我出差去了解过情况的地方。当时湖南对揭批“四人帮”在文艺上的罪行，对开展真理标准问题的讨论，都持抵制态度，至少是很不明朗的。关于这一情况，《渴望liberty的立波》一文有所披露，可以作为此文的补充。广东文艺界对“文艺黑线”论的揭露批判，态度鲜明，声势也较大。在我看来，他们那里对“四人帮”在文艺问题上的遗毒清除得就相对干净些。

到此，长达两年多的这场批判“四人帮”制造的“文艺黑线”论的斗争，总算是告一段落了。茅盾说：“春满文坛”！如今，中国文坛已经面临着耕作的时节了。

[15]《驳“文艺黑线”论》后收入作者的《惜春文谈》中。

开创文学评选活动

如今放眼文坛，已是群芳争艳的景象。须知，在 1976 年到 1977 年，那时的文坛上却寂寥莫名。天安门诗歌曾一度把中国诗歌推到了一个高峰。谁都得承认，那也是时代造就的。无论思想还是艺术，恐怕都很难再有企及的机会了。过后很长一段时间内，文坛上就没有什么脍炙人口的作品问世，尤其是小说领域。张光年就是这样一个适时而生的“催耕鸟”，他以自己婉转的歌喉，呼唤着“文学的春天”的到来。

永载史册的是刘心武短篇小说《班主任》的发表。《班主任》在新时期文学中的地位是公认的。在 1977 年 10 月短篇小说创作座谈会召开之前，《人民文学》编辑部小说组的崔道怡向刘剑青同志提供了一篇由青年作者刘心武写的短篇小说《班主任》。因为我、阎纲、吴泰昌与刘剑青挤在一间办公室里办公。我看到刘剑青正在看着一篇小说，伏案流泪，情绪无法控制。及问，他让我看这篇小说，并说极为感人，但能不能发表，他拿不准。我们都怂恿他送张光年审阅定夺。这篇小说经张光年决审后决定发表。发表在短篇小说座谈会召开期间出版的第 11 期上。小说一经面世，就受到了读者和专家的赞许，成为后来公认的“中国新时期文学”的早期重要代表作。

像《班主任》这样的作品，在 1977 年下半年能够顺利在《人民文学》这样的刊物上发表出来，委实并不是一件容易的事。世间什么事都有偶然性，刘心武小说的发表，有偶然性，也有必然性。尽管有崔道怡这样的编辑高手能够慧眼识英雄，从大量来稿（当时来稿是用麻袋装的）中挑选出这篇水平上乘、切合时代需要的小说，有刘剑青这样的有经验的刊物主持人，但要知道，在那时，在思想内容上稍微出格的作品也许就会在“是否惹祸”的闪念和动摇中被扼杀在编辑过程的某一个环节中。或者不妨设想一下，在发与不发这篇小说的关键时刻，如果没有张光年这个“老编辑”

的胆识和决断，恐怕历史又会是另一种样子！不久前在一个座谈会上，我对刘心武同志说起这段往事，我直言不讳地说，《班主任》是你的作品，但它的出世，张光年可是功不可没的呀。他对我一笑，点点头，表示了认同。

但要看到的是，在刚刚粉碎“四人帮”未久的那个年代，好作品的确难得。这是编辑人员以外的人士很难体会到的。怎样推动文学创作的繁荣？怎样提携青年作者？成为当年一直萦绕在有责任感的编辑人员们心头的问题。1978年底开始举办的《人民文学》全国短篇小说评奖，不仅是中国文学史上的首创，而且对推动短篇小说创作的提高和繁荣也是一个蹊径。这一举动固然有刊物编辑部许多编辑同志的智慧、劳动和心血，有《人民文学》新主编李季的胆识，但也有张光年的一份功劳。其决策非他莫属，他又是与我国文学泰斗茅盾并列评委会主任。

以往，我国文学工作习惯于两种辅导方式，一是行政方式，一是评论方式。行政方式一向受到某些人的推崇，也受到另一些人的鄙睨。但在中国国情中，仍然不失是一种可行的方式。评论方式虽好，但并非能看出直接的效果。张光年、李季和《人民文学》编辑部首倡短篇小说评奖，应该说是找到了另一种可行的或较好的扶持作者培养作者的方式。值得一提的是它的评选方式，采取了群众推荐与专家评选相结合的方式。虽然主持其事的人和编辑部增加了巨大的工作量，但比起如今通行的单纯专家评选方式要优越得多，至少走后门的现象，那时是没有的。

所幸者，我手头还保存着当时发的各种文件，翻阅这些文件，使我头脑里浮现出许多美好的记忆。作为史料，这些文件似乎没有失去其价值，所以我要在此引述其中的若干片段。

《关于举办1978年全国优秀短篇小说评选启事》

遵照英明领袖华主席为《人民文学》题词的精神，繁荣社会主义文学创作，为新时期总任务、为加快实现四个现代化服务，促进短篇小说创作的“百花齐放”，本刊决定举办1978年全国优秀短篇小说评选，希望得到全国各文艺团体、文艺作者和广大读者的热情支持。现将评选的有关事项列下：

评选范围：从 1976 年 10 月至 1978 年 12 月止，在此期间全国各地报、刊发表过的优秀短篇小说，均在评选范围之内。

评选标准：凡从生活出发、符合六条政治标准，艺术上具有独创性的作品，不拘题材、风格，皆可推荐。提倡具有鼓舞群众为新时期总任务而奋斗的优秀作品。

评选办法：采取专家与群众相结合的方法。热烈欢迎各条战线上的广大读者积极参加推荐优秀作品。恳切希望各地文艺刊物、出版社、报纸文艺副刊协助介绍、推荐；最后由本刊邀请作家、评论家组成评选委员会，进行评选工作。

评选结果，将于 1979 年上半年在《人民文学》上公布。

请将意见填入本期付印的《评选意见表》或另纸写出寄给我们。评选意见截止日期是 1979 年 1 月底。

《人民文学》杂志社

1978 年 9 月 7 日

(附表略)

附《1978 年全国优秀短篇小说评选的初步设想》

（此件仅供领导参考，不公开发表）

《人民文学》遵照英明领袖华主席给本刊题词的精神，为了贯彻“百花齐放”的方针，繁荣社会主义文艺创作，准备从 1978 年起对全国优秀短篇小说逐年进行评选。有关评选范围、办法的初步设想如下：

评选范围：

1978 年评选，从 1976 年 10 月至 1978 年 12 月止（以后每年一评），在此期间全国发表过的优秀短篇小说均在评选范围之内。

评选标准：

提倡反映当前现实斗争生活的作品，反映革命历史斗争的佳作也可入选；

提倡题材、风格的多样化；

提倡篇幅短、生活新、思想深而又富有独创性的作品；

提倡革命现实主义和革命浪漫主义相结合的较好的作品；

主要是推荐新人作品，有老作家的短篇佳作也可入选。

评选办法：

采取专家与群众相结合的方法。请各地文艺刊物、出版社和报纸文艺副刊推荐并发消息；在《文艺报》及其他报刊发消息；在《人民文学》上发启事。(在本刊10月号上登“启事”，并附《评选意见表》)，发动广大群众推荐。

《人民文学》要安排专人负责初选，提出初选篇目，交评委会审定。初步设想每年选出优秀短篇小说20篇左右，按质量分别为一、二、三等。在明年3月号《人民文学》上公布评选结果，并酌情给当选者精神上和物质上的奖励。

评选委员会由《人民文学》邀请作家、评论家5人组成（拟请茅盾、张光年同志主持）负责审定，选出当选的优秀作品。

奖励办法：

(1) 一等奖作品如未在《人民文学》上发表过的，可予转载；全部获奖作品建议由人民文学出版社出单行本；

(2) 请获奖作者到北京来开座谈会，请领导同志接见；

(3) 获奖作者每人发给纪念性的奖状或纪念册；

(4) 获奖作品按一、二、三等奖，分别给予100元、80元、60元的奖金或书籍及其他纪念品；

(5) 设想奖金预算2000元。一等3篇300元；二等5篇400元；三等12篇720元。做纪念章或纪念册，600元左右。

关于1978年优秀短篇小说的评选所采取的群众推荐与专家评选相结合的方式，是这次评选的一个重要特点。群众投票多的作品，在初选时优先考虑。但也顾及到了读者意见也会出现片面性的可能，如地区和读者文化水准的差异，也有可能导致确属优秀的作品而在群众中得票甚少的情况。编辑部把得票300张以上的作品（除《醒来吧，弟弟》外）全部入选，共12篇，另外又在群众中得票并不一定很多的优秀作品中选了8篇，加起来共20篇。通过评奖，使一些散布于全国各地的有才能的青年作家脱颖而出，得到公众的公认。这是最大的收获。举办文学评奖，在我国是从新时期以来才出现的新事物，“文革”前的十七年中，从来没有进行过类似的评奖。

张光年主持了这次评奖工作，并通过这次评奖为文学作品评奖取得了一些成功的经验。从 1981 年起，中国作家协会又委托《文艺报》主办从 1977 年起的全国中篇小说评奖。我有幸受托主持了第一届、第二届中篇小说评奖的初评工作。到现在已经进行了 4 届。后来又扩展到报告文学和诗歌评奖。从 1982 年起，又创建了以长篇小说为对象的“茅盾文学奖”。如今，文学评奖已蔚然成风，并扩展到文艺的其他领域，成为推动文学艺术创作繁荣的重要方法。

在这篇记述 20 年前的老领导张光年的文章结束之前，有必要对《饯腊催耕》这个题目作点儿解释。“饯腊”在中国礼俗中是一种驱邪纳吉的行为，在岁末将尽之时，民间在腊月进行的一种祭祀活动。我所说的“邪”，不是别的，正是“四人帮”及其余毒。“催耕”也应是早春的一种民俗事象。蔡襄《稼村诗帖》诗云：“布谷声中雨满犁，催耕不独野人知。荷锄莫道春耘早，正是披蓑叱犊时。”文学的新时期，乍暖还寒，这时的张光年，也确像是一只“催耕”之鸟。

学者型的作家与理论家

——记忆中的何其芳

学生时代就喜欢何其芳的《夜歌和白天的歌》。选入中学课本的《生活是多么广阔》，曾经让我们这一代青年学生着迷。我第一次见到何其芳是在北大上学的时候。1956年向科学进军，中文系邀请何其芳和吴组缃两位先生同时开《红楼梦》研究的选修讲座课程。这件事对我们学生有很大的诱惑力。况且何其芳与吴组缃二位前辈在观点上是颇不一致的。我所在的俄罗斯语言文学系，因有曹靖华、魏荒弩、余振等教授兼作家的优势，而以俄罗斯和苏联文学为其培养方向，每个学生都要修中文系和西语系的全部课程，而且是与中文系和西语系同学同堂听讲。《红楼梦》讲座，我们是每场必到的。

那时，何其芳是文学研究所的副所长，所长是郑振铎。文学研究所叫北京大学文学研究所，办公地址就设在北大哲学楼的二楼。在1954年毛泽东发动批判俞平伯的《红楼梦研究》之后，被视为党内马克思主义批评家的何其芳开始研究《红楼梦》，他不仅在北大讲《红楼梦研究》，同时也在中国作家协会文学讲习所讲。他的宝玉、黛玉“叛逆性的典型”论，在文学理论界很有影响。

大跃进的1958年，社会上和学校里掀起了一股批判老学者的学术思想的极“左”风潮。北大中文系五五级学生集体编著的《中国文学史》和北师大中文系五五级学生集体编著的《中国民间文学史》，都是这类占风头之先的著作。北京大学文学研究所在哲学楼的会议室召开批判所长郑振铎学术思想的座谈会，一连几天，《中国俗文学史》自然也被列入被批判对象。我那时已出学校参加工作了，也参加了这次批判会。会议由副所长何其芳

主持。有一天，郑先生到会向大家说：明天我要到塔什干去参加世界和平会议，向大家请个假，大家的发言，等我回来后再学习。第二天，大家在会议室里静坐良久，未见主持人来。过了一会儿，何其芳和副所长唐棣华一脸严肃地走进来，用低沉的声音向大家宣布："我们的所长郑振铎先生，在飞往塔什干的途中，因飞机失事遇难了！我们的会议不开了。"他因哽咽而止语。原定发表批判文章的《文学研究》杂志，已来不及更改，决定加出一本《增刊》，除了登载郑先生的生平介绍和讣告外，集中发表生前友好悼念郑先生的文章，也包括何其芳的文章。

苏联青年汉学家李福清于1959年夏自费访华，何其芳接待他。因为李的研究方向是中国的民间文学，副博士论文是《孟姜女与万里长城的故事》，何其芳捎信要我到他的办公室去，参与谈话，并陪同李福清去逛天桥、听连阔如说《三国》，参观游览天坛、故宫，逛东安市场和天桥的旧书摊。当时我们没有照相机，李福清带了照相机来，我们一起照了相，他赠给我一些俄罗斯民间木偶和他的上述著作。后来我们有书信来往。60年代中苏关系恶化，我们之间的来往就中断了。他1961年第二次来华，我还在内蒙古鄂尔多斯草原上下放劳动。他住在民族饭店，冯家升偕同顾颉刚去看他，他向顾先生赠送了自己的《孟姜女》一书，并从此与顾先生建立了联系。"文革"中，我被怀疑是苏修特务而受到审查和冲击。我把他的著作的封面和他签了名的扉页撕掉，逃过了抄家的红卫兵的眼睛。"文革"后李福清再次来华访问时，我把经历过"文革"还保留着的他的这本著作拿给他看，我们无不感慨系之。

何其芳在"文革"中备受江青和"四人帮"的帮派势力的迫害，身心受到严重损害。当时学部大院里"总队"和"联队"两派造反派对立严重。在"四人帮"的指使下，有些人对老干部和学术权威们搞残酷斗争，无情打击。他们逼迫何其芳敲着小锣学猴子绕场转，逼迫他跪在有玻璃茬的地上，打他，折磨他。即使在那样恶劣的环境下，他仍然是做什么事都认真负责。当藏在深度镜片下的眼睛在批判他的大字报上搜寻到不符合事实的揭发，他甚至还要用钢笔批上些蝇头小字，纠正写大字报的人。他的这等作为，真是迂腐到家了。他就是这样的一个人。

1969年冬，哲学社会科学部和我们文联作协一样，造反派、保守派、走资派连锅端，被送到河南罗山、息县干校。俞平伯、吴世昌、钱钟书、吴晓铃都去了。我因妻子是文学所的研究人员，也被从官厅水库文化部干校调到学部干校，分配在菜园班劳动。何其芳的任务是喂猪，与我们班一起干活。他养猪像写研究文章一样认真，伺候猪像伺候人一样充满了感情。在空旷的干校场地上，天天能听到他“罗，罗！”的呼喊声，看见他穿着围裙，扭动着肥胖的身体，跟在猪群的后边跑来跑去，常常成为大家笑谈的对象。他的思想是那样纯洁无瑕，他的神情是那样天真烂漫。

这样一个我所尊重的前辈诗人和学者，竟然没有等到改革开放的曙光，就在1977年的7月逝世了。知道消息，我想为他最后做一点事情。我想在我所供职的《人民文学》上发表他在最后的日子里写的回忆录。我从他的夫人牟决鸣手里拿到了《历史研究》杂志为他打印的回忆录的讨论稿。在得到她和子女们的同意后，选择了其中的第十二节和第十三节，题目就叫《毛泽东之歌》。

△ 学者、诗人何其芳

我最为欣赏的，是他写毛泽东对他谈“共同美”的那一段。因涉及对毛泽东的回忆和毛泽东的原话，我请示张光年，得到他同意后，便把校样送给国家出版局的局长王匡审批。王匡于9月1日批示说：“此文粗看一遍。我觉得可以发表。主席的话，问过了，不能发表，只可用叙述式引出，我且代庖了。全文错字很多，想系未校样，请嘱人注意订正。高统购一节，文章示明，删去为宜。今后有关此类文章，请送（王）子野同志，因为他到底是你们的‘家’也。王匡九月一日夜。”收到王匡的批文后，对打印稿略

作加工就发排了。

事情源于1960年的中苏关系破裂。文学研究所根据党中央书记处的指示，编辑了《不怕鬼的故事》一书，该书编成后，由所长何其芳撰写了序言。因事关大局，序言送毛泽东审阅。毛泽东于1961年1月4日和1月23日前后两次召见何其芳去中南海颐年堂他的住处，与他谈话，并亲笔对序言作了修改。何其芳回忆录的第十二节、第十三节写的就是毛泽东与他这两次谈话的内容和接见他时的情景。何其芳在回忆录里写道："毛主席谈了一个很重要的理论问题，美学问题。他说：各个阶级有各个阶级的美。各个阶级也有共同的美。'口之于味，有同嗜焉。'史沫德莱说，听中国人唱《国际歌》，和欧洲不同。中国人唱得悲哀一些。我们的社会经历是受压迫，所以喜欢古典文学中悲剧的东西。"《毛泽东之歌》经过王匡的审查，顺利地在《人民文学》第九期发表了。我组织并提供何其芳的这篇遗作，也寄托了我对这位前辈学者和文艺理论家的哀思。文章发表后，不出所料，在文艺界和学术界引起了很强烈的反响，人们最为关注的，与我最初的直感一样，是毛泽东关于共同美的意见。

人类是否有共同美的问题，在思想界和学术界曾经引起过激烈的争论。说人类有共同美，这种观点曾经被说成是阶级调和论，宣传人性论。现在毛泽东自己说话了："各个阶级有各个阶级的美。各个阶级也有共同的美。"他还引用了孟子的"口之于味，有同嗜焉"的话。何其芳亲耳听到毛泽东的这番话，高兴得很，但并没有及时地公布出来（当时也没有这样的社会条件），而是到了晚年，在毛泽东逝世之后，才借写回忆文章的机会，把毛泽东在这个重要理论问题上的看法公之于众。

2003年6月13日

炼狱中再生

——荒煤复出前后

在世界上，大概没有任何一个国家的作家，经历过像中国当代作家们所经历过的曲折命运。逝世未久的现代作家荒煤，从1964年到1978年，跌入深渊，在逆境之中长达十四年之久。当他重新回到文坛，开始第二次创作生命之时，已是65岁的老翁。其命运的曲折悲凉，足使我们这些活着的晚辈文艺界人士欷嘘不已。

生命的第二个春天

30年代初便进入文坛的荒煤，初始所从事的是戏剧活动，而真正使他成名的，却是他的小说。他的第一篇小说《灾难中的人群》是经丽尼帮助修改并寄给巴金，由巴金寄给在北平出版的《文学季刊》于1934年秋发表的。在以后的四五年间，他发表了大约30篇小说，显示了在文学创作方面的才华。从而，他在中国现代文学史上得到的名分，始终是一个小说家。后来他像许多作家一样，去了延安。经历过延安及边区生活和战争洗礼的荒煤，1952年从中南区调来北京，在国务院文化部电影局任副局长，主管新中国的电影事业，成绩卓著。凡是经历过1959年开国十周年大典庆祝活动的文艺界人士，大概都不会忘记新中国电影界推出的那一批脍炙人口的

△ 1952年的荒煤

故事片。谁都知道，那里面有荒煤的一份不应被人忘记的功劳。

可是，谁又能料到，到1964年文艺界进行的那场反右倾运动、反修运动，突如其来地改变了刚刚提升为文化部副部长一年多的荒煤的命运。在那次文艺整风（实际上是一场政治批判）运动中，荒煤受到了猛烈的批判，一下子被从文化部副部长的位子上打下来，发送去了重庆。那年，他才52岁。一年后，“文革”风暴起来，荒煤被指为反革命修正主义分子和走资派，被从重庆“揪”回北京接受批斗、监改。到1968年秋，即在被无情地折磨了两年之后，在江青对文化部的造反派讲话指责下，又被投入监狱。满腔的迷惘、惆怅、屈辱和愤懑，何处倾诉？从来抑郁寡欢、厚道勤奋、才华出众的作家兼文艺界领导人的荒煤，从此与厄运相伴，开始了长达七年的没有纸、没有笔，甚至一年中说不了几句话，连交际的语言都几乎忘记了的囚徒生活。1975年5月获释出狱、恢复自由的荒煤，又被送回重庆，被安置在重庆图书馆的历史书库里劳动，抄了三年的卡片。

文艺界和全国人民景仰爱戴的周恩来总理逝世了。“四人帮”被粉碎了。思想界和文艺界正在行动起来，清除“四人帮”和极“左”路线给文艺界造成的深重灾难和创伤，重建文艺队伍，繁荣社会主义新文艺。1977年10月20日在北京北纬路远东饭店召开了粉碎“四人帮”后第一次短篇小说座谈会。应邀出席这次座谈会的，有文坛上劫后余生的老作家、大作家和新涌现的青年作家，当时我是《人民文学》编辑部评论组的组长，负责具体的组织联络工作。为准备这次在中国新时期文学史上有划时代意义的文学创作座谈会，我曾先后拜访了上述作家中的许多人，如茅盾、周立波、沙汀、孙犁等，听取他们的意见。在编辑部研究版面时，我们曾经想到过受迫害的老作家荒煤。可是荒煤在哪里？

同年12月，我所供职的《人民文学》杂志社的同仁，又策划并在北京海运仓胡同总参招待所召开了一次规模更大的、以“向文艺黑线专政论开火”为题的“在京文学工作者座谈会”。出席这次大会的有140多位作家，其中除了出席上述座谈会的在京老作家外，还有在“文革”中受到严重迫害的周扬、林默涵、夏衍等。当我作为这次活动的组织者之一，在劫后第一次看到恢复了人身自由、但神情显得呆滞面容显得苍老的文艺界老领导周扬同志，刚从江西丰城回京不久、身着一件磨得发白的蓝棉袄的林默涵同志，以及拄着双拐、拖着被“四人帮”致残的双腿的夏衍同志，以及许多在劫难中生命尚存的作家走进会场时，我的感受是，会场里也缺少荒煤。荒煤在那里？他的命运怎样了？

荒煤的命运时时悬系在前辈作家兼社会活动家夏衍的心里。夏衍既是荒煤的领导，又是荒煤的挚友。是他们两位领导了新中国的电影事业。他在“文化大革命”中也受严重迫害，腿都被打断了。他在恢复自由后，一直关心着他的朋友荒煤的命运。但他不知道荒煤现在的情况怎样了。开完了我们的会，很快就临近1978年春节了。夏衍在春节前夕，通过邮局给远在重庆的荒煤寄去了一包花生米和一些香肠。他知道荒煤喜欢花生米。他在给荒煤的信中说，寄去这包东西，只是为了探路而已，不知道他能否收到，如收到后，就赶快给他回信。

对这件事，荒煤后来在文章里深情地写道：“我热泪盈眶地立即回信和他联系上了，然后他劝我写一份申请复查的信寄给他，他设法转给邓小平同志。我请求党中央对我的问题重新审查的报告，经夏衍同志转交邓小平，他很快地就批交国务院一办复查。春节前夕，重庆市委书记钱敏同志找我谈话，说国务院一办打电话来，我的问题已决定平反，一过春节专案组就来宣布复查的结果，先通知我，好好过一个春节。”夏公对朋友的这种情谊，表现了老一辈作家的高尚品格和风范，实在是感人至深。

作为《人民文学》杂志主编的诗人兼批评家张光年同志，知道了荒煤的冤案即将得到平反的消息（荒煤在后来的文章中说，光年同志是从夏公处知道的），便决定请荒煤给《人民文学》杂志撰写一篇纪念周恩来总理诞辰80周年的文章。张光年同志何时写的信，我不得而知。当时我们编辑部的同志，也已经知道了这个消息，也动脑筋向他约稿。在我的笔记本上记着，2

月 28 日，我在和主持日常编辑工作的常务副主编刘剑青同志商量安排第四期选题时，商定请荒煤给我们写一篇评论解放区短篇小说的文章。另外两人，一位是默涵，一位是冯牧。三篇构成一组。张光年告诉剑青，要他以编辑部的名义给当时在重庆图书馆抄卡片的荒煤同志发了一纸电报，电文的意思，我记得大致是“速来京改稿”这么一句话。我与剑青在一间办公室工作，有些事情他总是同我说，有时是为了征求我的意见和看法。这封电报的电文就是与我们一起商定的。那时我感到气氛还是很神秘的，请荒煤来京的事，不必要更多的同志知道为妥。荒煤接到《人民文学》编辑部要他来京改稿的电报后，立即买了赴京的火车票。编辑部接到荒煤发来的回电，当即就报告了光年同志，大家商定，为了尽量缩小影响，不要声张，只由剑青同志一人到北京站去接车，并把他安排在东四北大街的一家小旅馆“东四旅馆”里住下。荒煤在这里，神不知鬼不觉地含泪啼血地写出了他后来发表在《人民文学》1978 年第四期上的悼念周总理的《永恒的纪念》。稿末签署的日期是：“1978 年 3 月 1 日凌晨”。荒煤也从此在北京住了下来，成为他“第二次创作生涯”的开端。1978 年 3 月，也预示着他生命的“第二个春天”。

2 月 25 日，编辑部传达了中央关于周恩来总理诞辰 80 周年纪念办法的文件。荒煤的《永恒的纪念》就是我刊为纪念周恩来总理诞辰而组织的重点稿件之一。荒煤这篇散文不仅寄托了他对一向关怀他的周恩来总理的思念，其实也是他这多年来在“左”倾错误的迫害下受委屈所受磨难的一次总爆发。要知道，这是他自 1965 年受难以来，时隔十四年之后，第一次拿起笔来写的文章。他在这篇文章里说：“多少次，我想拿起笔来写点悼念、回忆总理的文章。但是我被剥夺了这个权利。悲痛都有罪，悼念更有罪。写了也没有地方发表。我只得在痛苦的熬煎中发誓：一旦能拿起笔来时，就首先要写回忆总理的文章。自然也觉得，这可能只是幻想……”他的“幻想”终于实现了！十五年后，当他快要进入 80 岁时，他在一篇题为《小说梦的幻灭——说说我自己》的自传里写道：“我的第二次创作生涯，从这个幻想开始，这真是个悲剧。”我们在编辑部里诵读着他文章里的这些杜鹃啼血般的深情话语，谁都无法掩饰住自己的同情和悲愤，几乎所有的同志都流下了热泪。当然，我们也为在自己的刊物上发表这样一篇打动人心的好文章而感到由衷的高兴。

副部长出任副所长

荒煤同志来京之前，周扬同志已被任命为中国社会科学院副院长。他已于1977年12月30日上午出席了我们《人民文学》杂志社主持召开的“在京文学工作者座谈会”，并在会上发表了他恢复自由后的第一次公开演讲。同时，他开始在自己的权限之内为一些文艺界的老同志、老部下的恢复工作进行运筹和安排。在此之前，老作家沙汀已经被召进京，委以文学研究所所长的重任。何其芳逝世后，文学研究所所长的职务一直空缺。现在荒煤来了北京，无疑是老朋友沙汀心目中最理想的伙伴。据我的记忆，就在荒煤同志客居这家小旅馆的日子里，周扬同志让他这个曾经是文化部副部长的作家兼评论家，去当仅仅是局级单位的文学研究所的副所长；荒煤愉快地接受了这个职务。荒煤渴望工作。荒煤无可选择。他说过他有过“三级跳”，希望跳出文艺圈和行政领导职务。他最终还是没有逃脱担任文艺界行政职务的命运。不过，他在晚年，除了繁重的行政工作，培养青年作者外，总共写了150万字的文艺评论和50万字的散文。这个老人的第二次创作生涯，是多么充实而富于成就啊。

荒煤到了北京，被委任为文学研究所副所长后，以火山喷发似的热情，投入了清除“四人帮”的极“左”影响、为文艺界作家作品平反冤狱和多年来溃不成军的文学学科建设的工作。但他如其他思想解放的文坛骁将一样，面临着的困难和问题确实不少。因为当时关于真理标准问题的理论务虚会和十一届三中全会还没有召开，“凡是”的观点还有很大的势力和影响，冤假错案还没有得到平反昭雪，许多老作家评论家还没有得到解放和恢复工作。甚至有些地方、有些人还把他当成“文艺黑线”上的干将来对待。

复出后的荒煤思想解放，积极参与文艺界的各种会议、活动。他参加了宣布文联恢复活动的全委扩大会，并在大会上发言。他担任了刚复刊的

《文艺报》的编委，为我们出谋划策。参加了刚恢复工作的中国文联的领导工作。他参加中国作家协会所属的《人民文学》、《诗刊》和《文艺报》联席会议，并在会上发表了长篇发言。[1]他出席文学界和电影界召开的各类会议，积极发言为伤痕文学、反思文学和改革文学鸣锣开道，朋友们都为这个文学界和电影界的老领导老作家的复出感到高兴。

总结30年代文艺和建国后30年文艺工作的经验，是荒煤80年代初期关注的重点问题之一。但在30年代文艺问题上的观点，也遭到了一些人的攻击和暗算。1978年10月3日笔者到湖南长沙组稿，向那里的文艺界人士了解文艺界的情况。当时湖南文联副主席、作家周健明对我说："湖南文联和哲学社会科学研究所开的揭批'四人帮'歪曲鲁迅的大会，请了陈荒煤同志来讲话。报告是由我打的，经王驰同志（当时是省文联的党组书记兼副主席——引者注）批了后，又找了省委董志文书记批的。可是，会刚开完，文化局就有人提出意见，说这是一个黑会，并问陈荒煤在会上谈了些什么。我把会上拍的照片拿给他们看，告诉他们是揭批'四人帮'的，会议也是有审批手续的，是经董书记批的。他们才没有办法了。《湖南日报》记者写了消息，但没有发表出来。"（录自笔者的笔记）其实，这也并非没有缘由的空穴来风。荒煤的冤案虽然得以平反，但他的结论里还留有一

△ 思想者荒煤

[1] 见拙著《在文坛边缘上——编辑手记》。第140—148页，河南大学出版社2004年版。

个“反鲁迅”的尾巴。当然这个既荒谬又可笑的政治“尾巴”，后来终究是去掉了，但当时有人还是要把它揪住不放。发生这样的事，在当时的湖南文艺界说来，却也不是孤立的，读者大概还会记得，关于真理标准问题的讨论，在湖南理论界和文艺界，当时是阻力重重的。

荒煤回北京后，就知道湖南文艺界有人向湖南省委告了他的黑状。同年10月20日—24日他在北京远东饭店召开的《人民文学》、《诗刊》、《文艺报》联席编委会上说：“要对当代文学、现代文学发言，不免要碰着一些人，要联系实际，也不能不碰到一些人和事。关于30年代的问题，江青讲，从30年代起，是一条又粗又长的黑线。这就把30年代许多人都打倒了。最近有两件事值得研究。第一件：编两个口号论文集时，曾找到吴亮平同志，问他在延安时作的结论。他说，那是请示过毛主席，并与洛甫交换过意见的。一，两个口号可以并存；二，国防文学更适合当时的情况；三，国防文学是个创作口号。为了证实这件事情，找了吴亮平，又找了用英文发表作品的人，这些人现在还活着。第二件：徐懋庸的爱人（按：王韦）要求对徐懋庸的问题重新审查。徐懋庸在遗书上写：他到延安后，要求向毛主席汇报。毛主席听了汇报后讲了几点意见：一，两个口号的论争，在山沟里也有论争，不过传不出去罢了；二，两个口号都成立；三，有争论不要害怕，真理愈辩愈明；四，既然你认识到鲁迅的处境是困难的，因此你们对鲁迅不尊重。徐懋庸在遗书上说，让他去向陈云和李富春汇报。看来意见是基本一致的。陈云同志已经批了。要组织部和宣传部找些老同志座谈，把问题澄清一下。一个多月过去了，还没有消息。我在湖南讲了，据说湖南有人告到省委去了，说陈某人到湖南来放毒。主席明确讲到，文武两支部队是一致的。而且讲到二三十年代文艺运动起了伟大作用。粉碎‘四人帮’后，30年代的人物一个个出现，到底有几个叛徒？而且30年代文艺运动的干部，建国以来大都从事党的工作，如任白戈是西南局书记，很多大学的校长，他们并不是特务内奸。30年代很多优秀作品也得以陆续出版了。对文艺黑线，并没有人公开发表文章说有，但实际上却形成了有形无形的两种对立的观点。建议刊物和理论战线有一个规划，准确地总结一下从30年代到60年代的文艺运动，还历史本来面目。趁着人还在，不去收集史料，把问题搞清楚，怎么写历史？现在好多学校写的文学史，大

体都是40年代的同志在写，没有一个在30年代参加过斗争的。云南大学副校长对我讲，上60岁的一个看法，上40岁的一个看法。鲁迅当时受到胡风的挑拨，加上冯雪峰的宗派主义影响，以及当时他不能接触更多的人，尽管当时抗日文艺界协会有100多人。不去研究当时的历史，就无法做到实事求是。难道指出缺点，就是翻案！现在专政的帽子摘了，就已经是对你宽大了，不承认执行黑线就不行！（李季插话：我们的编委会名单不能公布，就因为都是黑线人物！）昆明文学史讨论会上提出了很多问题，他们提出，鲁迅领导党还是党领导鲁迅？真正要把“文艺黑线论”推倒，应从30年代开始。我们编了两个口号的文集，收了40多篇文章。最后经我审订，我抽下来十几篇。鲁迅骂徐懋庸之后，曹聚仁给徐写了一封信，很好。徐回到上海，我就批评过他，他在《女子月刊》上回了一封信，有火气，有些观点不正确，有些是有道理的。如果真正了解徐懋庸的心情，说他在攻击鲁迅，那不是实事求是。鲁迅死后，他写了幅挽联，眼睛都哭红了。我为什么抽掉了这封信？怕引起误会。这就是照顾大局。现在很多历史问题还没有澄清的时候，不要制造混乱。周扬同志常讲，30年代人物不多了，要了解收集材料。靠我们一个所（按：指文学研究所）不行，要靠整个文艺界来做。现在很多人文学史是根据文化大革命初期被揪斗的坦白交代的材料。冯雪峰竟然这样回答问题：为什么鲁迅不入党？因为与周扬不合。当时周扬并不代表党，代表党的是瞿秋白和冯雪峰嘛。”

荒煤在湖南的讲话所引起的风波，虽然过去了整整20年了，却并没有从我的记忆里抹去，我现在根据我的记录写在这里，也算是一个插曲，聊以备考。从这篇发言中可以窥见当时文艺界思想的斗争是多么激烈。

荒煤履任之初，就赶赴昆明出席全国文科学科规划的会议。1979年2月11日他在全国文学学科规划会议和少数民族文学史编写工作座谈会上讲话，提出了一系列文学学科建设的重大原则问题。他在谈突破禁区、解放思想时说，我们的文学研究规划，现代、当代的文学是我们研究的重点，由于“四人帮”长期干扰破坏，到现在我们还没有完成现代文学史的写作，也没有写出一本当代文学史来。如果不把“文艺黑线”问题闹清楚，就没有办法写作现代文学史和当代文学史，也没有办法总结30年来的经验。中宣部以前的个别领导人，还有文化界的其他个别领导同志，都同意批判“文艺黑线专政”论，因为打倒“四人帮”后，一般都讲，各条战线都是毛主席革命路线占主导地位，文艺战线当然也不例外，在他们看来，“文艺黑线专政”论错就错在“专政”两个字上，意思就是还没有到“专政”的程度，“黑线”还是有的。其根据是什么呢？就是毛主席《关于文学艺术的两个批示》。

荒煤历述了毛泽东“两个批示”产生的过程。他说：周恩来总理1961年6月19日在文艺工作座谈会和全国故事片创作会议上讲话，批评了打棍子、戴帽子、抓辫子的现象，阐述了艺术民主、按艺术规律办事。紧接着，那个“顾问”（指康生，那时对他在“文革”中的罪恶，中央还没有点名）利用文艺界调整政策，煽起了一股右的妖风。他在一次戏剧座谈会上鼓吹和号召演出连国民党时期都禁演的一些黄色戏。他指着赵燕侠说，你为什么不演《红梅阁》？你大胆演，要演鬼，不出鬼，我不看。他亲自叫孟超写《李慧娘》的剧本。1961年他在武汉点名要演鬼戏《五花洞》。江青到浙江点坏戏，要人家公开登报、公开卖票，之后，她把报纸上的广告拍成照片，送到毛泽东那里，说戏剧界的问题严重到了这种程度。“顾问”一方面煽起右的妖风，一方面又制造了《刘志丹》大冤案。“顾问”的老婆看了电影《红河激浪》，说电影与小说《刘志丹》有关系，断定这部电影是为高岗翻案的。到了十中全会上，“顾问”反过脸来大骂鬼戏，强调阶级斗争，把许多电影（如《林家铺子》、《早春二月》、《北国江南》、《逆风千里》、《阿诗玛》等）打成毒草。1963年，上海的柯庆施又提出“大写十三年”的口号，认为只有反映社会主义生活的作品，才是社会主义文学。毛主席的第一个批示，就是批在柯庆施在上海抓革命故事的简报上的。江青自称是“流动哨兵”，说是发现了什么问题就报告主席。毛主席在文化部和文联各协会整风报告上作了第二个批示，那个报告的草稿就是江青送上去的。其实，1964年春节迎春晚会上出现的一些不好的现象（记得那个迎春晚会，是中国剧协举办的文艺界的春节联欢会，当时剧协的秘书长李超同志男扮女装主持晚会，为了烘托气氛，说了些幽默滑稽的话，如此而已。——笔者），两个部队文艺工作者写信向陆定一同志反映，陆定一同志严厉地批评了这些现象。江青把文化部和文联各协会整风报告送上去，毛主席就在1964年6月27日批示：“这些协会和他们所掌握的刊物的大多数（据说有少数几个好的），十五年来，基本上（不是一切人）不执行党的政策，做官当老爷，不

去接近工农兵，不去反映社会主义的革命和建设。最近几年，竟然跌到了修正主义的边缘。如不认真改造，势必在将来的某一天，要变成像匈牙利裴多菲俱乐部那样的团体。"我所以把这些现在已经弄清楚了的过程再讲一件，目的在于说明，"两个批示"不是毛主席亲自做了详细的调查研究，掌握了第一手材料之后，对文艺界所作的评价，而是根据他身边的个别人反映的情况。尤其没有想到，在他身边、他比较信任的人，忽左忽右，特别利用阶级斗争，煽动"左"的思潮，制造了《刘志丹》这样的大冤案。

荒煤在会上还阐述了他对"双百"方针的观点。他说，"双百"方针真正贯彻执行过没有？这个问题，文化界有不同的看法。有同志认为从未贯彻过，有同志认为贯彻过、但受到了"左"的干扰。"双百"方针提出不久，部队的一些人就反对，其中一个就是跟着江青在部队"放火烧荒"的陈亚丁。他们认为"双百"方针提出后牛鬼蛇神就出笼了，部队作者不写战争题材了。这种论调当时就受到了毛主席的批评。还有，文化部电影局当时的负责人，提出"要力争香花，避免毒草，但也不怕毒草"。毛主席在杭州知道这句话后说，这话本身就是毒草，刚刚提出百花齐放，你就提出"避免毒草"，毒草是客观存在，不是避免不避免的问题，"不怕毒草"，实际上还是怕。不久，进行了反右派斗争，把一些有缺点错误，甚至没有缺点错误的作品打成毒草，把理论上进行探讨的争论或提出一些新观点、新问题，都说成是修正主义观点。之后，经过大跃进时期发展了"左"的方面的东西，后来又来了反右倾运动，三年困难时期又在国际上进行反修斗争，所以"双百"方针提出后，固然有右的干扰，但"左"的干扰更多，更严重，因此，"双百"方针并没有很好地贯彻执行。到了林彪、"四人帮"，干脆就砍掉了"百花齐放"。"双百"方针是在承认社会主义社会存在各种矛盾的基础上提出的，是在国家迫切需要迅速发展经济文化的基础上提出的，而且明确提出，艺术上的各种不同风格、形式可以自由发展，科学上的不同学派可以自由讨论，是非问题上的不同见解可以通过科学上和艺术上的实践去解决。这两个"自由"，在历次运动中都没有真正做到。我们不妨回顾一下历次运动，哪一次运动中对一部作品、一种观点进行批评时，有过所谓的反批评、辩论和自由讨论呢？实际上没有。荒煤历述了"双百"方针提出之后历次运动和批判后说："毛主席在许多讲话中都曾反复强调只能‘放’不能‘收’，‘放’无非就是让人讲话，允许反批评。然而历次运动的结果，都只准一花独放，只有一家之言。”他还说：“有人说，现在文艺界也有两派，一派确实是要搞百花齐放的，叫做百花齐放派，还有一派叫做百花齐‘防’派。关于《望乡》、《伤痕》的争论，都说明了这个问题。”关于“双百”方针，他讲了几点很重要的意见。他说，第一个问题是，要贯彻百花齐放方针，关键在于题材多样化，没有题材多样化，就不可能有艺术风格的多样化。在贯彻“双百”方针问题上，长期以来受到一个阻力，就是强调所谓重大题材和所谓现代题材。其实，现代题材、重大题材本身也应该是多样化的。第二个问题是，任何一个作家的创作生命都是有限的，而生活是无限的。作家的生活有局限性，他选择的题材也就有局限性。过去把提倡作家写自己熟悉的生活，被不加分析地打成修正主义观点，是不对的。作家只能写他熟悉的生活。第三个问题是，按艺术规律办事问题，即艺术的特殊性问题。

荒煤云南之行，到了阿诗玛的家乡，接触了云南文艺界的朋友，感触颇深。他回京后大声疾呼地为电影《阿诗玛》平反，为因受到严重迫害而神经错乱的彝族青年女演员杨丽坤呼吁。他在《人民日报》上发表了引起很大影响和共鸣的散文《阿诗玛，你在哪里？》。我们读了这篇文章，也都为杨丽坤的命运和遭遇而悲愤，流下了眼泪。稍后，8月10日，他又在电影创作座谈会上呼吁说：“《阿诗玛》是冤案。不光是电影，包括歌舞都受到冲击。要解放思想，打破禁区。在‘文革’中，很多章哈（傣族民间歌手）都被逼死了。文化部有责任首先解决。”

1979年3月22日，荒煤应我们的邀请出席我们《文艺报》编辑部主持召开的“文艺理论批评座谈会”并讲话。他讲话的主题是总结建国以来30年文学工作的。他认为，不能否认我们党存在着一条革命的文艺路线，不管是叫做毛主席的文艺路线，还是叫马列主义的文艺路线。回忆建国以来文艺战线的多次思想斗争，尽管也有错误，有严重的教训，特别是经过林彪、“四人帮”的严重破坏，但还是应该肯定，我们的党的确有一条马列主义的革命文艺路线。在1957年之后，文艺思想战线的阶级斗争形势被估计得过于严重，因而产生了一些“左”的倾向，但还应特别看到，周总理、陈毅副总理等许多中央领导同志在三年困难时期提出了八字方针（即调整、

巩固、充实、提高的方针)，纠正“左”的偏向，做了大量的工作，进行了艰苦的斗争。他还说，作为担任领导工作和担负文艺理论批评工作的同志，也应该实事求是地承认，我们在执行毛主席的文艺思想、文艺政策、文艺方针的时候，确有过程度不同的各种缺点和错误；我们对毛主席文艺思想的解释、阐明和发挥，确有片面性、教条主义。有的时候，在文艺运动或文艺思想斗争中间，我们没有坚持党的原则，没有坚持真理，造成一些错误，这些也应该检讨自己。他提出了一些让人思考的问题：为什么建国以来反映民主革命时期一些历史题材的作品比较多，也比较好，如《青春之歌》、《红岩》、《林海雪原》、《红旗谱》，而反映社会主义革命和社会主义建设的题材却比较少，水平也不高？为什么许多作家实际上是“一本书主义”，写了一本书后，很长时期再不能写出第二部作品？为什么在民主革命时期，在左翼文艺运动时期写过一些好作品而且影响也比较大的作家，进入社会主义时期反而写作比较少，写出的作品的思想性、艺术性并不比过去的好了呢？比如巴金、曹禺这样的作家，他们的《家》、《雷雨》、《日出》到现在看还是好作品，他们为什么在社会主义时期不能产生更多更好的作品？他说：我在上海同巴金同志谈话，征求他对总结三十年的意见，他跟我谈了两点。第一点，他讲，我今年75岁了，我还准备写5年，但是这个5年我自己要支配命运了，愿意写自己熟悉的题材，写自己熟悉的东西。像巴金这样的同志，现在觉悟到了这个问题，这是一个大问题。第二点，他讲，三十年有一条经验，赶运动可以写出作品来，也可以写出很多作品来，但并不是什么作品都可以留下来。他举了两个例子：中苏友好时期他写了一本书，可是“牢不可破”的友谊破裂了。中越友好，他写了两本书，还亲自到过越南前线，然而“同志加兄弟”的关系也变了，书不能出版。恐怕出版社的同志、作家们都有深切的体会，这里也涉及到理论的问题，即文艺为政治到底怎么服务？荒煤还提出一个问题：为什么建国30年新的作家成长得这样慢、这样少？1956年党提出“双百”方针后，出现了一批新的作家，经过反右斗争和历次政治运动，当时初露头角、看来很有希望的青年作家相继被淘汰了。他还提出，为什么我们的文艺理论队伍如此薄弱？三十年的文艺理论对马列主义文艺科学有没有发展？等等，等等。他在回顾建国以来的三十年文艺时提出的这些问题，的确是令人深长思之的。

总结新中国三十年的文艺，也是荒煤心中的一个情结。他曾在《文艺报》编委会上说过："周扬同志要我搞一本现代文学史，哪怕是简单的，只写三十年。文学史很难写，因为我没有材料。广州黑会、新侨黑会，我都没有材料。总理在十七年讲了很多话，据说材料在文化部。我们给文艺局打了个报告，要看看材料。他们说，你们搞公开的，我们编内部的。为什么要保密？除了有鬼。文艺界每前进一步，总理都有讲话。建议文联、作协把总理的讲话整理出来，重新发表。现在年轻人都不知道，希望正式向中央打个报告，编个目录，有些文章，要重新发表。文化部的大门一关，你就毫无根据办法，进不去，是个禁区。"他经历了很多，思考得也很多。但他说他没有资料，没有办法写这样的文学史。他呼吁公开资料，发表中央领导人关于文艺的讲话，以便更好地总结和研究三十年新中国文艺的历史。记得他曾提出发表周恩来总理 1961 年 6 月 9 日在文艺工作座谈会和故事片创作会议上的讲话。这篇讲话所谈的艺术民主等问题，很有现实意义。不久，中宣部报请中央批准，《文艺报》于 1979 年第 2 期公开发表了。

荒煤是中国当代文学研究会的积极支持者。中国当代文学研究会是一个历史悠久的民间社团，是全国从事当代文学研究、编辑、批评和教学的朋友自愿组成的学术团体。1979 年 3 月，高等学校中文系的教师和中国社科院文学所的研究人员在上海成立筹备组时，就得到了荒煤的鼓励和首肯。1979 年 8 月 21 日在长春成立后，荒煤为顾问，冯牧为会长，茅盾为名誉会长。冯牧之后，是朱寨当会长。他同我们这些从事当代文学评论和研究的中年评论家之间的关系很密切，对我们的指导也很多。记得中国作家协会第四次代表大会期间，荒煤同与会的我们这一帮中年评论家一起合影，他说了一句趣话：你们这是个自由的评论家俱乐部，我来参加！他希望有一个评论家的宽松组织，他顺口把这样的组织叫做"评论家俱乐部"！近 20 年间我们中国当代文学研究会主办的全国性当代文学研讨会，荒煤参加过多次。我记得清楚的，他参加过 1982 年在南京举办的第三届学术讨论会、1993 年在苏州大学举行的第八次学术讨论会，以及在北京举行的好几次专题座谈会，每次会上都作专题发言。1982 年 11 月 2 日，荒煤在南京举行的中国当代文学研究会第三届学术讨论会上发表了长篇演讲，这次演讲除了论述中共十二大后文学发展的形势等问题外，还谈了三个有关中国当

代文学学科建设方面的问题。

△ 20世纪80年代的荒煤

其一，是关于“爆炸性作品”和1981—1982年间文学出现低潮问题。1981年出现了《苦恋》事件，引起社会上和当代文学研究者的关注。到会的学者们讨论中有一种看法，认为两年来文坛上没有出现什么“爆炸性”的作品，1981年到开会时的1982年，文学处于低潮时期。他针对着这个问题说：“三中全会以来，确实出现过一批引起令社会震动的作品。这主要是由于三中全会以来的伟大思想解放运动的结果。这绝不是一个短时间的偶然的暂时的现象。任何一个作家，他的真正好的作品，多半是经过长期积累、长期酝酿而后进行创作的。如果人民对‘四人帮’的罪恶不能看得更清楚，激起更深的仇恨，逐渐理解得越来越深刻，就很难设想，天安门诗歌运动会起来。从现象看，从表面来看是突然爆发，但是它是人民思想情感在长期压抑下产生的。这几年的文学，所谓主题的开阔、题材的开拓，都是建国以来历史上所没有的。哪一个作家想到，特别是有些错误地被划成右派的同志，会早就预料到有一天自己的右派帽子会摘掉，并且要把右派斗争这个错误揭发出来，写成作品？这是经过了长期的积累、长期的感受，而只有在思想解放运动到来之后，才有可能写出来，才敢于揭露‘四人帮’的罪恶，才敢于批判过去长期的‘左’的错误造成的许多不幸和遭遇。而这些是在文学上从来没有反映出来的。因此，有些作品在社会上就发生了强烈的反应。但不能因此就要求每年都一定要产生‘爆炸性’作品。所以在谈论文学的成就时，我不主张以数量，或以什么‘爆炸性’的作品，作为衡量一个阶段的文学成就的标准。出现了《苦恋》的事件，中央召开了思想战线工作会议，对文艺界存在的资产阶级自由化倾向进行了批评。在前进的过程中有些曲折，各种因素使得某一个时期作品数量少一些，或在质量上比较深刻的少一点，或者有的题材需要更深地提炼，而有一些题材尚未接触到，需要一个考虑的过程、酝酿的过程，我看这不能叫做低潮。将来写当代文学史也好，写新时期的文学史也好，应该把打倒‘四人帮’之后的这一个阶段作为一个整体、一个时期来评价。这样做比较好。”

其二，是关于现代派的问题。他说：“关于现代派的问题，会上有些讨论，我也看了冯骥才、李陀、刘心武同志他们几个的文章。[2]关于这个问题，我觉得在这几篇文章里有些概念讲得并不清楚，或者包括徐迟同志的文章在内。[3]一个概念，我们国家要现代化，因此我们的文学艺术也要搞现代化。我觉得这个说法不科学。当然也有极个别的同志担心，将来文学会不会消失。甚至有人说，将来电子机器可以进行创作。我怀疑这件事情，用机器、用电子来代替我们的脑力劳动，有些可以代替，有些是不能代替的。把国家四个现代化与文学搞现代派这两个概念等同起来，是不科学的。其次，如果说要搞现代小说就是现代派，那末，我们早就是现代派了，何必再建立现代派？这个概念也不清楚。还有一种意见，说是应该向现代派借鉴、学习它的技巧和某些表现手法、技巧。现代派本身也是一个广泛的概念，它内部也有很多流派。现代派也有它自己的哲学思想和一些唯心主义的观点。但是我们看到的几篇文章也没有讲要把这些哲学观点、思想都搬来。如有人要把现代派的错误思想、艺术观点不加批判地搬过来，我们当然要加以反对。至于徐迟同志提出来要搞中国的马克思主义现代派，我看这个观点也值得研究。马克思主义通过共产主义的实践，它也在不断的发展。现在固然欧洲有些党，自称共产主义的现代派，共产主义的新派、新学说。但到底是什么货色也有待研究，我们不清楚。马克思主义所以是真理，它

[2] 指冯骥才《中国文学需要“现代派”》，刘心武《需要冷静地思考》，见《上海文学》1982年第8期。

[3] 徐迟《现代化与现代派》，见《外国文学研究》1982年第1期。

必然是要随着实践的不断发展，把普遍的、共同的真理和具体的实践相结合。就是要不断发展，也没有必要标榜现代派。真正的马克思主义者就永远是一个现代的马克思主义者。所以这个问题的争论，有些是由于概念上的不清楚而产生的。至于说现代派的某些表现方法和技巧、艺术方式，当然可以运用、可以借鉴。这个毛主席早就讲了，列宁也讲过，无产阶级是世界上一切优秀文化的继承者。鲁迅也讲过。实践也将证明，我们不但是破坏者，同时也是社会主义新文艺的建设者、开拓者。所以是不是一定要标榜一个现代派？如果有作家愿意实践，你也可以写，写出来看，受群众的检验，看群众欢迎不欢迎，接受不接受。看实践的结果和历史的检验。至于你既然提出了中国需要现代派，那么在评论界有不同的意见，也应该允许人家提出不同的看法，而且可以争论。刚刚有几个同志发表一些文章、议论，可以探讨，可以有不同意见，但也不忙马上要禁止讨论，与其禁止倒不如充分展开讨论。”

其三，是关于创作方法问题。他说：“说现实主义的创作方法过时了，这个说法过于简单了。只要承认文学艺术来源于生活，承认文学艺术必然要反映生活，又承认当代文学应该着重地反映现实的题材，要培养社会主义的新人，那么，现实主义就不会过时。现实主义的方法也是打不倒的，现实主义的作品也一定是占主导地位的。但我还是倾向于提革命的现实主义和革命的浪漫主义，不笼统地讲现实主义。因为现实主义本身在发展，从 18—19 世纪的批判现实主义，到后来我们中国在白色恐怖下提出新现实主义。匡亚明同志知道，我们那时不敢提革命的无产阶级的现实主义，而提新现实主义，实际上就是主张革命的现实主义。所谓革命的现实主义，就是有一个马克思主义指导的问题，也就是用辩证唯物主义的观点，从历史的发展的角度看问题。所谓革命的浪漫主义，我觉得有两个东西，既有区别，又有联系。就是高尔基说的，革命现实主义本身就包含着革命的浪漫主义因素。因为你既要表现新人，要表现共产主义的理想，它不可能没有浪漫主义。这里顺带讲一下理想的问题。一个作家所创造的、歌颂的人物，往往是作家按照他自己的兴趣、感受、爱好，在某种意义上讲，他所写的就是他想象中的理想人物。不要因为作品中的人物写得概念化、理想化、不真实，而去非难作家不应该写理想人物。罗广斌他们在《红岩》里写的江姐、许云峰等等，难道不是共产主义的理想人物吗？他们同时又是典型。也不要把理想和理想人物混同，一个作家反映生活，不能没有理想，尤其是革命的作家。”[4]

伤痕文学的积极捍卫者

伤痕文学一出现，势头来得很猛。但立刻遭到非难。在1978年还是一个很有争议的问题。荒煤一出山，就为伤痕文学大声疾呼，推波助澜，颇受到一些人的非议。

当刘心武的《班主任》等最早发表的小说，受到非难时，《文艺报》召开座谈会，他来参加并发言予以肯定。他又以他所主持的《文学评论》的名义开座谈会，再次发言肯定，并作会议总结，着重从政治上肯定这个作品的方向和价值所在。会后又在《文学评论》上发表了讨论会纪要，组织了评论文章。在卢新华的《伤痕》发生争论时，他站出来肯定《伤痕》。他在1978年10月24日《文艺报》编委会上发言时说：“有人说，陈荒煤在提倡伤痕文学。这个问题我反复思考过。我考虑了一些问题：今天的会上，就我看到的选了24篇小说，反映‘四人帮’的罪恶和与‘四人帮’斗争的占三分之二；反映老一辈无产阶级革命家的有几篇；写四个现代化和科研的只有很少几篇。要体谅青年的心情，他们受了严重的内伤，他们刚刚放出了一点来，就引起很多人大惊小怪。有人跟我讲，那都是过去的历史了，要向前看。‘四人帮’篡党夺权，使我们付出了血的严重代价。他们是以革命的名义进行反革命的勾当。这个教训能不能说全国人民都认识得很清楚了呢？不能说。更不能说后一代了。这个教训，如果作家们不去反映，就

[4] 荒煤的讲话记录全文，见《中国当代文学研究会第三次学术讨论会简报》第11期，1982年11月2日，南京。

是作家的失职。现在写这类作品的都是青年作家，他们的经历毕竟有限，怎能要求他们一下子就把本质揭露得很深呢？他们毕竟给我们闯出了一条路子。不能把揭露'四人帮'的作品与写四个现代化的作品说成是两类作品。《伤痕》引起了这么大的争论，应该是件好事。我写了五篇文章，讲了几次话，就有很多同志给我写信，替我担心了。"[5]他还在1979年6月22日《十月》杂志社召开的"短篇小说座谈会"上说："所谓感伤，就是看不到希望，看不到前途，沉湎在这种低沉的情绪中悲观绝望。就我看到的作品，没有这种感觉；有悲哀和苦痛的感情，就命名为感伤，是不公平的。"[6]

为新起的作家开道护航，最典型的是在蒋子龙受到批判时。蒋子龙在《人民文学》1979年第7期发表了《乔厂长上任记》之后，在全国引起了强烈反响。经上海人民广播电台、中央人民广播电台播送和《工人日报》等转载后，在工业战线反映尤其强烈，人们争相传阅。《人民日报》、《光明日报》、《文汇报》等相继发表文章，予以肯定。与此同时，《天津日报》连续发表召珂《评小说〈乔厂长上任记〉》(9月12日)，宋乃谦、滑富强《乔厂长能领导工人实现四化吗？》(9月19日)等文章，对作者进行批评和挞伐。蒋子龙心情十分沉重。针对这种情况，陈荒煤任主编的《文学评论》和《工人日报》联合在京召开座谈会，邀请作家、评论家、工人和工业工作干部讨论这篇作品。荒煤在会上发言说："一个工厂的厂长，怎样领导生产？怎样管理企业？怎样为四化作出应有的贡献？《乔厂长上任记》为我们提供了一个活的榜样。他破除一切条条框框和种种陈规陋习，按照时代的要求，遵循经济规律办事，不愧为献身'四化'的当代英雄和闯将。""有的评论文章，对这篇优秀作品不进行具体的艺术分析，而加以歪曲否定，乱打棍子，无限上纲，这是令人遗憾的。比如小说中明明尖锐地批判了冀申不从实际出发，只会照抄照转中央文件的不负责任态度，并揭发了冀申的政治投机和风派。有一篇文章却妄加引申，说作者是反对和否定中央文件。这种态度怎么能算分析作品？这哪里是文艺批评？这种文章表示要百

[5] 见笔者的1978年工作笔记本。

[6] 雷达《〈十月〉杂志召开短篇小说创作座谈会》，《文艺情况》1979年第1期，1979年7月7日出版。

家争鸣，实际是不准争鸣。”[7] 后来，荒煤还应蒋子龙之请为他的第一本小说集作序，这篇题为《对生活的认识和探索——〈蒋子龙短篇小说集·序〉》的文章，被收入由冯牧、阎纲和我主编的《中国当代文学评论丛书》之中。[8] 蒋子龙在“荒煤文艺生涯 60 年研讨会”上发言，主要内容就是回顾荒煤老人对他在困难时刻的支持。他说：“在我的创作经历中，有一些人是我永远不会忘记的。荒煤就是其中的一位。”[9] 当然，荒煤所支持的不仅是一个蒋子龙，而是被统称为“伤痕文学”（实际上，我们已经提出从蒋的小说《乔》开始了一种叫做“改革文学”的文学思潮）的新时期文学。

荒煤是长期受“四人帮”迫害和监禁的老作家，他在获得自由之后，积极为其他仍然没有得到平反的作家奔走呼吁。10 月 25 日，在远东饭店召开的《文艺报》编委会上，第二主编罗荪同志转达了新华社记者的一个口信，如果我们召开个文艺界落实政策座谈会，他们可以写报道。这是个绝好的时机。会后，我和《文学评论》的杨世伟同志，在荒煤、冯牧和罗荪的主持下，具体商讨和组织为作家和作品落实政策的座谈会。这次由《文艺报》和《文学评论》编辑部联合召开的，有 140 位著名作家、艺术家和评论家参加的为作家作品平反冤案、落实政策座谈会，于 12 月 5 日在新侨饭店六楼大厅举行。由荒煤和罗荪两人主持的为作家作品的这次平反大会，为《保卫延安》《刘志丹》《六十年的变迁》《山乡巨变》《青春之歌》《红旗谱》《红日》《三里湾》《我的一家》《三家巷》《上海的早晨》《风雷》《大波》《乘风破浪》《苦菜花》《在田野上，前进！》《香飘四季》《燎原》《海瑞》《李慧娘》《组织部新来的青年人》等一大批小说、影片、话剧在政治上平了反。荒煤最后代表两家主办单位讲话，希望作家艺术家们写文章继续为受迫害和诬陷的作家和作品平反，解放艺术生产力。

---

[7]《对小说〈乔厂长上任记〉的反应》，中国社会科学院文学研究所编《文学研究动态》1979 年第 19 期，1979 年 10 月 25 日。

[8]《荒煤文学评论选》，湖南人民出版社 1983 年。

[9]蒋子龙《权威的随和》，严平主编《荒煤文艺生涯 60 年纪念文集》第 44—46 页，海天出版社 1993 年。

一个怀着忧患意识的老作家

我在《人民文学》和《文艺报》工作的8年中，常常与荒煤同志见面，不是参加同一个会议，就是向他约稿讨教。他那种不知疲倦的工作精神和对文学青年的热情，他那平易近人、虚怀若谷的学者作风，以及他思维能力的清晰流畅，常使我感动得不知所以。后来，我离开了《文艺报》，与他的交往就减少了。有一次，在一个讨论作品的座谈会上，我在发言中引用了清末民初历史学家蒋观云（智由）先生1902年写的一段关于忧患意识的名言："有忧患而后有思虑，有忧患而后有知识，有忧患而后有学问，有忧患而后有事业。谓忧患者，世界之所赖以演进，人类之所借以存立焉可也。"荒煤听了这段话很感兴趣，显然与他的思想脉络非常合拍，他对前辈历史学家在本世纪初就发出这样的感慨和至理名言，甚为

△ 鲜花簇拥中（1991年）

感佩。散会后，他要我把这段话抄在他的笔记本上。如果要我用一句话来总括他的一生，他原本就是一个满怀着忧患意识的优秀知识分子和作家。

炼狱中再生的荒煤，从他 65 岁第二次出山到他 80 多岁仙逝，又工作了近 20 年。没有 1978 年就不会有 1996 年。1978 年对荒煤来说，实在是极其重要的一年。作为一个作家和评论家，他出版了《陈荒煤文学评论选》、《解放集》、《回顾与探索》、《攀登集》、《探索与创新》、《点燃灵魂的一簇圣火》等文学评论集；出版了《荒煤散文选》、《梦之歌》、《荒野中的地火》等散文集。中国正处在剧烈的变革之中，他的思想成果起过很大的作用，但却未必能得到后来者的认同或遵从，而他的散文则无疑会在中国文学史上占有一席之地。他生前说过一句话："这近 50 万字的散文中间，我相信有些篇章必将传之于后世。"（《自传》，1990 年写）我赞赏他的这种自信。

1997 年 12 月 21 日

风雨伴君行

——文学界的领头雁冯牧

文艺评论家和散文家冯牧因患血癌于1995年9月5日下午2点50分逝世于北京友谊医院。时年76岁。冯牧是新时期文学最早的拓荒者、倡导者和组织者之一。作为延安鲁艺的学生和人民解放军战地记者，经历过战争洗礼的冯牧，本世纪50年代，在云南军区担任文化部长和昆明军区文化部副部长期间，培养和带出了公刘、白桦、彭荆风、林予、王公浦、郭国甫、吴源植、周良沛、樊斌、赵季康……一大批青年作家，形成一支享誉全国的“新边塞文学”新军。60年代到北京，先后任《新观察》杂志主编和《文艺报》副主编。在文化大革命中受到林彪、“四人帮”的迫害，被打成“现行反革命”。经历过“文革”劫难后的冯牧，在痛定思痛中认识得到升华，在“第三次思想解放运动”这一伟大时代洪流中，奋勇当先，用全副心血为中国新时期文学、为思想解放运动“鼓与呼”，以前所未有的勇气与“左”的思潮进行斗争，把被颠倒了的历史重新颠倒过来，是一个富有鲜明性格和学者风范的文艺评论家。新时期以来，他热情扶持一大批新起的作家如张洁、谌容、刘心武、李陀等走上文坛，培养和带起了以《文艺报》为核心的一批文学评论家活跃于文坛，在新时期文学的主战场上披荆斩棘。

从1978年初起，我被指派参加了恢复中国文联和中国作协的筹备工作，又在他的领导下参加了《文艺报》复刊的部分工作，复刊后留在《文艺报》担任编辑部的副主任、主任，操持编辑部的具体工作，直到1983年9月离开，前后共事达6年之久。在这期间与冯牧朝夕相处，在他的领导下工作，无数次听过他关于文学创作和作家艺术家的高见，分享过他的兴奋，也共度过艰难。他在新时期作出的业绩和在新时期文学史上所起的作用，是不会被埋没的。

下面根据个人接触的，来记述和描绘一下新时期文学初期的冯牧。

参与筹备恢复作协与《文艺报》

我于1977年6月从新华通讯社调到《人民文学》杂志社工作，被委任为评论组组长。组里已有阎纲和吴泰昌二位老兄，他们都是“文革”前《文艺报》的老编辑，也都是熟人。当时首都文学评论界的圈子还很小，“文革”前从事文学批评的，经过一场“文革”，死的死，走的走，还有的陷进了“四人帮”的写作组中，要转换面孔取得读者的谅解也还不是短时间内的事，因此，出来工作的没有几个人。最活跃的莫过于文化部文学艺术研究院理论政策研究室里的那一群。他们的带头人正是冯牧。冯牧1976年粉碎“四人帮”后组建文化部时就到了文化部，是部党组成员兼理论政策研究室的主任。该室的人员有：丁宁、江晓天、顾骧、郑伯农、林涵表、王兴仁、刘庆库（梦溪）、冯湘一、杜清源、朱洪等。他们以中央党校编辑的《理论动态》为榜样，编辑一份名字叫做《文艺思想动态》的不定期内刊，供上级领导参考，对当时的文艺形势和动向有报道，有综述，有分析，有看法，颇有参考价值。这些内刊的稿子，都是研究室人员撰写，大都经冯牧定稿的。他们信息灵通，思想活跃。因此，冯牧和他的研究室的一些同志，就自然成了我们《人民文学》评论编辑经常联系和约稿的对象。冯牧住在黄土岗老作协的宿舍大院里。过去，那个院子我常去，冯牧是见过面的，但并没有私交。现在，要么由于工作上的关系，要么是向他请教，交往多了起来。有时，我们有些拿不准的稿子，就去请他帮助推敲和修改。记得，约张炯同志为《人民文学》写的批判“文艺黑线专政”论的文章《颠倒了的历史必须颠倒过来》，就是我和阎纲在冯牧家里一起研究并请他帮助修改的。

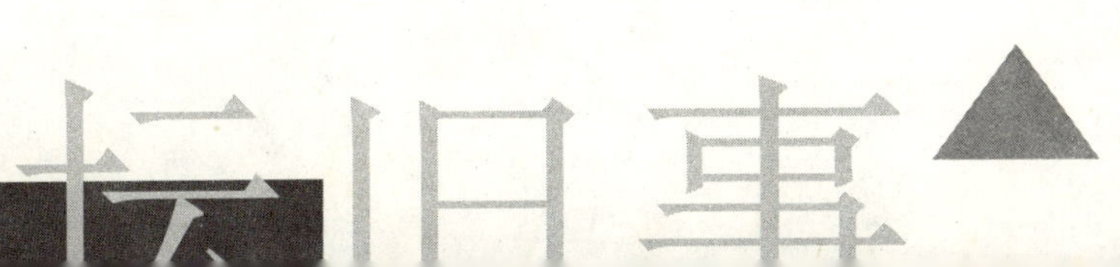

粉碎“四人帮”后，冯牧把满腔的悲愤转变成了清醒的沉思。他在晚年写的一篇《窄的门和宽广的路》里，有一段话可以看作是他的自我画像：“在十年浩劫的日子里，我由于和侯金镜以及另外一些老战友议论和诅咒过林彪和江青的罪行，曾经被扣上过‘现行反革命’的帽子，并且在将近十年的时间中被剥夺了党员乃至公民的权利。在1971年我的母亲病危的时刻，渴望见见正在湖北干校劳动的两个儿子；我拿着来自北京的急电去请探亲假，却被冷酷地拒绝了，理由是：‘你是被专政对象，没有权力探什么亲！’过了两天，我的母亲就在没有子女在身旁的孤独中含恨去世了。1972年，我终于因病（也因为我的诅咒林彪的罪名不再能够成立了）被允许提前返京。当我返回到我在北京的那间堆满尘垢、四壁萧然的小房子里的时候，我对于那场给我们的祖国和人民带来如此深重灾难的‘革命’，除了具有一种悲愤的感情以外，同时还进入了以前还从未有过的清醒的沉思的心境之中。我开始认为，我不能再长久地作为一个被迫害、被欺凌者这样‘安分守己’地生活下去。我应当寻找可能的途径，为我们这个正在被摧毁、被毒化的事业，这个千百万仁人志士为之流血牺牲而现在正在濒临覆亡的崇高事业进行更积极的战斗。我不愿意再做一个但求自己获得苟安的弱者，虽然我自知这样做会是很危险的。这其后，除了有一年时间我因为于会泳等人的追索而不得不逃避和躲藏在我所熟悉的云南边防部队中以外，我开始和一些‘志同道合’的朋友们做起我们认为应当做的事情来，比如，设法把我们知道的情况和材料通过秘密的途径传给我们所信任的老一辈革命家那里去，以便能够在可能情况下对江青一伙在文艺战线上的倒行逆施起到一些哪怕是微小的抵制和抗争。在这期间，我也开始比较全面地对于建国以来的文艺运动和文艺思想进行了思考和探讨，用现在的用语来说就是‘反思’。我觉得我开始有了一些逐渐明朗的看法。我认为，我有责任尽我自己微小的力量，在必将出现的把颠倒了的历史再颠倒过来的战斗中，持有一种坚定的、无所畏惧的态度。”[1]

中央于1977年10月间发布了43号文件，宣布成立新的中央宣传部。

---

[1]冯牧《窄的门和宽广的路》，见作者的评论集《文学十年风雨路》第16–17页，作家出版社1989年。

在“文革”开始，中宣部被打成“阎王殿”，前后停止工作达10年之久。中央又有了联系和领导文艺界的机关了。批判“文艺黑线专政”论和《林彪委托江青召开的部队文艺工作座谈会纪要》，成为批判林彪、“四人帮”的第三战役中，文艺战线广大人士广泛议论和关注的重点。11月21日《人民日报》召开批判《纪要》座谈会。12月21日—23日中宣部召开文艺界座谈会。12月28日—31日，《人民文学》编辑部召开“向文艺黑线专政论开火座谈会”。这一系列的批判座谈会，冯牧都应邀参加了，有的会他还参与了谋划。如他曾受中宣部副部长兼文化部长黄镇之托，与贺敬之、张光年一起为中宣部召开的文艺界座谈会拟定了与会者名单；《人民文学》座谈会期间，会议主持人张光年也与他商量，并邀他与另外几位同志（李季、贺敬之、林默涵）一起到钓鱼台中宣部向张平化、黄镇、朱穆之、廖井丹部长汇报会议情况。[2]

文艺界在批判“文艺黑线专政”论的声浪中迎来了1978年。1978年在中国文学艺术发展史上是具有重要意义的一年。从年初起，原作协的几位老同志，包括张光年、刘白羽、李季、冯牧、丁宁以及林默涵等，常聚在一起谈论恢复作协的事。这一年的1月底，中央批准了中宣部关于恢复中国文联和作协的报告。2月18日中宣部文艺局的李晓明和沈容正副局长，到张光年处征询恢复文联和作协筹备组的意见。[3]3月21日，黄镇召集“恢复中国文联及各协会筹备小组”开会，宣布小组的组成及任务，冯牧受命担任“恢复中国文联及各协会筹备小组”副组长兼任筹备组秘书长和《文艺报》筹备负责人。冯牧参与了筹备召开中国文联三届三次全委扩大会及《文艺报》复刊的工作。在筹备过程中，他不仅要与文学界的人士交换意见，而且还要与艺术界的人士交往磋商。经过一段时间的筹备，经中央批准，中国文联三届三次全委扩大会于5月27日—6月5日在京召开，会上宣布中国文学艺术界联合会和中国作家协会等5个协会恢复工作，《文艺报》立即复刊。冯牧除了出任《文艺报》的主编外，还担任了中国作家协会党组副书记兼书记处常务书记，从而成为文学战线的一位“前线”指挥

[2] 见张光年《文坛回春纪事》（上册）第47页，海天出版社1998年。
[3] 见张光年《文坛回春纪事》（上册）第55-63页。

员。他肩上的担子比以往任何时候都重得多了。他患有严重的肺气肿，常常要用小喷雾器向气管中喷药，但他的精神显得很好，工作热情很高。

在此，有必要回顾一下呼吁《文艺报》复刊的声音。文化大革命以前中国作家协会主办的《人民文学》、《诗刊》和《文艺报》三大期刊，前二者都在1976年先后复刊了，只有《文艺报》还没有复刊。《文艺报》原来是全国文联的机关刊物，1954年中国文联与中国作协主席团联席会议决定，由中国作协负责编辑出版。实际上是中宣部直接指导的一家思想理论期刊。它不仅是文学评论刊物，而且也负担着艺术评论。它被看作是中宣部在文艺方面的喉舌，赋予它一定的权威性，因而是个十分敏感的区域。人们说，《文艺报》的历届主编，除了张光年之外，都没有得到好下场。但它毕竟是文艺界发出自己声音的一个权威性的刊物，所以文艺界对它特别看重。粉碎“四人帮”后，广大文艺工作者希望《文艺报》能够尽快恢复出刊。我在《人民文学》编辑部工作时，就常听到外地来京的文学编辑们希望《文艺报》复刊的呼声。我的同事阎纲1977年5月份去广州出差组稿，接触了包括欧阳山、陈残云、杜埃、萧殷、黄秋云、萧玉等在内的广州的许多作家和编辑，回京后他向编辑部汇报说，那里的文艺界朋友们希望尽快把《文艺报》恢复起来。在10月20日由《人民文学》召开的“短篇小说座谈会”上，外地来京的上海作家茹志鹃、山西作家马烽、湖南作家周立波、河南作家李準等，也提出了《文艺报》复刊的建议。茹志鹃根据自己成名的经验说，一个作家，假如有评论家出来加以评论和分析，他就既出了“文”，也出了“人”，文艺界需要有《文艺报》那样有权威性的评论刊物。马烽、李準、周立波立刻响应这个意见。但那时恢复文联、作协以及《文艺报》的条件，还远未成熟。

到1978年春，这个时机到来了。中宣部已经重建并恢复工作了。一个偌大的国家总不能长期没有文艺界。文联和作协筹备组成立后，《文艺报》的领导班子也定下来了。5月6日张光年召集了一个小范围的会，参加的人有孔罗荪、冯牧、刘剑青、谢永旺、黄文珍，宣布《文艺报》于7月复刊。5月8日下午，冯牧作为未来的主编召集了《文艺报》第一次选题会议，讨论办刊方针和选题。到会的有张光年、孔罗荪、胡青坡、刘剑青、谢永旺，原在《人民文学》编辑部评论组、现转到《文艺报》来的阎纲、吴泰昌和我，文化部理论政策研究室的顾骧。这次会主要由冯牧发表施政讲话，其他人补充和议论。他说：复刊后的《文艺报》的任务是：第一，把马列主义、毛主席的文艺思想和文艺理论进行再宣传、再学习；第二，把被颠倒了的理论是非、政策是非颠倒过来，予以澄清；第三，开展文艺作品的评论。接着，他就当前文艺形势和面临的迫切问题谈了一些宏观的意见："粉碎'四人帮'一年多来，尽管文艺工作取得了一些成绩，但与人民群众的要求还有很大距离。大家关心的问题很多。如，文艺的繁荣大多是由戏剧舞台开始突破的，主要是话剧。而在十七年间，戏剧一旦繁荣起来，就受到干扰；改正了缺点，再繁荣起来，又会受到干扰。1957—1958年话剧会演，出现了突出的发展。毛主席有个批示，说文艺整风后，改变了不能令人满意的景象，也是指的话剧。1959年电影献礼片，取得了好成绩。有时是短篇小说，如1953—1954年，1957—1958年、1959年。粉碎'四人帮'后，电影状况一直不是很好。明年是建国30周年，文艺创作用什么献礼，很令人担心。话剧方面，剧团上演了5个话剧，包括人艺的《丹心谱》。全国正在排练的大型话剧有91部。美术情况还好，连续举办了好几个大展，改变了千人一面的状况。小说进展不明显，据说有好的。话剧提出了相当多的需要探讨的问题，如以与'四人帮'作斗争为题材的作品，如何准确地反映十一次路线斗争。我认为，在这方面《丹心谱》提供了正面的成功经验。既要把'四人帮'破坏的严重性反映得充分，又要突出地鲜明地表现党的领导作用。目前已出现了一些以革命领袖为主要形象的作品，有毛泽东、朱德、周恩来、陈毅、叶挺，而且数量已经超过10部了，最早响彻时代的声音是诗，是歌颂周总理的诗，得民心，起到了教育人民、鼓舞人民的作用。文艺创作如何以当代生活为主，特别是以60—70年代的社会主义革命和社会主义建设为主？黄宗江写的《硬骨头六连》，正面歌颂先进人物，就有新的探索。这个问题不解决，提倡以现代题材为主就会落空。人民文学出版社一年出版30部长篇，但好的寥寥无几，也没有评论。过去《文艺报》对好作品的评论，遗漏的不多，不公正的也不多。《义和拳》（冯骥才、李定兴）出来，就没有人评论。《李自成》（姚雪垠）的评论也就那么几篇。我们要贯彻'百家争鸣'的方针。关于'百家争鸣'，理论上虽然已经写了不少文章，却很难说认识上没有分歧了。对此，我们要提

出自己的看法。”其他人也从不同角度讲了一些意见。

过了几天，我们又开会，根据这次会的精神制定了《文艺报》7 月号（复刊号）和 8 月号的详细发稿计划。但待复刊号出版时，内容发生了很大变化。一是因为中国文联三届三次全委扩大会议要上一个专辑（包括茅盾的《开幕词》、郭沫若的《衷心的祝愿》、黄镇的主题报告《在毛主席革命文艺路线的指引下，为繁荣社会主义文艺创作而奋斗》、周扬的《在斗争中学习》、巴金的《迎接社会主义文艺的春天》等），二是恰逢中国文联主席郭沫若逝世，要发表一组悼念文章。这样一来，原来准备的文章，如冯牧的《评〈丹心谱〉兼谈话剧创作》、赵朴初的《人民的诗战斗的诗》、艾中信和钟涵的《从艺术表现批判“四人帮”对艺术的破坏》、方明的《重评〈红旗谱〉》等，基本上没有采用。我们原打算通过方明文章的发表，打开为《我的一家》等作品翻案的通道。当时邓颖超已提出要人民文学出版社重印陶承的《我的一家》。由于形势的变化，这一期的刊物并没有能够显示出应有的风格和锋芒。配合政治任务的文章那么多，复刊号的《致读者》也就只能放在较后面的位置了。

复刊号《文艺报·致读者》一连用了口号式的三个“斗争”作为自己办刊的纲领：“第一是要斗争！要积极参加全国人民揭批‘四人帮’的伟大斗争，特别是要积极参加全国文艺界揭批‘四人帮’的第三战役，彻底批判‘文艺黑线专政’论及其他种种谬论，批判阴谋文艺，在斗争中全面地贯彻执行毛主席的革命文艺路线和百花齐放、百家争鸣的方针。”“第二是要斗争！要为彻底粉碎‘四人帮’设置的重重精神枷锁，完全解放文学艺术的生产力，为繁荣社会主义的文艺创作而努力。”“第三还是要斗争！要为培养文学艺术的新生力量、发展壮大无产阶级的文艺队伍而斗争。”这篇《致读者》发稿时，我因一方面忙于《人民文学》第 5 期的校样，同时参加文联全委会宣传组的工作，没有参与其事，记得并非出自冯牧的手笔，可能是由谢永旺执笔，张光年修改定稿的，很像是张光年的文风。这个文风和用语，与当时文艺界对“四人帮”的愤怒之情和揭批“四人帮”的第三战役的如火如荼的形势是合拍的。同时也显示了当年的办刊者们的观点，即《文艺报》还应是党在文艺界的“喉舌和哨兵”。

被迫停刊十多年的《文艺报》，终于像一只涅槃的凤凰，再生了！冯牧在60年代曾当过不管事的《文艺报》的评论员，“文革”前当过《文艺报》的副主编。现在他在59岁时披挂上阵，当上了这个历史上不断损兵折将的、敏感的文艺评论期刊的主编，从此开始了一条艰险的道路。

新时期文学的头雁

历史造就着英雄豪杰。英雄豪杰反过来推动着历史的前进。这是唯物主义的历史观。文艺界虽然谈不上什么英雄豪杰，但道理是一样的。冯牧是一个温文尔雅的学者和文人，按理说，他不大可能成为什么英雄豪杰。但在本世纪70年代末到80年代，他却被历史推动着走到了思想解放大潮的前头，他是一只迎着乍暖还寒的凛冽强风一往无前地飞翔的雁阵中的领头雁。

作家从维熙说：“他（冯牧）外貌温和到近乎温文尔雅，但内心则蕴藏着一团为文学燃烧的地火岩浆。……他在中年时期，曾带出一支云南军旅作家队伍……文学新时期以来，又扶张洁、谌容、心武等一大批作家上马。因而，心武在冯牧同志灵堂内伤心痛哭，他献给冯牧同志一幅画，画面上是一只头雁带领雁阵在云天飞翔。这是心武亲手画的，题字是‘送别恩师冯牧’。”[4]

冯牧以极大的热情和超常的精力培养了、扶持了、评论了、带出了许多青年作家。在我的文学生涯中，我还不知道有哪一位作家评论家在扶持青年作家上花费了如此多的精力和付出了如此炽烈的热情。他没有自己的儿女。他的姐姐和外甥女程小玲帮他料理家务。他几乎把全副精力都献给了文学事业，特别是培养青年作者。每天在处理完了公务，送走最后一批客人后，他便开始阅读新来的杂志和新著，经常是通宵达旦。我每次到他

[4] 从维熙《遍地菊黄》，见《远行的冯牧》第41页，华岭出版社1996年。

的家里去，总是看到客厅里高朋满座，坐着、站着认识的或不认识的青年作者，在同他就某一部作品或某一个文艺问题无拘无束地交谈、辩论。80年代在文坛上崭露头角的青年作家，哪一位没有在他的那个私人“沙龙”里谈笑过，争论过？他每天来到我们《文艺报》编辑部的办公室，第一件事就是向我们推荐他昨天夜里读到的哪一部好小说，满脸的倦容，顿时变得眉飞色舞起来。我们编刊物，有些作品评论的选题就是来自他的这种不拘形式的谈话。

△ 王蒙(左)与冯牧

作家王蒙说：“冯牧有一种重要性，至少是在近十余年以来，他的意见受到文学界也受到各个方面的尊重。谁都不会忘记党的十一届三中全会前后，他为伤痕文学呐喊呼号，为思想解放运动而披荆斩棘的情景。长时期以来，他是中国作协的一个虽然从行政职务上并非最高，却是读作品最多，联系作家最广，关心文学事业的发展最热烈专注，陷入矛盾最多，被致敬与被骂差不多也是最多，对于文学事业的责任心最强，发表意见最多，或者可以从某种意义上说，他是最专职、最恪守岗位、最受罪也最风光、最尽作家的朋友与领导责任、最容易兴奋也最容易紧张的评论家——组织建设——领导人。他最令我感动的是他那样大量阅读作品，他的那个阅读量也许会使常人发疯至少是病倒。他每天读各种新作到深夜。他把领导的职责、朋友的关注，以及与人为善的评论家的兴趣统一在自己身上。……他一直对于文学充满了责任感，一直低头浇花耕耘，挨着上下左右的骂，也享有上下左右的友谊与尊重，一直硬着头皮做他认为有益于中国文学事业的工作。即使在人人都有自认为正当的原因对于文坛绝望对于作协撂挑子的时候，还会有一个冯牧在那里窝着火，忍着气，支撑着，维持着。"[5]

70 年代末 80 年代初，是中国社会处在历史大转弯的年代，社会思潮陈杂纷纭，一方面是旧的思想和教条的固守，一方面是冲破"凡是"后的思想的解放。在批判林彪、"四人帮"的运动中，第一批以揭露文化大革命给人们、特别是给青年人造成内心伤痕的作品，从青年作者笔下问世了。小说有：刘心武的《班主任》（《人民文学》1977 年第 11 期）、刘心武的《爱情的位置》（《十月》1978 年第 1 期）、莫伸的《窗口》（《人民文学》1978 年第 1 期）、成一的《顶凌下种》（《汾水》1978 年第 1 期）、曹鸿骞的《命运》（《安徽文艺》1978 年第 3 期）、陆文夫的《献身》（《人民文学》1978 年第 4 期）、吴强的《灵魂的搏斗》（《上海文艺》1978 年第 5 期）、舒展的《复婚》（《作品》1978 年第 7 期）、王蒙的《最宝贵的》（《作品》1978 年第 7 期）、高红的《丝瓜累累的季节》（《安徽文艺》1978 年第 7 期）、关庚寅的《"不称心"的姐夫》（《鸭绿江》1978 年第 7 期）、孔捷生的《姻缘》（《作品》1978 年第 8 期）、卢新华的《伤痕》（《文汇报》1978 年 8 月 11 日）、王亚平的《神圣的使命》（《人民文学》1978 年第 9 期）等。话剧有：《丹心谱》以及稍后上演的《于无声处》等。这些作品引起了强烈的争议。

对于文坛上这些破土而出的揭批"四人帮"罪行的新作，对于预示着我们战斗文学的巨大潮流行将到来的一个"潮头"，作为评论家和《文艺报》主编的冯牧，是抱着热情欢呼的态度坚定地予以支持的。为此，《文艺报》编辑部于 1978 年 9 月上旬分别在北京和上海召开座谈会，与会作家评论家们对文学出现的新作品和新潮头给予了有力的支持。记得"新潮头"这个乍听起来很新鲜很恰当的词儿，是严文井在北京座谈会上第一个

[5] 王蒙《难忘冯牧》，见高洪波、李迪主编《远行的冯牧》第 8-10 页，华龄出版社 1999 年 12 月第 2 版。

说出来的。冯牧在北京座谈会上说："对当前出现的创作现象要持基本肯定和欢迎的态度，不能采取否定、挑剔以至排斥的态度。这些作品中，有的通过活生生的形象提出了问题，而且圆满地解答了问题，如《班主任》；有的由于作者年轻，缺少经验，对于反映的生活现象，未及深入地体验、分析和研究。因而这些作品有的使人感动，有的不大感人；有的我赞成而不欣赏，有的我不仅赞成而且很欣赏。但是，这些作品有一个共同的特点，就是从生活出发，或基本上从生活出发，提出千百万群众非常关心的社会问题，正视了'四人帮'对于人们严重的精神污染和思想腐蚀这样一个带有社会性的问题，摆脱了'四人帮'那种令人讨厌的帮风帮气，因而应当加以支持，不能求全责备。轻率地给这些作品扣上'批判现实主义'和'暴露文学'的帽子，是不严肃的表现。我们的文艺，已经出现了新的路子，它的代表就是《哥德巴赫猜想》、《班主任》、《丹心谱》等。这样的作品，你喜欢也好不喜欢也好，总是不可避免地要出现的。这些作品不仅揭露问题尖锐，而且能够给人以振奋的力量，我们应该热情支持。要是担心它、抑制它、防止它，就会给创作带来不利的影响。我希望出现更多的刘心武和卢新华这样的作者。对这些作者只是热情地支持是不够的，还要指出他们的缺点和不足，更不能把缺点说成优点。《伤痕》抓住了有普遍意义的问题，概括了一种生活现象，即'四人帮'不仅严重破坏了生产，迫害了一大批对党忠心耿耿的老干部，而且损害了青年的心灵，造成难以弥补的伤痕。但这篇作品写得不够完美，我读了之后感到不满足，其中人物思想的发展不尽可信，同社会上当时的环境不尽符合。作者第一个提出了别的作品未能提出的尖锐问题，但回答得不很确切。对待这类作品，我们的任务是因势利导，鼓励作者更广泛更深入地认识生活和反映生活的各个方面，塑造各种各样的人物形象，写迅速医治好伤痕走上战场的人物，也写从不曾低头的英雄人物，同时也要写在四个现代化的长征途中奋勇前进的先进人物，使我们的文学在反映生活的本质方面更全面、更理想、更深刻。光是描绘伤痕总是不完全的。因此，我热情地肯定《班主任》、《爱情的位置》、《'不称心'的姐夫》这样的作品，而不大喜欢那种感情上比较低沉的作品。"

与此同时，为了促进社会主义文学的繁荣，《人民文学》编辑部决定对从 1976 年 10 月—1978 年 12 月发表的短篇小说进行评选活动，并于 1978 年 9 月 7 日发出《关于举办 1978 年全国优秀短篇小说评选启事》和《1978 年全国优秀短篇小说评选的初步设想》。评选就是一种肯定。评选采取读者投票与专家评审相结合的方法。编辑部共收到群众来信 10751 封，投票 20838 张，推荐作品 1285 篇，真是盛况空前。冯牧被聘为评选委员。1979 年 3 月 6 日在新侨饭店举行评选委员会会议。参加评选委员会会议并发言的有：沙汀、草明、唐弢、袁鹰、孔罗荪、孙犁、冰心、冯牧、林默涵等。冯牧对编辑部提供的 25 篇参选名单中的许多作品，给予了热情的肯定和中肯的分析。这种对青年作者的新作的首肯，无疑是对当时还略带贬义的“伤痕文学”这种新的文学潮流的首肯和支持。他说：“文艺创作是十分令人满意的。人民要求作品好而且多，但现在还不够好、不够多。现在看，短篇小说把戏剧抛在后面了。文艺创作的发展是不平衡的。‘四五’时期，诗歌有声有色；有个时期是戏剧活跃；最近一年，短篇小说又出乎于其他创作之上，活跃而又有声有色。文艺创作贵在及时、生动、敏锐地把握人民群众最关心的问题，拨动群众的心弦。很多短篇起到了这样的作用，包括像《伤痕》这样有某些缺陷的作品。我投它的赞成票，而不投它的赞赏票，因为它不够真实、不够典型，思想境界也不高；但它立了一大功，它第一个提出了‘伤痕’问题。‘四人帮’把我们的经济带到了崩溃的边缘，给青少年一代的心灵上造成了累累伤痕和污染，而恰恰是这篇作品较早地提出了这个问题，启发了读者。遗憾的是，一个作家只能选一篇。刘心武有了《班主任》，就无法再选《爱情的位置》了，而后者也属于打开了一个新的缺口的作品。有的小报上说刘心武是个‘御用’的文人，因为他既揭露了一些社会问题，同时又按党的政策去分析事物。他对生活的观察，在同一代作家中是突出的。总的看来，短篇小说的成就超过了其他文艺形式，在反映和探索新的人物方面，取得了值得重视的成绩。有的作品，除了反映生活面的特点外，还重视反映人的精神境界。我喜欢宗璞的《弦上的梦》，在人物塑造上超过李陀的《愿你听到这支歌》。《森林里来的孩子》比《姻缘》要写得好，有打动读者的力量。就反映时代和生活的真实性而言，《姻缘》和《眼镜》尽管有很正确的答案，但却没有动人的细节描写。文学作品在回答某些社会问题时，应写得高出于生活真实之上，才能动人。没有写出

一两个典型人物来，这样的作品就显得单薄。”

冯牧对于青年作者的作品，总是抱着满腔热情，特别是当他们的作品遇到指责时，只要基本上是好作品，冯牧就乐于、也勇于站出来予以支持。冯牧大概是个从来没有整过人的人。不仅不整人，还乐于助人，是冯牧做人、做领导人的信条，也因此，他与青年作者们之间形成了一种亦师亦友的关系。

他支持刘心武。当《班主任》发表不到半年而社会上弥漫着许多议论时，《文学评论》编辑部于1978年5月为这篇作品召开座谈会，当时只见过刘心武一面的冯牧，不仅参加会议并且在会上发表了热情的肯定性的意见：“我对刘心武的作品是既投赞成票又投赞赏票的。对有的作品，我尽管不很欣赏，但我投赞成票；有的作品从思想内容到艺术感染力超过了这个限度，不是用一个简单的肯定态度所包括得了的。刘心武的作品，从反映生活和挖掘思想的深度方面，塑造艺术形象的生动丰满方面，对我们的文艺创作应当说是有了新的增添、新的贡献。我们从事文艺工作的同志有责任对此加以支持。当这样的作品在受到不公正的指责时，我们更应该支持它。”[6]从1979年3月起，文艺界刮起一股冷风，“凡是”观点回潮，冯牧受到攻击，《文艺报》也被说成是搞“自由化”。这个时候刘心武情绪很低落，冯牧又为他的短篇小说选集写序。[7]新时期初期，刘心武常常到冯牧的住处去与他谈论文学，成为他的客厅里的众多的座上客之一。几年后，大概是开始清除精神污染的1983年春节吧，冯牧处境困难，他的客厅里一时变得冷冷清清，几乎没有朋友去看望他。他曾对我发过牢骚，说世态炎凉，人情冷暖，连朋友也不能免俗。1984年春节，是他家里最冷清的春节。那时，我已离开《文艺报》五个月了，我原以为他那里宾朋满座，不愿意去凑那个热闹，就选择了初五去看看这位老领导和老朋友，不料，客厅里竟连一个客人也没有。冯牧的姐姐对我发牢骚说：“以前常来的那些人，现在

[6]《关于〈班主任〉及其他》，收入《耕耘文集》第383－389页，上海文艺出版社1981年。

[7]《作黄金和火种的探求者》——《刘心武短篇小说序》，收入《冯牧文学评论选》第130－139页，湖南人民出版社1983年。

谁也不来了！”那时他对刘心武也有过怨言和芥蒂。据说，刘心武曾在什么场合下说过，要与冯牧分道扬镳的话。但在冯牧的追悼会上，刘心武在他灵前献上了一幅自画的“头雁”图，并抱头痛哭，痛挽曾经惠泽于他的老师冯牧。冯牧在九泉之下，应当感到安慰了。

△ 冯牧(右二)与云南作家彭荆风(右一)、张昆华(中)(1979 年摄于本书作者家中)

他支持蒋子龙。蒋子龙的短篇小说《乔厂长上任记》在《人民文学》1979 年第 7 期发表后，在读者中引起了强烈反响。北京的报刊发表了好多篇赞扬的文章，而《天津日报》则连续发表批评文章，指出这是一篇在创作倾向上有严重问题的坏作品。[8]一时间，蒋子龙的处境十分困难。由于他过去所写的作品（《机电局长的一天》和《铁锨传》）曾受到批判，他的亲属和朋友及他所在的天津重型机器厂的领导们，不赞成他再写作了。[9]在这

[8]1979 年 9 月 12 日《天津日报》发表召珂的文章《评小说〈乔厂长上任记〉》，9 月 19 日发表宋乃谦、滑富强的文章《乔厂长能领导工人实现四化吗？》对蒋子龙的小说《乔厂长上任记》进行批评。

[9]《小说〈乔厂长上任记〉发表以后》，《文艺思想动态》第 19 期，文化部文学艺术研究院理论政策研究室编，1979 年 10 月 30 日出版。

种情况下，《文学评论》和《工人日报》于1979年10月10日联合召开座谈会，讨论《乔厂长上任记》，到会的作家评论家们热情肯定了这篇作品是粉碎“四人帮”以来出现的最优秀的短篇小说之一。冯牧在会上发言说：“作者以难能可贵的艺术家的勇敢，用严谨的现实主义手法表现了当前工业战线的矛盾和斗争，塑造了一个真实可信的、有血有肉的基层领导干部的典型形象——乔光朴。这是一个四化建设新时期的闯将的新形象。这样的具有时代精神的英雄人物，是我们国家的脊梁骨。尽管这个人物也可能有缺点，可能遇到问题考虑不周到，做事有点冒失，工作方法也不是无可指责的，但在为‘四化’而奋斗的进军中，他是开辟道路、打破坚冰的先锋。”“乔光朴形象的出现有着特别重要的意义，能够振聋发聩，给人很大的鼓舞和力量。”[10]同时，《文艺报》1979年第11—12期合刊也发表了拙作《乔光朴是一个典型》，表示我们的支持。

他支持苏叔阳。苏叔阳创作的话剧《丹心谱》发表在1978年第5期的《人民戏剧》杂志上，差不多同时，由北京人民艺术剧院上演。冯牧是应邀看了首场演出的，看完演出，他就立刻写了一篇评论《丹心似火斗志如钢》。5月14日，冯牧参加了戏剧座谈会，在会上以热情洋溢的语言肯定了《丹心谱》。我们在制定《文艺报》复刊号选题计划时，在文联全委会的文件之外，就是请冯牧写一篇题为《评〈丹心谱〉兼评话剧创作》的头条文章。可惜由于《文艺报》复刊之初，要上的文献性的文章和重要作家的文章实在是太多，作为主编的冯牧的这篇文章就不得不往后排，甚至直等到1978年底已变成明日黄花时，也没有出世。冯牧很欣赏当时在文坛上崭露头角的苏叔阳，常常在我们编辑部内称赞他的才华，我也常在冯牧的客厅里见到这位初出道的剧作家兼小说家的苏叔阳。

他还支持过许多年轻的文学初学者和在文坛上初露头角的青年作家。这是文学界有目共睹的。我相信将来有朝一日谁能把作家们给冯牧的来信编辑成册，那时，冯牧作为新时期作家的头雁，作为青年作者的导师和扶植者的形象，将会更全面地显示出来，也将会被写在中国当代文学史的册页上。

---

[10]冯牧的发言见《文学研究动态》第19期，中国社会科学院文学研究所编，1979年10月25日出版。

两种思潮的第一次交锋

中央工作会议和十一届三中全会，于1978年12月底结束。全国人民关心的一系列重大问题有了结果：天安门事件得到平反；反击右倾翻案风，中央承担了责任；“二月逆流”得到平反；薄一波同志等61人案得到平反；彭德怀同志冤案得到平反；陶铸同志得到平反；杨尚昆同志得到平反。康生、谢富治民愤极大，将材料移交组织部。……历史跨入了1979年。1979年注定是重要的一年。决定了中国之命运、标志着中国历史进入转折时期的三中全会的决策，要在这一年向全党全国传达贯彻，要得到全党全国的认同。这一年是中华人民共和国建国30周年，又是五四运动60周年，历史的经验要总结。与我们关系密切的第四次全国文代会，也要在1979年下半年召开。

新年的钟声刚刚敲过，全国宣传部长们就被召到北京开会。中国作家协会党组副书记、我们《文艺报》的主编冯牧应邀列席了会议。刚刚就任中宣部长10天的胡耀邦同志，于1月7日在会上作首次讲话。他的讲话主要是向各省市宣传部长传达布置三中全会和中央工作会议的精神，解放思想，实事求是，团结一致向前看；讲两年来拨乱反正的形势；讲即将召开的理论务虚会的打算。粉碎“四人帮”两年以来，全国形势很好，但也面临着成堆的问题和困难。第二天就是周总理逝世三周年，据说有人串联在天安门广场举行大规模的纪念活动。党面临着如何发扬社会主义民主的问题。党和政府的领导者们承认，发扬民主成为当时要解决的主要矛盾。胡耀邦说，华国锋向他们转达了一些省委书记的担心，他们对发扬民主还不习惯，怕民主起来会把工作秩序、社会秩序搞乱；有些人则不懂得充分利用民主权利，容易走到无政府主义。现在的形势，有些类似1956、1957年春天的情况。形势很好，敢讲话，但可能会有某种因素出现。少数人走到反面，迫使我们

起来反右。华国锋不同意再搞一次反右斗争，主张要引导。我们的民主生活要健康发展，避免走弯路。邓小平也提出，要发一个文件，发扬健全的民主生活。1月11日，胡耀邦又在宣传部长会上作了第二次讲话，宣布为“文革”中被打成“阎王殿”的中宣部平反。冯牧参加完这次宣传部长会议后，回到我们《文艺报》编辑部，于1月16日向同志们作了详细传达。

这个时期，冯牧受到三中全会和全国宣传部长会议的鼓舞，思想活跃，精神状态十分昂扬。他一再要我们解放思想，发扬民主，开动脑筋，敢于提问题，实事求是。新年刚过，他应邀到好几个单位主持召开的会议上讲话。《文艺报》编辑部在冯牧的领导下，正酝酿着为1962年制定的《文艺八条》翻案，着手解决毛主席1963年和1964年关于文艺的“两个批示”问题。就在这个时候，即党中央主持的理论务虚会即将召开的前夕，冯牧在全国故事片厂长会议上的讲话，却意外地引发了一场大论争。这是“四人帮”被粉碎之后文艺领域里出现的第一场风暴。这场风暴是不可避免的，迟早都要发生的。但奇怪的是，挑起这场论争的一方，要抓的不是别人，而是冯牧的这个讲话，想以此作为论争的切入点。这一策略，在当时，着实使我们这些在文艺编辑工作第一线竭力推动思想解放的编辑人员感到困惑莫解。

△ 冯牧在书房中

事情是这样的。1979年2月初，人民文学出版社邀请了全国各地40余位有成绩的小说作家召开创作座谈会，邀请冯牧同志到会作报告。冯牧的特点是勤于阅读，不仅了解文学界的情况，与电影等艺术界也广为交游，情况熟悉。他于2月8日（？）在会上的讲话，思想犀利，发别人所未发，语惊四座，可以把他的这次讲话，看作是他对一个时期以来，特别是从真理标准讨论以来思考的结果。这篇发言的记录稿，刊登在人民文学出版社1979年5月9日编印的《业务简报》第4期（总75期）上，他生前未公开发表。笔者现将其移录在下面：

我很愿意和大家一起探讨，一起解放思想，突破禁区，打破枷锁，对创作进行些探讨。但我了解情况很少，没什么发言权。没怎么参加会，也没怎么看简报（只看了3期），更主要的是没怎么看作品。只知道出了不少中长篇小说，在量上有个突破，但质上怎么样，也不甚了了。会上给我提了两个问题，我就凭主观认识谈谈自己的看法，不代表《文艺报》，也不代表作协，更不能代表文化部。对不对都是我自己的，“言责自负”。对的，请同志们参考，不对的，请批判。应该造成一个能够自由发表意见的气氛。我是主张创作上自由竞赛的。

现在正在召开理论务虚会议，我看这是去年三中全会、中央工作会议在思想领域的继续和发展。这里没有禁区，包括对伟大领袖和导师毛主席的评价，对所谓史无前例的文化大革命的评价，包括前一段的路线是否正确，“继续革命”的命题是否正确，都在探讨之列。实际上就是在真理面前是否人人平等的问题。在真理面前怎么能不平等呢？否则，就只能承认另一个命题：权力越大，越有真理；谁官大，谁就是权威——权力和威风。《五·一六通知》关于在真理面前不能人人平等的观点，流毒甚深甚广。费孝通曾提出过：“我们应该有言论自由，我可以批判你的意见，但要尊重你的发言权利。”我认为这个意见是正确的。否则，有什么民主？有什么“双百”方针？

为了发展我们的文学艺术，繁荣文艺创作，目前最迫切需要解决的问题是什么？有的同志说，两年以来，我们的文学艺术有相当的发展，对三大革命运动起了好的和比较好的促进作用。但还是远远不能满足广大人民的要求。文艺发展缓慢的原因何在？除各种具体原因外，最主要的是思想方面的原因：思想还不能从长期以来的枷锁中解放出来。不能说

只从林彪、“四人帮”的反动思想中解放出来就行了，只这样是不行的。

所谓思想解放是指什么？我们从哪里解放出来？解放到哪里去？1958年毛主席曾提出过“解放思想，把工作转移到建设上来”，我认为这个提法是正确的。但人们的理解上有错误。好像解放思想就是敢想敢干，破除一切条条框框，直到把科学也不要了。实际上由蒙昧主义“解放”到无政府主义去了。由“三面红旗”飘扬到“三年困难”时期。为什么这么多年我们的生产没什么发展？一个资产阶级记者说，中国生产落后，是因为中国有两次“大疯狂”：一是大跃进，大炼钢铁；二是无产阶级文化大革命。这当然是资产阶级思想，他不是怀着善意的态度。但它还是反映了一些客观情况。我们应该采取科学的态度，实事求是地研究问题，再不要像过去那样了，再不要从蒙昧主义“解放”到无政府主义那里去。我们要从三方面解放出来：一是从林彪、“四人帮”的枷锁中解放出来；二是从“两个凡是”派的思潮那里解放出来；三是从多年的僵化、形形色色的唯心主义、形而上学、官僚主义中解放出来。解放到实事求是那里去，从必然王国解放到自由王国那里去。

解放思想，在我们文学艺术界有哪些问题需要重新考虑呢？文艺界有很多老大难问题，好事者编了个顺口溜：“一二三四五六七八。即一条黑线，两个批示，三旧，四条汉子，五一六通知，六条标准，七×××，文艺八条”等等。林彪、“四人帮”的《纪要》很大程度上是从“两个批示”中来的。“三旧”（指旧中宣部、旧文化部、旧北京市委——整理者）基本上解决了，《五・一六通知》，我看不可等闲视之，是对毛主席提出的“双百”方针和《关于正确处理人民内部矛盾的问题》的反动，是文化专制主义的思想纲领。在那里面蛮不讲理地提出了“在真理面前不能人人平等”。

我认为，“两个批示”不是毛主席文艺思想的主要组成部分。毛主席是有一个完整的文艺思想体系的。“两个批示”中有很多不符合事实的错误的东西。邓小平同志说过：“十七年当中，在文艺方面，过去我们有批错了的地方。有些是毛主席根据间接的材料批的嘛！不管谁批的，错了就应该改过来。”我认为这就是针对“两个批示”的。“两个批示”并不是毛主席在中央文件上批的。第一个批示是批在江青给他的、由柯庆施整理的有关曲艺工作、故事会的简报上的，是批给彭真的。大概是为促进北京市的文艺发展的。柯庆施为了表现自己是提倡和支持社会主义文艺的，散布了很多像康生那样的谬论。他曾提出“大写十三年”。北京有两个“凡是”，上海、山西有三个“凡是”。柯庆施“大写十三年”的理论根据，就是“只有社会主义时期的题材，才能反映社会主义思想；民主阶段的文艺只能反映民主主义的思想……”这就是张春桥之流提出的“民主派就是走资派”的序曲。主席批示后，我们曾从积极方面理解，承认自己工作中有错误，主要表现在戏曲方面，大演坏戏、鬼戏。当时，我们都揽过来了。但现在看来，这责任不在戏剧家协会，也不在“四条汉子”，而在杀人不眨眼的康生。这个人是“左得可怕，右得出奇”。不管他是“左”还是右，都有他的政治目的。当年被称为所谓“裴多菲俱乐部”的“迎春晚会”，究竟是什么？实际上就和今年人大会堂的联欢会差不多。毛主席就根据江青、康生和×××的小报告批示的。它像泰山压顶似的压了下来！我认为第一个批示尽管有些过头，但基本是对的，还比较客观，批评还比较适当。但第二个批示，基本上不符合文艺界的实际情况。“这些协会和他们所领导的刊物（据说有少数几个好的……）”那就是说只有少数几个好人，大多数都是坏的。这符合实际情况吗？当时，听了这第二个批示，一是懵了，一是不服。现在，经审查600部影片，大部分是好的，只有少数几部是意思不大的，够得上毒草的不到10部。怎么能说领导电影生产的文化部是“帝王将相部”、“才子佳人部”、“外国死人部”呢？

我们不是破除现代迷信吗？毛主席对我们文艺工作做了十分深刻的、系统的、光辉的指示，这是不可抹杀的。但不能把毛主席的只言片语、甚至根据间接的材料感想式的、甚至错误的指示，当成不可改变的毛主席文艺思想的重要组成部分。过去，我们总是说，毛主席的批示还是一分为二的，总是说我们“如不改正”、“有可能嘛！”还不敢提出异议。现在提出自己的看法，对不对，让历史来检验吧！

关于“六条标准”。这是毛主席在文字稿中提出的，而不是口头（原报告）上提出的。毛主席在最高国务会议上作报告时，并没有这六条标准，主要讲“百花齐放，百家争鸣”，并且说“大规模的疾风暴雨式的阶级斗争已经结束”。我看“结束”和“熄灭”也差不多。后来说刘少奇提出“阶级斗争熄灭论”实在是冤枉！毛主席口头报告（我听的录音），我理解是提倡“双百”方针，十分强调“放”的方针，我认为主席的报告是反“左”的，但文字稿出来却成了反右的（不是一百八十度的转弯，也是九十度的转弯）。不管这些，但就主席整个报告的命题看是正确的。大概是报告以后，看到章、罗联盟的进攻了，才感到需要刹车，才提出了“六条标准”，而这也是根据当时的情况提出来的，是正确的。即使如此，

能否当作“放之四海而皆准的普遍真理”？再说原提“香花和毒草”也不是科学的，也不是说这是划分敌我矛盾的标准。后来被相当多的人把它歪曲了，当成划分敌我矛盾的标准，当成扼杀文艺作品的六条大棒！现在，是把六条标准、还是把马列主义的基本原则——实践，作为检验文艺作品的唯一标准呢？我认为应是后者。实际上，六条标准中的一条——“有利于社会主义阵营的团结”，由于现在形势的变化，已需要修改。而且，这六条标准，也不能衡量所有的文艺作品，你说“有利”，我说“不利”。如小说《伤痕》，你说有利，我说不利，怎么办？齐白石的虾米，是有利于社会主义，还是不利于社会主义？华主席在政府工作报告中，曾说“坚持在六条标准的前提下的‘双百’方针”，这可能是熊复起草的。我不同意说这出自华主席的报告，就是对的。照这样说，“双百”方针是有条件的？这只能阻止“双百”方针的发展。有一个小青年在“民主墙”上给我贴了一封公开信，吓了我一跳。原来，他建议我转给中宣部。他建议：（1）废除“六条标准”作为尺度、框框来衡量文艺作品的好坏；（2）废除“因人废言”，废除对作者的政审制度。我很欣赏这两条。有些人就是利用毛主席的一些片言只语或错误的指示，打击文艺工作者，成了束缚作家的思想枷锁。对毛主席的指示都不敢提不同意见，怕人家说是“恶攻”。

姚文元发表《评新编历史剧〈海瑞罢官〉》之后，有一个小青年叫遇罗克，在小报上写了一篇《出身论》，观点还是比较正确的，对姚文元的论点，（在日记上）对把毛主席“神化”提出了一些疑问，就被公审、枪毙了！我看了这些日记，很有才华。我们平反的冤案，只是平反了大山的一个小角落。由此感到：资本主义比封建主义还强点。

思想解放的第二个方面是，我们面临着一场思想战线上的激烈的、尖锐的生死存亡的斗争：是实践是检验真理的唯一标准，还是坚持本本主义，坚持“按既定方针办”？这不仅是理论上的争论，从现在揭发的材料看，是坚持没有“四人帮”的“四人帮”路线，还是坚持真正的马列主义？两个“凡是”是×××授意，李鑫起草，几个秀才修改的，问题就是邓小平同志出来不出来工作的问题，是否按周总理、邓小平同志提出的路线办事的问题。邓小平同志提出的无坚不摧的问题，就是完整地、准确地掌握和运用毛泽东思想。《红旗》某同志对实践检验真理的问题，就是按兵不动。李鑫的儿子曾对人说：“不要怕现在的社会压力，到 12 月份见分晓。”12 月 12 日，陈云同志提出给彭德怀同志平反。全体一致拥护赞成。包括熊复同志都举手同意了。12月25日，华主席宣布平反。但在24日，《红旗》杂志写了一篇文章，准备揪出彭德怀那样的反党集团。胡绳等人还坚持“没有‘四人帮’的‘四人帮’路线”。他们在等待时机，妄图再来一次批邓反击右倾翻案风。两个“凡是”，不只李鑫他们这几个人，而是一种思想方法。“两个凡是”的思想，在很多人的头脑里根深蒂固。毛选五卷里有错别字，如杨帆的“杨”字，写成了“扬”，李鑫就是不改，说成是毛主席的用字习惯。他们口头上讲“凡是”，而实际上，是凡是有利于他们的，就编进去，凡是不利于他们的，就大砍大杀，根本不编进五卷里。针对他们，我们也应该坚持两个“凡是”：凡是实践证明是正确的，我们必须坚持；凡是实践证明是错误的，我们就必须改正。“凡是”派坚持他们那一套，是有政治目的的。

我们不能把领袖和领袖的言论神化。领袖的言论有些是错误的，有些开始并不错，把它夸大了，就成错误的了。熊复同志却攻击我们的同志在搞“非毛化”。我说，我们不是在搞“非毛化”，而是在搞“非神化”。或者叫“正毛化”！小平同志讲：今后说“高举毛泽东思想的伟大旗帜”，不要说“高举毛主席的旗帜”，这样更准确。就是要坚持毛主席的思想体系。这几天，在理论务虚会上，吴冷西、熊复、李鑫等都检查说，“我犯错误，是思想僵化。”有人批评他们，你们在坚持没有“四人帮”的“四人帮”路线上，灵活得很！一点也不僵化！

解放思想的第三个方面，就是要从一切主观主义、官僚主义等思想作风中解放出来，就是要好好总结30年来或者60年来的经验教训。回顾是为了前瞻。小平同志让我们团结前进，但必须把思想是非搞清楚，把遗留的问题加以清理。例如，粉碎“四人帮”以后，好多同志，包括我自己都写了文章，想总结一下十七年的经验教训。现在看来，我一年前那些话等于白说，不符合十七年的情况。如说“十七年来，毛主席的文艺路线始终占主导地位，当然，我们也犯过许多错误，受到刘少奇文艺黑线的干扰破坏。”那么，究竟什么是毛主席的革命文艺路线？谁能确切地回答出来？反正我回答不出来。实际上毛主席关于文艺问题的指示有正确的，也有错误的。特别是“反右”以后，有些指示对不对，很值得分析。文化大革命究竟是对的是不对的？是三七开，还是倒三七开？《五·一六通知》，批判《海瑞罢官》，都是他的话嘛！赞成形象思维是毛主席说的，反对形象思维也是他老人家说的。有的同志说，反对《武训传》、胡适派的斗争，还是正确的，但有些小题大做。应该说十七年来，在毛主席的革

命路线的指导下，我们在文艺战线上取得了很大的成绩。无论是作品、还是理论，都有了巨大的发展，我们有了一支无产阶级的文艺队伍，但也有缺点错误，有“左”的，也有右的。这就需要一个个地做出结论。如“反右”斗争到底怎么看？作协那些“右派”，绝大部分都要改正。最近有一种说法是，“反右斗争基本上是对的，但有扩大化”。可是，公安部63个右派全划错了。这就不叫“扩大化”，而是“全划错”。反胡风，香港的《争鸣》杂志对此提出了疑问，说至少你在手段上是根据人家的信件定罪的，是不合法的。问题不是胡风个人，反胡风牵连到许多作家评论家。我肯定有些人完全是思想问题，是否就可以定为反革命？值得考虑。

“黑八论”，是“四人帮”由于不学无术，蛮不讲理瞎凑的。文化大革命中又加了二论：“全民文艺论”、“形象思维论”，实际上是“黑十论”。这都需要加以总结检查。有人说：“‘黑八论’都是我们批过的，是‘四人帮’强加给我们的。”好像批过了的都是批得对的，这个说法我看不对。如“中间人物”论，“现实主义深化”论，都批得不见得对。这是邵荃麟提出的，反对粉饰生活的。“写真实”论，是批胡风的，基本上是对的（其中也有错误），但这是反对胡风的特定意义下的“写真实”论，不能因为批了胡风，就不要写真实生活。不是反对一般的“写真实”。“现实主义广阔道路”论，是秦兆阳提出来的。对此，到现在还有争论。我认为不能说全批对了。但据此把他划成右派是错误的。“题材决定”论是因为《文艺报》写了一篇题目叫《题材要多样化》的文章。这篇文章基本上是正确的。“全民文艺”论是“四人帮”反周总理的，那更是批错了。刘少奇根本没有什么系统的文艺理论，他只发表一些外行的片言只语，主要抓文艺的是毛主席、周总理。形而上学思想，十七年就有了，“四人帮”把它无限夸大，发展到极端的地步。“利用小说反党是一大发明”，也是毛主席他老人家说的。他没看过《刘志丹》这本小说，而是根据康生的汇报说的。这段“语录”成了文艺界头上的“紧箍咒”。话虽是毛主席他老人家说的，但是错误的。说这就不能改变了，无疑是僵化的唯心主义、形而上学。我们只有与唯心主义、形而上学做斗争，并与之彻底决裂，才能前进。

他的这次讲演，在到会的作家中间，反映很强烈，效果很好，富有启发性。没过几天，冯牧又于2月14日应邀到文化部电影局召开的全国故事片厂长会议上作了一次讲演。笔者没有看到他这次讲话的文字稿，但据前后两次讲话相隔仅有一周的时间和批判他的人所抓的观点来判断，他这次所讲的，与在中长篇小说创作座谈会上所讲的内容应是基本相同的。收在他自编的《耕耘文集》（上海文艺出版社 1981 年）中的一篇题为《电影创作有广阔的天地——在一个会议上的发言摘要》的长文，虽然文末所署的日期是 1978 年 6 月，但笔者仍然认为，这就是他在全国故事片厂长会议上讲话的“摘要”本，文末的日期是改定的日期，而非讲话时的日期。但这次讲话被文化部的某人抓住，搞了个内部简报，在北京文艺界掀起了轩然大波。这就是文化部电影局 1979 年 5 月 18 日编印的《电影工作简报》第 8 期发表的《北影厂学习邓小平同志重要讲话中所提出的一些意见》（据《电影工作简报》注明说，是节录文化部《政治工作简报》第 10 期的），指名道姓地对冯牧的讲话上纲上线地进行批评。由于这是一份难得的当代文学史的史料，我愿意将此《简报》引在下面：

同志们说，前一时期社会上出现了似乎不讲政治方向的倾向，造成了人们思想上的混乱。例如西单出现了所谓“民主墙”；出现了各种自发的组织；有些同志在报刊上发表文章，片面地宣传资本主义社会的优越性；有的负责同志说日本没有三大差别。

有些同志认为，冯牧同志今年 2 月 14 日在全国故事片厂长会议上的讲话中，对毛主席和毛主席著作的议论不符合三中全会的精神。

冯牧同志说，我们现在完全有可能根据社会实践，对毛主席晚年的教导，包括对文化大革命，作一个准确的判断……对这些事情，反正你不议论，八亿人民也在议论，全世界三十亿人民都在议论。有的同志严肃地指出，冯牧同志的这些言论，同十一届三中全会以来中央多次强调的原则，是不符合的。

在文艺创作方面，同志们也提出了一些看法。编导室有的同志说，我们党和国家的宣传工作，要按毛主席、周总理和朱委员长的顺序进行宣传。否则，就会造成社会混乱。前一时期社会上出现了一些混乱，文艺界有的人是起了带头羊的作用的。有人写文章谈艺术民主，反对“长官意志”，有些是讲得过火了，实质是夺权。我们反对婆婆多，但有水平的、正确的婆婆还是需要。

有的同志说，现在有人说什么文化大革命给人民心中造成了各种伤痕，这是文学的主要方面。现在出现了“伤痕文学”，到处是伤痕。这位同志说，即使在“四人帮”时期，人民的伤痕也不是主流，斗争才是主流。

有的同志说，现在有个说法，强调“写作家熟悉的”。其实质是反对文艺为工农兵服务的方向。文艺创作还是要有领导，题材还是需要平衡。现在有一种新潮头，就是专写教师和知识分子，写工农兵的少了。如果作家都局限于写自己熟悉的，那么像自卫反击战这样的题材谁来写。工农兵谁来写？现在许多剧本和其他作品，多是写爱情、伤痕一类。这样下去，毛主席的革命文艺路线不是也会被否定了吗？！

在分析造成上述情况的原因时，有的同志指出：现在有些领导文学创作的同志，是在俄罗斯和欧洲18世纪文学的染缸里染过的。他们认为这一套是完全对的。他们说起话来前后不一：毛主席、周总理在世时，他们不得不讲些马列主义；现在则认为自由了，就什么都说。既然六条标准是错误的，那还要什么呢？无非是要自由化。文艺界就有人反对毛主席在延安文艺座谈会上的讲话，也反对鲁迅，还是搞他们自己那一套。这种思潮是错误的。如中央不及时抓一下，不要多久就会出现1956年那种情况。大家认为，正确的政治方向要坚持，毛主席的革命文艺路线不能反，表示要同上述错误思潮作斗争。

这份《简报》中所表达的观点，涉及到文艺工作的一系列大是大非问题，绝非一个冯牧的一次讲话，也绝非文化部内部的争论问题。据半年以后《文艺情况》第11期迟发的北影厂谢蓬松1979年11月22日在北影政治学习会上的《发言稿》来看，《简报》中所说的“有些同志”、“有的同志”，其实就是这位谢蓬松。[11] 但据业内知情人士说，隐藏在背后出此主意

[11] 林涵表写了一篇《问题实质是思想路线的分歧——读谢蓬松同志的〈发言稿〉》，《文艺报》编辑部编《文艺情况》（内部刊物）1980年第1期。林文指出：“《发言稿》对党的三中全会前后文艺界的情况，作了不符合实际的估计与责难。我认为，我们与谢蓬松同志对党的三中全会前后文艺界的估计，是存在着原则的思想路线的分歧的。”“谢蓬松同志毫无根据地指责‘文艺界有的人’是1979年4月‘三反思潮’的‘带头羊’……他的意见是完全错误的。”“他在文代会都开过了的11月22日，还重申4月的意见干什么呢？文代会的许多报告，对三年文艺的成绩有了详尽的正确的总结，邓小平同志的祝词和胡耀邦同志的讲话，都是代表党中央的，更是充分肯定了文艺贯彻执行党的三中全会方针而取得的成就，并没有对1979年初文艺形势作出哪怕是一个阶段存在‘右倾’的估计。谢蓬松同志不知为什么对此视而不见，见而不赞同，还要重申他4月间的错误观点呢？”

和持此观点的，则是一位文化方面的高级领导人；其矛头所指表面上是冯牧，实际上也许还有所指，可谓一次“项庄舞剑，意在沛公”式的表演。其实，冯牧讲话中所谈的一些问题，胡耀邦同志在此前几个会议上的讲话中也已经都涉及到了。比如，胡耀邦同志在去年 12 月底就任中宣部长后在他召集的文艺工作会议上谈 1979 年的任务时就说：理论上还有哪些禁区，要继续破；身上的枷锁要继续剥掉。社会科学院和党校要开出清单来。可以一个一个地破，明年再破一批。有多少破多少。要解放思想，解除顾虑。过去有许多“批示”，毛主席“圈阅”的、“批”的，好多都是在被人欺骗的情况下批的，我们不能上当。毛主席的功过问题，华主席和邓副主席都讲清楚了，是抹杀不掉的，有一伙子人认为凡是毛主席“圈阅”的就要照办，是要套住我们的脖子。要识破，要谨防上当。凡是违反科学的枷锁，都要继续破。此后，胡耀邦又连续讲了多次。如 1 月 19 日在诗歌座谈会上的讲话，2 月 10 日在全国艺术教育工作会议、省市自治区文联工作座谈会、故事片厂长会议、全国摄影工作座谈会、中长篇小说创作座谈会上的讲话。冯牧讲话中提到的“两个批示”为什么不能谈呢？“六条标准”为什么不能谈呢？事实上在后来的政治生活中，我们不是用“四项基本原则”代替了以前制定的“六条标准”吗？《简报》抓住冯牧的讲话发难（当然不止是对着冯牧），进行批评，显然是属于“要套住我们的脖子”一类的动作，字里行间所带的火药味，是我们都很熟悉的。

《简报》很快传到全国各地，产生了恶劣影响。甚至可以说，它引发了文艺界在新时期的第一次两种思潮的大交锋和大论争。1979 年 3 月起在全国文艺界范围内出现的否定三中全会的思潮，不能说与此没有关系。据我在编辑部听到的外地的情况中，有些是令人吃惊的。如参加了人民文学出版社召开的中长篇小说座谈会的青年作者倡朋，回到淮南传达后，有一位地方领导立即站出来说：“这是放毒，我来消毒！”在文艺界领导层中，有人大呼面临着 1957 年的形势，要求进行一次反右斗争。

《简报》不仅在全国文学界，也在我们《文艺报》编辑部引起了震动。由于它涉及的问题带有全局性和根本性，如果这种思想得逞，将意味着对思想解放的扼杀，所以我们坐不住了，大家表示要反击，但我们承担着繁重的编辑工作，没有精力，因此没有采取什么行动。恰在此时，文化部文

学艺术研究院理论政策研究室很快采取了行动，在江晓天和丁宁的主持下召开了座谈会，除了当时在该研究室工作的干部如顾骧、郑伯农、刘庆库(梦溪)、林涵表、王兴仁、朱洪等而外，据江晓天告知，还邀请了安徽省文联的文艺理论家苏中和《文艺报》的唐因。这次座谈会之后，在该院编印的《文艺思想动态》第 13 期（7 月 15 日出版）上发表了一篇题为《一份值得研究的〈简报〉——理论政策研究室座谈纪要》的有理有据的批驳文字，署名文仲整理。文仲是谁？可能是负责编辑《文艺思想动态》的林涵表和朱洪。《纪要》说：

6 月 30 日、7 月 1 日，理论政策研究室全体同志举行座谈会。会上，研究讨论了我们最近看到的文化部电影局今年 5 月 18 日编印的《电影工作简报》第 8 期所反映的观点。据《简报》第 8 期的注明说，它是“节录”文化部《政治工作简报》第 10 期的。这份《简报》，据我们了解，已引起全国文艺界不少同志的震动。如有的地方以为中央方针变了，要“收”了。有的地方甚至认为这是通过北影发难，又要抓右派了，等等。参加座谈会的全体同志认为，《简报》提出的不是小问题，而是关系到当前文艺工作的一系列重大问题，有必要展开研究和讨论，辩明是非，坚持原则。座谈会贯彻解放思想、“百家争鸣”方针，大家本着“知无不言，言无不尽”的精神，畅所欲言，各抒己见，进行了热烈的讨论。现将座谈会上大家发表的意见，综合摘要报道如下。

同志们首先就《简报》中对当前文艺工作、文艺创作和理论批评所提出的一系列观点，提出了批评意见，或发表不同看法。

《简报》说，文艺界“有人写文章谈艺术民主，反对‘长官意志’。有些讲得过火了，实质是夺权”。同志们对这个观点提出了批评，指出：提倡艺术民主，是去年经中央批准公开发表的周恩来总理关于文艺的一次讲话中提出来的。当时思想解放运动正在全国范围内蓬勃展开，又值周总理讲话公开发表，讨论艺术民主，反对凭“长官意志”瞎指挥，就成了文艺界思想解放运动的一个重要方面。全国广大文艺工作者总结了三十年文艺工作正反两个方面的经验，认为“限制太死，调子太高，棍子太多”，不利于文艺事业的发展，只有实行艺术民主才能真正贯彻“双百”方针。文艺界关于这方面的学习和讨论，对文艺事业的发展，起了巨大的促进作用。否定艺术民主的讨论，就是否定了文艺界的思想解放运动。

总的说来，是讨论得很不够，实际工作中贯彻执行更差一些，根本不存在什么“讲得过火”的问题。艺术规律、艺术民主本来是学术思想问题，党和毛主席历来的方针是提倡自由讨论，即使是果真有人“讲得过火”，怎么就成了“实质是夺权”这么严重的政治问题了呢？这种随意无限上纲，政治上扣帽子、打闷棍的恶劣作风，是直接与党的三中全会“解放思想，开动机器，实事求是，团结一致向前看”的精神相违背的。

《简报》说：“现在有个说法，强调‘写作家熟悉的’。其实质是反对文艺为工农兵服务的方向。”“现在有一种新潮头，就是专写教师和知识分子，写工农兵的少了。如果作家都局限于写自己熟悉的，那么像自卫反击战这样的题材谁来写，工农兵谁来写？”同志们指出：首先，作家要反映的生活，必须是自己所熟悉的，这是文艺创作的规律，是一个带有常识性的问题，怎么能扯到否定工农兵方向呢？！这种观点的实质是对我们的文艺队伍的看法问题。解放30年来，我们的文艺队伍在党的培养和领导下，发生了非常大的变化。今天，它已成为一支无产阶级的文艺队伍，作为知识分子，已经成为工人阶级的一部分。这其中，许多人来自工农兵。在我们看来，写熟悉的当然包含着写熟悉的工农兵，这又有什么不可以？怎么能说，写自己所熟悉的，就是不写工农兵呢？况且，工农兵的文化生活需要是多方面的，绝不能把为工农兵服务，曲解为只写工农兵。以《简报》的观点，知识分子仍然是“四人帮”所污蔑的“臭老九”，和工农兵毫无共同之点，写教师、知识分子以及作家熟悉的其他人，就是不歌颂工农兵，“反对”了文艺的工农兵方向。

《简报》说：“现在有许多剧本和其他作品，多是写爱情、伤痕一类。这样下去，毛主席的革命文艺路线不是也会被否定了吗？”参加座谈会的同志指出：这种观点根本不能成立，逻辑的混乱和理论上的混乱兼而有之。这是在文艺创作的题材问题上，设置禁区。按照毛主席革命文艺路线的要求，题材应该“百花齐放”，实行多样化。粉碎“四人帮”两年多以来，文艺创作开始逐步突破了“四人帮”设置的禁区和框框，取得了显著的成绩。特别是短篇小说和话剧创作，在塑造领袖形象，歌颂老一辈无产阶级革命家，揭露“四人帮”以及在恢复现实主义的手法和真实性方面，成就尤为突出。它表达了亿万人民群众的心声，受到了人民群众的欢迎。这是有目共睹的事实。同时也应看到，这些成绩只是初步的，深度和广度还远不够，揭批“四人帮”的作品不是多了而是不足，写爱情题材的作品大多还没有超过50年代的水平。这些还有待于文艺工作

者解放思想，继续努力。但是，仅仅这么一点突破和成绩，也遭到了像《简报》这样的非难。他们把揭批林彪、“四人帮”的作品硬要扣上“伤痕文学”、“暴露文学”等帽子加以否定，实际上是否定了文艺在深入揭批林彪、“四人帮”的政治大革命中，发挥“团结人民、教育人民、打击敌人、消灭敌人”的战斗作用。一些同志亦指出：近来写揭批林彪、“四人帮”题材的作品中，也出现了极少数消极的或倾向不够好的东西，确实值得注意，应及时加以引导。但这不是主流。因此，不准写，或者抓住某些支流和枝节问题无限上纲的做法，不是唯物主义的态度。打棍子、扣帽子，更不是马克思主义文艺批评的方法。

《简报》在反映“同志们”对“文艺创作方面”的看法时说：“我们党和国家的宣传工作，要按照毛主席、周总理和朱委员长的顺序进行宣传。否则，就会造成社会混乱。”同志们一致认为：这种生硬地把政治上的“顺序”搬到文艺创作塑造领袖人物形象中，作为一种规定和标准，是很不适当的。这实际是束缚创作的生产力，不利于文艺的繁荣。《简报》说不按顺序“就会造成社会混乱”，我们不知道有何事实作为根据。事实上，正是《简报》的观点，才会造成创作和理论的新的混乱，对一些出现领袖人物形象的作品，进行似是而非的挑剔或阻挠。

《简报》说：“前一时期社会上出现了一些混乱，文艺界有的人是起了带头羊的作用的。”参加座谈会的所有同志都问：有什么证据可以证明社会上的一些混乱，责任应归咎到文艺界呢？含糊其辞的说法，毫无分析地乱上纲，扣政治帽子，这是极不负责的，实在令人惊讶！

《简报》在分析造成上述种种的原因时说：“有的同志指出：现在有些领导文学创作的同志，是在俄罗斯和欧洲 18 世纪文学的染缸里染过的。他们认为这一套是完全对的。他们说起话来前后不一：毛主席、周总理在世时，他们不得不讲些马列主义；现在则认为自由了，就什么都说。既然六条标准是错误的，那还要什么呢？无非是自由化。文艺界就有人反对毛主席在延安文艺座谈会上的讲话，也反对鲁迅，还是搞他们自己那一套。这种思潮是错误的。如中央不及时抓一下，不要多久就会出现 1956 年那种情况。大家认为，正确的政治方向要坚持，毛主席的革命文艺路线不能反，表示要同上述错误思潮作斗争。”同志们在发言中一致批评了上述观点，指出这一段话集中重复了林彪委托江青召开的部队文艺工作座谈会《纪要》的主要观点，是“文艺黑线专政”论的借尸还魂。《简报》中表示要同上述“错误思潮”作斗争，但是《简报》所列举的“错误思潮”的种种表现，很多根本不是事实。《简报》本身所提出的一系列观点和主张，正如前面我们所分析的那样，倒可以说是一种错误思潮的代表，就是要再举起“文艺黑线专政”论的大棒，重新再揪被“四人帮”打成所谓“四条汉子”的文艺界革命老前辈，在文艺界再来一次反右派，反“黑线回潮”的运动。

同志们在讨论中指出：《简报》所采取的做法也是十分错误的，它不符合党的十一届三中全会和“双百”方针的精神。特别是部党组领导下的电影局在简报上点名批评了一个部党组成员，并把它发到全国（包括影协群众组织、地方电影局、地方制片厂等），广为宣传的做法，更是违背了党的组织原则和党内生活十二条准则的。同志们说，《简报》的出现不是偶然的、孤立的现象，它代表了一部分人的思想，我们不能不认为是一股否定三中全会精神的错误思潮的产物，这种思潮对当前全国人民一心奔向四个现代化，是极为有害的。

参加座谈会的同志还认为，《简报》所点名批评的那一位部党组成员的言论，是2月间他在全国故事片厂长会上的内部讲话。该同志的这次讲话，在与会的一些同志中间反映是好的，电影局某负责人曾根据与会同志意见，建议他把讲话整理打印发给大家，但当时亦未获该同志同意。讲话内容没有在北影传达，更没有传达到全国各地。如果有人对该讲话有意见，也应根据事实，采取适当方式，在适当范围内进行，而不应采取像《简报》这样的突然袭击的办法，在政治上打人闷棍。

同志们列举了一些事实真相，说明《简报》的产生过程也是极不正常的。《简报》自称是“转发北影宣传科简报”，根据大家的了解，北影并无此简报，而是文化部政治部宣传部个别同志参加了北影干部会后整理出来的简报，事前并未经过北影领导的正式讨论。《简报》中多次使用“同志们说”、“有些同志说”、“有的同志说”等，实际上《简报》第一、二部分所述只是两个人的意见，而其中一个人还是在会下谈的意见。这些意见根本不代表北影厂广大同志的思想。《简报》所提出的观点和主张，有些是没有事实根据的，是错误的。同志们又指出：《简报》不仅点名指责了一个部党组成员，还不点名批评了社会科学院一位负责同志，随便点名整人，决不是共产党人的做法。

同志们还指出，《简报》牵涉到对当前文艺思想、文艺政策、文艺理论的一些大是大非问题的看法，是原则的分歧。值得注意的是，不久前，中央有文件撤销林彪委托江青召开的部队文艺座谈会《纪要》，但在中央

文件发出不久后出现的《简报》中，却仍然宣传《纪要》上的某些观点，岂非咄咄怪事！《简报》的出现，使同志们更加清楚地认识到，肃清林彪、“四人帮”的流毒和影响，确实是一项长期艰巨的任务。

理论政策研究室全体同志一致认为，《简报》的出现，说明了文艺界批判林彪、“四人帮”反革命思想体系及其流毒的长期性，尖锐性。对于这样的大是大非问题，必须展开严肃的讨论，辨明是非。我们要坚决排除“左”的和右的干扰，特别要批透极“左”路线的余毒，坚定不移地贯彻党的三中全会精神，贯彻毛主席提出的“双百”方针，为发展社会主义的文艺事业作出贡献。[12]

电影界对电影局的《简报》所持的观点以及所引起的两种文艺思想的交锋，反映也非常强烈。北京电影制片厂主办的《电影创作》编辑部于 8 月 21 日邀请在京的电影剧作家、导演、演员和评论家袁文殊、于敏、林杉、严寄洲、陈默、孟伟哉、杨志杰、姜德明、汪洋、成荫、水华、陈强、胡海珠、申述、王芝瑜、李兴叶、李梦学、周啸邦、都郁等举行了座谈会，对文化部电影局编印的《电影工作简报》第 8 期所提出的文艺理论和电影创作上的观点，进行讨论，提出批评。他们一致指出：

第一，《简报》是文艺界的一股寒流。袁文殊指出，《简报》与江青的《纪要》不会有组织上的联系，但思想上是有联系的。这是极左思潮在文艺界、电影界的反映，可能在将来的文代会上也还会引起争论。马德波说，《简报》这股冷风已经吹遍了文艺界，引起了普遍的注意和影响。有的人产生了疑虑，有的感到不安，有的感到不满，有的感到愤慨。这显然不利于文艺创作上的解放思想、发扬艺术民主、贯彻“双百”方针，以及文艺的发展和繁荣，不利于文艺队伍的安定团结。汪洋说，把《简报》的观点说成是北影很多人的意见，纯粹是强加于人，不符合实际。尽管这些意见有人说过，但也是被指令核改过的。借他人之口说出某些人心里的话，用以打棍子、扣帽子、揪辫子，这种做法，显然是很成问题的。林杉说，这种弄虚作假的不正当、不正派的做法来自领导，就十分可怕了。今天我们正

[12] 载文化部文学艺术研究院理论政策研究室编《文艺思想动态》1979 年第 13 期；又见文艺报编辑部编印《文艺情况》1979 年第 4 期（8 月 4 日）。

在恢复党的优良传统。过去曾经被林彪、“四人帮”败坏的党风和文风，决不能再延续下去了。王芝瑜说，令人不寒而栗的不是《简报》言论的本身，而是这些言论得到某些文艺界领导的肯定。于是有人说又要整人了，要小心啊！严重的是，它十分生效。有些人闭上了嘴巴，沉默了；有的杂志社安排发表“稳妥”的作品；有的电影厂更动计划；有的剧团变换剧目……“四人帮”的那一套，似乎又要“死灰复燃”了。水华说，看到《简报》我非常惊讶，感慨万千！怎么文艺界又出现了极“左”思潮的冷风，又来干扰文艺工作了呢？可见流毒太深了！要肃清它，还得作长期战斗啊！

第二，文艺战线要发扬民主，反对长官意志。与会者分析由《简报》而引起的形势变化，指出：粉碎“四人帮”已经三年了，文艺创作有了些生机，要发扬艺术民主，反对长官意志，打棍子、扣帽子、抓辫子那一套再不能重演了。陈强说，粉碎“四人帮”以来，我们还是跛腿伸不直，眼界狭小，视野不远。请一位同志到故事片厂厂长会议上讲讲话，谈一下他个人对艺术创作的见解，我们听了很受启发，这对我们解放思想，尽快把电影搞上去，起了推动作用。但是《简报》却恶狠狠地说，“文艺界有的人是起了带头羊的作用的”。这实在使人感到惊讶！严寄洲说，“长官”是一个贬词，是指那些不按客观规律办事，主观武断地要大家按他的意志去照办的那种领导。我们说艺术民主，反对婆婆多，自然是指那些不懂装懂、瞎指挥、乱发号施令的婆婆，那些“限制太死、调子太高、棍子太多”的婆婆，那些不利于文艺事业发展、阻挠“双百”方针的婆婆而言。可是《简报》说什么“但有水平的正确的婆婆还是需要”，好像别人全是无政府主义者，唯有他们才懂得要有领导似的。马德波说，属于艺术上的是非问题，不能用行政命令的方法去解决，不能作简单粗暴的结论，更不能发起什么“抓右派”的群众“斗争”，只能由文艺工作者根据马列主义的原理，根据艺术的规律，联系自己的创作实践去具体地、实事求是地分析，只能通过作家、艺术家的自由讨论去解决。

第三，《简报》的观点牵涉到对我们的队伍作怎么样的估计。大家认为，对电影队伍的估计，是不容忽视的问题，决不允许分裂我们的文艺队伍。袁文殊说，林彪、江青和陈伯达诬蔑我们的文艺队伍烂掉了，要重新组织队伍，是出于他们篡党夺权的目的，要从文艺方面打开缺口。奇怪的

是《简报》中也喊出同样的腔调，有的人也说要“组织我们自己的队伍”，这就令人惊讶了。我们的队伍有缺点，但并不是“四人帮”诬蔑的“臭老九”。而且几十年来有了很大的发展，现在已经成了无产阶级队伍的一部分。我深切希望对我们的电影队伍不要抱成见，更不要打棍子。成荫说，现在文艺界又出现了《纪要》的魔影，把文艺界说成是有一股“势力”，这股“势力”是从 30 年代来的，“是在俄罗斯和欧洲 18 世纪的染缸里染过的”，认为他们提倡艺术民主，其“实质是夺权”。这就把问题搞得严重化了。其危害在于分裂文艺队伍，违背了中央一再提出的“安定团结”的号召。都郁说，几年来，文艺作品刚刚有了一些个性，电影事业有了些生机。一些老一辈作家艺术家，还心有余悸。有人把一些老同志往帮帮伙伙上推，我们的队伍圈子不是越来越小了吗？

第四，文艺的新潮头是阻挡不住的。《简报》说什么“现在有一种新潮头，就是专写教师和知识分子，写工农兵的少了。”与会者说，在新长征的前进道路上，在为实现“四化”斗争的过程中，知识分子同样处于重要的地位。胡海珠说，今天，知识分子从“臭老九”和革命对象的地位变成了社会的主人翁，尤其在我国为实现“四化”的斗争中，知识分子是一支不可缺少的方面军。在文艺创作中表现知识分子的正面形象，和文艺创作描写工农兵的正面形象一样，应该是被允许的。因为知识分子在革命和建设中的地位和作用，早已被革命和建设的进程所证实。那种一见文艺创作描写知识分子，就立刻挥舞棍棒的现象，正是林彪、“四人帮”极“左”路线的流毒。陈默说，《简报》惊呼当前文艺创作中出了“一种新潮头”，而这种“新潮头”的实质是“反对文艺为工农兵服务的方向”。他们还耸人听闻地预言：“这样下去，毛主席的革命文艺路线不是也被否定了吗？”如果说，某些人所反对的文艺现象确实是一种新潮头的话，那么，这种新潮头最大的贡献正是冲破了《纪要》所设置的重重禁区，标志着我们的社会主义文艺真正走上了符合马列主义、毛泽东思想科学原理的轨道。我相信这种新潮头方兴未艾，必将发展成为波涛滚滚的洪流，任何力量都阻挡不了它的前进。

由冯牧的一次讲话所引起的这次公开论争，并非一场简单的笔墨官司，而是文艺界本来就存在着的两种思潮在粉碎“四人帮”以来的第一次公开交锋。对文化部某些人的这种突然袭击，冯牧自然是愤怒的，但也只是在私下里生闷气而已。他的知识分子性格决定了他对新生事物充满了热情，肯于奖掖青年作家，敢于仗义执言，但一旦压力来了，又往往容易感到沮丧。某些文化界人士抓住他的一些话和论点来加以挞伐，不过是表达他们对"左"的政策和理论的留恋，和对三中全会精神的不满和抵触而已。冯牧身上充满着文人的气质，讲话、写文章，激情有余，缜密不足，虽然经历过长期的阶级斗争和多次政治运动，却还是带着那样多的童稚之气，没有学会在有人存在的地方就要随时举起对付从旁袭来的长矛的盾牌。这是他的可爱之处，也正是他的性格悲剧所在。这次论争是在局部范围内进行的，乍看起来，由于思想解放的大的形势对发难者不利，加上反驳及时和有力，很快便消歇了，可是文艺界两种对立的思潮，却从来没有泯灭，在我看来，甚至在整个新时期都一直存在着、对峙着，时隐时现。

从1979年3月起，以《简报》的观点为代表，加上广州黄安思的《向前看呵！文艺》和河北李剑的《"歌德"与"缺德"》，汇集而成了一股否定三中全会的奇谈怪论。两种思想的第一次交锋，促使中宣部于8月初召开了一次有文艺界主要领导人物参加的文艺座谈会。

初遇"自由化"罪名

据罗荪同志1979年8月9日向我们编辑部的传达，文艺界本来就存在着的分歧，在中宣部召开的文艺座谈会上，公开暴露出来了。分歧的焦点集中在两个问题上：其一，关于建国以来十七年文艺形势的估计；其二，关于近两年多以来文艺形势的估计。至于分歧产生的导火索，却有不同的说法。一种意见认为，文艺界的分歧是从上文提到的文化部电影局的《简报》引起的。另一种意见认为，文艺界的分歧是3月间《文艺报》召开的文艺理论批评工作座谈会引起的。也有的人说，是真理标准讨论引起的。这样说来，导致文艺界分歧公开化的三件事中，就有两件是与冯牧和他所

领导的《文艺报》有关。

下面我们来谈谈《文艺报》1979年3月16日—27日召开的“文学理论批评工作座谈会”。“文学理论批评工作座谈会”是《文艺报》主持召开的。会议的议题之一，是总结三十年来文艺工作的经验教训。作为组织者，冯牧和孔罗荪两位主编，在会议的后期，邀请“文革”前担任文艺界领导工作、“文革”中受到严重迫害、“文革”后仍在文艺界担任着重要领导职务的陈荒煤、林默涵、周扬三位老领导到会讲话。他们每人讲了半天。21日是陈荒煤讲，22日是林默涵讲，23日是周扬讲。他们讲话之后，代表们进行座谈会讨论。陈荒煤和周扬的讲话，都没有引起什么大的争论。在23日上午的讨论中，代表对林默涵同志的讲话，主要是对十七年文艺工作的成绩和问题，发表了一些不同意见，我认为，也可以理解为是对林默涵同志观点的批评与商讨。

△ 《文艺报》和《收获》的负责人相聚于新侨饭店（1980年）
左起：阎纲、柴鸿逵、陈丹晨、李小林、刘锡诚、巴金、吴泰昌、吴强、冯牧、罗荪

默涵同志的讲话在会议上全文印发给到会代表。由于后来发生的一些误解，冯牧、孔罗荪和我们《文艺报》编辑部曾建议默涵同志将其公开发表，但我记忆中，好像一直未能公开发表。默涵的讲话分为三个部分：第

一部分，关于总结三十年的经验问题。有争议的就是这一部分。他的讲话说："(在十七年的文艺工作中）我们肯定有'左'的错误，但是这里面也有复杂的情况。我们一方面犯'左'的错误，一方面又感到有'左'的问题，多次提出克服'左'的错误。""认为'四人帮'的极左路线就是从十七年的'左'倾文艺路线发展起来的，这个问题值得商榷。我感到现在还很难论定，因为这和政治路线是分不开的。"第二部分，关于文艺工作重点转移的问题。第三部分，关于文艺批评问题。后两部分代表们没有提出什么不同的意见。

会议简报组把讨论中的不同意见归纳罗列了一下，分列于"关于总结三十年文艺工作的经验教训"、"如何估计思想战线的形势"、"关于为民请命"、"学术上的评价不要以官方姿态出现"四个小标题下，没有注出发言者的姓名，登在大会《简报》第 18 期（3 月 23 日）上。鉴于江苏省《雨花》编辑部的陈辽同志等对林默涵同志的讲话中对十七年文艺工作的估价等问题发表的意见较为系统，简报组专门为他出了一期《简报》，即第 19 期（出版日期也是 3 月 23 日）。

陈辽的发言谈了 6 个问题。现将陈辽发言中的三点引在下面：

> 一、关于十七年文艺工作中的缺点错误，主要是"左"还是右的问题。十七年我们基本上是执行了一条马克思主义的文艺路线。"左"倾机会主义的文艺路线，应该从林彪、"四人帮"算起。因为有了林彪、"四人帮"，才不仅有一整套"左"的修正主义文艺理论，而且有宣扬左倾修正主义的文艺作品，有像"初澜"、"梁效"、上海写作班子这样一支"御林军"。问题是对十七年我们文艺工作中的缺点、错误究竟主要是"左"还是右要作出明确的、正确的回答。默涵同志的讲话，未能明确回答这个问题。他只是说，"前十七年，基本上是执行毛主席革命文艺路线的，但在工作中有右的，也有'左'的错误"。笼统地这样说，并不能很好总结三十年的历史经验教训。因为它没有回答哪一种错误是主要的，这样，我们就不能真正吸取三十年来的历史经验教训，避免重犯过去的错误。默涵同志讲话中又讲了这么一句话："林彪、'四人帮'也确实利用了我们工作中某些右的错误。"给人的印象是我们十七年文艺工作的错误主要是右。
>
> 二、关于林彪、"四人帮"的"左"倾机会主义文艺路线和我们文艺工作中的"左"的错误有无联系的问题。我们工作中的"左"的错误和

林彪、“四人帮”的篡党夺权，搞反革命，有着根本的区别，这一点是必须肯定的，也是毋庸置疑的。问题是，我们文艺工作中的“左”的缺点、错误和林彪、“四人帮”的“左”倾机会主义路线，有无联系。具体地说，林彪、“四人帮”的“左”倾机会主义文艺路线是突如其来的呢，偶然发生的呢，还是我们过去十七年文艺工作中的“左”的缺点、错误的发展，对林彪、“四人帮”“左”倾机会主义路线的形成，两者之间是有一定的内在联系的。否则，我们就不能解释，为什么林彪、“四人帮”推行“左”倾机会主义路线时，我们处于无法招架的地位。问题就在于，林彪、“四人帮”从反革命的政治需要出发，大大利用了我们过去文艺工作中的“左”的缺点和错误，并把它发展到了顶点，形成了一条“左”倾机会主义路线。否认或者回避我们十七年文艺工作中的“左”的缺点、错误和林彪、“四人帮”“左”倾机会主义路线之间有着某种联系，是不可能很好总结30年来的历史经验教训的。

三、默涵同志批评了当前的所谓感伤文学。但是他没有举出具体作品，因此我们不知道默涵同志心目中的感伤文学究竟是些什么内容。我也不主张感伤文学，革命文艺应该如毛泽东同志所说的把生活中的矛盾和斗争典型化，造成文学作品或艺术作品，使人民群众惊醒起来，感奋起来，推动人民群众走向团结和斗争，实行改造自己的环境。《伤痕》是不是感伤文学呢？《醒来吧，弟弟！》、《枫》、《阴影》是不是感伤文学呢？我以为不是，这些作品感伤情绪是有一些的，但总的倾向是揭批了“四人帮”，能够鼓舞我们与林彪、“四人帮”作斗争，实行改造自己的环境。默涵同志说鲁迅的作品没有一点感伤情绪，这也不符合实际。《伤逝》、《在酒楼上》、《孤独者》这些作品就没有一点感伤的情绪吗？“两间余一卒，荷戟独彷徨”，鲁迅本人也还有感伤情绪呢！

默涵同志有我们编辑的会议《简报》，他当时就是看到了代表们在讨论他的讲话时的发言，知道大家对他的观点的意见的。他的讲话我们也是全文印发会议代表的。但我们没有及时向他报告和沟通，难免产生一些误解。果然，默涵同志对《文艺报》的做法有了意见，当然也是对冯牧的意见。会议闭幕后，4 月 18 日，冯牧、罗荪召集编辑部主任谢永旺、副主任刘锡诚、陈丹晨到办公室，对我们说：“林默涵同志给我们二人写了一封信，说文学理论批评工作座谈会上有些同志对他的讲话一一驳斥，江苏声言还要开会对他进行讨伐，而我们也不对他说一声。”大家简单地研究了一下，议定：跟林默涵和周扬打招呼，请他们把讲话稿整理后在刊物上发表。显然，林默涵同志对冯牧、罗荪有了意见，他可能得出这样一个印象：陈辽等同志在会上对他的讲话“一一驳斥”与冯牧有关，至少他们没有制止，或事先跟他打个招呼。据我所知，文艺理论批评座谈会上不少同志对默涵同志在过去领导文艺工作时期的错误，缺乏自我批评精神，但会议上的发言对默涵同志观点的批评，并非冯牧的唆使或暗示，而是两种思想发展的必然结果。但这件事在默涵心里埋下了对冯牧和《文艺报》编辑部不满的种子。这件事情与文化部电影局的 8 号《简报》事件相继发生，就自然而然地成了中宣部于 8 月初召开的文艺座谈会的近因。而且中宣部文艺座谈会上的争论，实际上也就是围绕着这两个事件，或从这两个事件引申出来的。与《“歌德”与“缺德”》不同，这两个事件都牵涉到文艺界刚刚形成的领导核心的成员，所以也就不可避免地成为以后两种思想长期对立的开端。

一个时期文艺报刊上发表的一些作品和文章，也引发了理论上的论争和思想上的对立。先是广州的黄安思（即广州市委宣传部副部长黄文俞）在 1979 年 4 月 14 日《广州日报》上发表的随笔《向前看呵！文艺》，接下来《河北文艺》1979 年第 6 期发表了李剑的《“歌德”与“缺德”》。这两篇文章否定三中全会以来文学的巨大成绩，否定思想解放运动的积极成果，作为一种思潮的代表，引起文艺界的广泛批评。北京的《十月》1979 年第 3 期发表的刘克的中篇小说《飞天》；上海人艺上演的沙叶新、李守成、姚明德的话剧《假如我是真的》（又名《骗子》、《我要有个好爸爸》）；《诗刊》1979 年 8 月号发表的叶文福的《将军，不能这样做》等，引起了热烈的讨论和激烈的批评。

在全国政协二次会议（6 月 15 日—7 月 2 日）上，有代表批评文艺界有人不赞成自卫反击战，点名批评《文艺报》提倡创作自由，对一些有错误倾向的作品不进行批评，说文艺界形势糟得很。《文艺报》的编辑同志们也听到了一些矛头对着《文艺报》的传言。说什么《文艺报》是搞小圈子，《文艺报》是右派掌权。来自河北省文艺刊物的消息说，省里领导已通知，决定不再发表揭露“四人帮”的伤痕文学了。来自四川省的消息是，四川

有关当局召集了成都和重庆两市的文学刊物会议,决定不再发表伤痕文学了。

针对着政协会议上的意见和文艺界的议论，6 月 22 日—29 日，冯牧和孔罗荪来到编辑部，连续召集全体会议，组织大家讨论当前文艺形势问题。首先由编辑部主任谢永旺向大家转达了一些信息，包括政协会议上有人对我们的指责。大家纷纷发言历述我们所作的事情，如何符合三中全会的精神，明确认识到有一股反对三中全会的力量，利用和抓住一些有缺点有错误的作品，正在活跃起来，并向思想解放的文艺界扑过来。为了对付外界有些人对《文艺报》搞自由化的指责，冯牧提出：有些年青作家担心本来就数量不多的坚持真理的作家也退缩了。编辑部要团结一致，坚持下去。要继续坚持双百方针。要组织这类的稿件：文学要继续反映揭批“四人帮”的斗争；文学要反映人民内部的矛盾，如反官僚主义；要塑造新人形象。他还预言，在即将召开的四次文代会上，可能会在三个问题上爆发争论：第一，30 年来文艺工作的经验教训；第二，文艺如何为“四化”服务的问题（典型问题，创作方法问题等）；第三，如何评价三年来文艺创作和文艺思想的状况（现在文艺界流传着“当前文艺形势与 1957 年夏季差不多”的说法）。要我们有所准备。怎样准备呢？在 29 日的全体会议上，冯牧又说：在面临这场大辩论前，《文艺报》要做到：第一，要旗帜鲜明；第二，采取适当方式把一些重要问题提出来。周扬同志在研究文代会延期的问题时说：多少年来没有研究清楚的问题，如文艺与政治的关系问题，人性论与人道主义问题，要搞清楚。对理论问题，要切切实实进行研究，既要有批评，也要有自我批评。第三，《文艺报》要把三年来的文艺创作做点调查研究，究竟是好得很，还是糟得很？要做出回答。

经过几天的编辑部全体会议的讨论，我们充分意识到，冯牧同志及《文艺报》正面临一场风暴。而这场风暴是一股反对三中全会的势力发动起来的。

鉴于政协会上指责文艺界不赞成自卫反击战的言论，孔罗荪布置我们，近期内发一篇有关自卫反击战的文章。我们立即在第 7 期上约洁泯赶写了一篇《人民不朽——读对越自卫还击战的若干报告文学》。同期，我们开始发表关于从维熙以监狱劳改为题材的中篇小说《大墙下的红玉兰》的讨论。

好在在中宣部召开的文艺座谈会上，胡耀邦同志和副部长廖井丹同志、朱穆之同志的讲话，都肯定了两年来文艺战线的大好形势，肯定了文艺作品在揭露和批判“四人帮”的罪行、促进思想解放方面的作用，旗帜鲜明地批评了“糟得很”论。耀邦同志说，这两年来的文艺形势，有人认为糟得很，乱得很，把“感伤文学”、“暴露文学”、批判现实主义等，加在这两年来的文学头上。还有的人讲，这两年里的文艺脱离了社会主义道路，走上了毛泽东思想的反面，是砍旗；有的文章反对工农兵方向，反对六条标准，反对写工农兵英雄人物。总之一句话，就是右。表现最突出的是《“歌德”与“缺德”》，还有一篇《向前看呵！文艺》。有的同志则说，这两年来的文艺发展形势很好，特别是话剧、短篇小说，有很大突破，不仅突破了“四人帮”设置的种种禁区，而且在题材、思想和方法上也突破了十七年的文艺。尽管在艺术上和技巧上还不成熟，但应予充分的估计。这个分歧，除了《“歌德”与“缺德”》、《向前看呵！文艺》外，还集中表现在文化部电影局编印的《简报》上，它反映了有一部分人对当前文艺形势的看法，说我们的文艺是社会混乱的“带头羊”，说我们今天面临着1956年的形势，说要来一个反右，甚至连“夺权”也提出来了，说什么提倡艺术民主，实质上就是要夺权。这些话过去有人讲过，现在又有人重复，令人吃惊。当会上有人发言说现在形势有着从来没有过的混乱时，胡耀邦同志说：应该说是“活跃”更恰当一些。廖井丹和朱穆之都强调指出，要消除极左的影响，还要花很大力气，因为“左”的思想，有很深的社会根源。对“四人帮”极左的流毒不能低估。

第四次全国文代会在即，这次关于“自由化”的责难就这样过去了。

第四次全国文代会于10月间在北京召开。中央根据整个国家的形势提出了战略转移，即从揭批“四人帮”的第三战役，向四化建设转移的决策。在这样一个时刻，《文艺报》在冯牧的主持下，适时地于1979年10月24日和12月8日在北京新侨饭店召开了文学怎样“反映人民内部矛盾问题座谈会”。第一次会议到会的作家评论家有：陈荒煤、王蒙、韦君宜、白桦、刘宾雁、苏叔阳、崔德志、孟伟哉、金敬迈、叶文福、赵寰、张锲、舒展、钟惦棐、洁泯、王春元、缪俊杰、秦晋、林克欢、邢益勋、陈骏涛等。第二次会议到会的作家评论家有：李曙光、公刘、从维熙、涂光群、王云缦、严家炎、黄秋耘、钟惦棐、朱寨、张炯、张兴春等。两次会议就文学反映如何反映新时期的矛盾，如反封建主义、官僚主义，文学能否和如何干预

生活，提高文学创作的艺术水平等，当时文学发展中遇到的现实问题进行了探讨，以图推进文学从揭批“四人帮”转向新的现实生活。

关于文艺方针的分歧

1979年文学创作是大丰收的一年。第四次文代会的召开及周扬的报告，对三年来文艺的成就做了总结。邓小平的祝词和胡耀邦的讲话，都对三中全会以来文艺的成绩给予肯定性的评价。会后又用中央的名义发了一个文件《中共中央关于认真学习第四次全国文代会精神的通知》。但文艺界的两种思想的对立，并未因此而得以消除。中国戏剧家协会、中国作家协会、中国电影家协会于1980年1月23日—2月13日联合召开了剧本创作座谈会，请胡耀邦同志作了长篇报告。剧本创作座谈会之后，《文艺报》所受到的指责越来越多，越来越凶。其罪名如：对青年作家只捧不批，冷落老作家；对带有倾向性的作品和评论，不进行批评，不敢碰，旗帜不鲜明，搞小圈子……。事情一直惊动到中央。

面对着各种来自公开的或私下的指责，一向胆小怕事的冯牧，一直是在忐忑不安中度日。即使这样，他还是提出了一系列设想和要求，想促进和提醒作家们走出单纯写文革“伤痕”的狭隘境地，扩大题材，以扭转被动局面。他同时还提出，《文艺报》要发表一些能够反映文学发展全局面貌的文章，要讲清三中全会后三年来的文学创作是前进了还是后退了，要讲清三年来的文艺批评在拨乱反正、正本清源中取得的成就。他在1980年3月31日召开的编辑部全体会议上说，判断文学形势的标准是：出作品、出人才、出思想。中篇小说取得成就是有规律性的，是时代性的。现在我们拥有中青年作家大约有100多人。评论家要集中力量研究创作，如25篇小说（《人民文学》评选得奖者），500篇评选中提名的小说，或100部中篇小说。也要研究一些有不好倾向的作品。

冯牧在1980年3月5日主持了《文艺报》召开的农村题材小说创作座谈会。这次座谈会以北京作家为主，应邀参加的有：刘绍棠、管桦、浩然、林斤澜、姚鼎生、涂光群、叶文玲。冯牧在会上发言指出，从当前创作来看，农村题材小说创作与整个创作之间确实存在着一定的差距，没有起到应起的作用。农村正在发生着深刻变化，认识和研究这个变化当然需要时间。在这个意义上，我赞成有些人提出的"距离论"。但作家不能因此而缩小自己的视野。过了一个月，4月8日，又召开了第二次农村题材座谈会。这次应邀参加的主要是外地作家，有古华、乔典运、申跃中、韩石山、贾大山。他们都是当时引人瞩目的农村题材作家。

作为中国文联党组书记的周扬，在第四次文代会上当选为中国文联主席后，对《文艺报》一直十分关心。他提出了文艺理论上的四个问题，要我们研究。他也听到了和感受到了外界人士对《文艺报》的意见。这其中当然有建设性的，也有来意不善的。3月7日文联党组扩大会议传达五中全会精神时，周扬就在传达中夹带上了魏巍对《文艺报》的意见。他说，魏巍找过我，说《文艺报》只能发表一种意见，只能发表揭露性的作品。9月5日，冯牧到编辑部来，向我们传达了周扬对《文艺报》的意见：文联的工作主要是两项，一是舆论、一是服务。舆论工作，《文艺报》总的情况是好的，但也不能满足，还没有形成一个有力的思想阵地，一个集中、鲜明的文艺战线的舆论阵地。版面给人以散的感觉。举例说，中央重新制定的发展社会主义文学艺术的总口号问题，《文艺报》本应大张旗鼓地予以宣传，但却没有给人一种态度鲜明的印象。《文艺报》应成为一个有战斗力的刊物，形成有力的舆论。《文艺报》编辑部一再强调自己不是机关刊物，而是群众刊物。不管什么刊物，要宣传党的方针，要成为权威性的刊物。当前大的形势不稳定，文艺的形势也就不十分稳定。稳定性来自什么？稳定性取决于坚定性。但从《文艺报》的版面上，却看不到始终一致的鲜明的态度。《文艺报》还是要提高战斗性，形成一条战线。文艺局意见很大，7月26日的人民日报社论《文艺为人民服务，为社会主义服务》发表后，《文艺报》始终不表态，表现得毫无兴趣。你态度不鲜明，别人就把旗帜抓起来。有人反映，《文艺报》有同仁刊物的色彩，组稿面太窄，观点上就是自己一家，对不同意见的稿件不予发表。《文艺报》还是要努

力争取反映不同意见的稿件。有些问题，可以拿到刊物上去讨论，如方针政策、体制问题，作品更可以讨论。地方上对文艺的粗暴干涉，为什么不可以揭露？文联要形成舆论力量，要形成拳头，就要让不同意见发表出来。《文艺报》要改版，就要名副其实地反映全国的情况，使读者能在版面上看到全国文艺发展的基本面貌。现在在注意对新的形式的探讨，我也赞成。国家进入新时期后，恢复了与外国的联系，我们长期对外国的情况不了解，要多介绍些。最近这一期，我有一种感觉，有的文章不大愿意提马克思主义和阶级分析，宁愿用一些含糊其辞的概念，人性美啦，人情美啦。我们的评论文章还是要用马克思主义的语言。人性美、人情美等，偶然用用是可以的，但这类带感情的词汇，不周密，不科学，不要造成这样的印象：马克思主义不行时了。文风上也有所改进。现在文风不生动，不活泼，板起面孔教训人。

当时任中宣部副部长的贺敬之也对《文艺报》提出一些意见。其时，在对文艺工作和文艺问题上，贺敬之与周扬、冯牧等还是非常一致的，还没有出现像后来那样的分歧甚至对立。他说：我很同意周扬同志的意见。《文艺报》理论上很分散，不集中，与周扬同志、与文艺局很少联系。过去一段时间注意宣传文艺工作的指导思想不够。举例说，第一，对两个最重要的问题没有表态：一个是文艺方针问题，一个是“二为”问题。对中央的决策，应取积极的态度嘛。第二，从今年（1980年）初起，胡耀邦同志就强调，要提出重大任务，作家要与时代相结合，积极反映时代。中央政治局提出了消除封建思想的问题。对此《文艺报》却不积极宣传。

文艺界的分歧，实际上是当时文艺领导核心中的意见分歧。而《文艺报》是最容易被人抓住的一个刊物。从1980年10月23日起，周扬邀请夏衍、刘白羽、林默涵、张光年、冯牧、陈荒煤、贺敬之、赵寻等人在他家里开“老同志谈心会”。会议开了多次。他想通过此种形式解决他们这些文艺界领导中的不团结或分歧问题。其间涉及的问题相当广泛，如刘白羽对陈荒煤悼赵丹文章的意见，林默涵对伤痕文学的意见。他们的分歧，在许多事情上都与《文艺报》有关。因此《文艺报》成为老同志谈心会的焦点之一。11月4日冯牧在老同志谈心会上发言，他着重谈的就是他同林默涵之间的意见分歧。6日贺敬之也发表了他对《文艺报》的意见，真是唇枪舌剑，两种思想观点各不相让。周扬虽然出于好心，但并不能解决问题于万一。11 月 13 日周扬在谈心会上作总结发言。他谈的四个问题中的第一个问题，就与《文艺报》和冯牧有关。他说：

> 文艺界老同志有些争论，能开诚布公地讲出来，态度诚恳，开始形成正常的批评与自我批评的空气。领导中有分歧，不奇怪，没有分歧倒是奇怪了。经过 30 年，特别是近十几年的曲折发展，一部分同志对文艺问题产生了不同见解，不仅不奇怪，甚至是不可避免的。回顾 4 年来，没有抓紧解决，我有责任。现在如果再不冷静地看这些问题，不行了。今天全国形势比以前任何时候都更有利于解决思想界、文艺界的争论和分歧。前一段，只想弥合一下，现在看来不能解决问题。我是看到了，但抓迟了。有一种说法："文艺界是三国演义。"几个方面的同志都是文艺界的领导，应该互相交流，不讨论不交流不争论，在重大问题上观点统一不起来是不好的。现在这个会，至少是能交流，恢复了批评与自我批评的作风。可以有不同的态度，但有两种态度和做法是错误的：一种是无限上纲；一种是自由主义，不闻不问。这两种态度都无助于矛盾的解决。一是扩大矛盾，一是无视矛盾。无限上纲，可能"左"的影响更厉害一些。"左"，我们有很长的传统，根深蒂固。现在文艺界的争论，有没有路线分歧？必然有。思想政治路线，都存在不同的立场，必然反映到文艺上来。对路线问题持有不同看法，但不能扣上路线错误的帽子。一些同志的自由主义，另一些同志的思想僵化，都不要扣帽子。不要随便说某人是"凡是"派的代表。说某人反对"四个坚持"，群众怎么说我们没法禁止，我们不要在意，同时要引起我们注意。不要害怕人们背后议论我们。让人家背后不议论我们，不可能。过去我苦恼过，现在我不苦恼了。哪个人背后不遭议论？有人还说我们是延安派、鲁艺派呢。这一两年来，我很少批评别人，但这不是想抓选票。我有一点问心无愧，党中央决定了要我做什么，我坚决执行。总之，对一些议论要采取正确的态度、批判的态度。既不盲从紧跟，又不要自由化。对自己的工作，一定要采取谦逊态度，感到自己工作的不足，努力使自己做到能听不同意见。这点讲起来不容易，做起来更不容易。有些同志不能听不同的意见，只能听好的意见、奉承的意见。要形成能听不同意见的空气。主要是解决如何正确对待自己的问题。

老同志谈心会上的意见分歧，周扬点名指出了争论双方的代表，一方是刘白羽和林默涵，一方是陈荒煤和冯牧。涉及到的具体问题很多。除了上面提到的一些大问题外，占很大分量的是，指责冯牧和他主编的《文艺报》对一些错误观点不进行批评，如对赵丹遗言的宣传问题，发表沙叶新的文章的问题，王若望在上海静安区竞选问题，陈登科和赵梓雄文章里说“政治家没良心、艺术家有良心”的问题，等等。

这一阶段，冯牧在外面开了会，就很快回到编辑部来向我们通情况，要我们谨慎从事。12 月 25 日，冯牧又就中央工作会议上涉及到的若干问题向我们作了通报。他说：

> 现在正在开中央工作会议，会上许多同志提到宣传战线，包括文艺战线和文艺生活中存在的一些问题。胡耀邦同志把思想政治工作会议上的讲话《做一个彻底的唯物主义者》一文中有关文艺工作的部分删去了。他提到文艺战线如何适应当前面临的情况，不能把重点放在揭露阴暗面和丑恶的东西上。任何时代的文艺都不能没有批判性，没有批判性的文艺是不完全的。现在的主要矛盾是如何对待社会主义建设中的困难。大多数人承认 4 年来文艺的成绩很大，但现在的问题是，在承认主流是好的前提下，如何估价文艺战线的弱点和不足，把文艺引导到对全党全国的神圣使命起更积极的作用上来。《啊，父老兄弟》把事情闹大了，武汉有关部门把这期刊物撤掉，这当然是横加干涉，我们不同意这种做法。好多刊物出来支持，不冷静。天门县本是个假红旗单位。问题的解决是妥善的，这样的县，要大刀阔斧地去解决，波动就会很大。作者迫不及待地想出名，没有经过有关部门同意就公开发表了。结果文章出来后，天门就大闹起来了。文艺对社会有影响。真人真事会给下面带来麻烦。刘宾雁的《人妖之间》也有这样的问题，叫人抓住小辫子。写文章，既要切中时弊，又要考虑效果嘛。陈沂在思想政治工作会议上点了罗荪的名，说我们反对三中全会。我写的文章是肯定 4 年来的文艺的，现在还是这样的观点，反对三中全会的不是我们。评价文艺的成就，离不开整个国家的形势，要把文艺放在这样的背景下考虑：对国家、对经济发展基本上起了促进作用；出了人才，出了作品，出了理论，出了经验。现在分歧在哪里？肯定成绩问题不大，分歧在于对问题的估计。天门事件我们就没有想到。当时我主张把文章抽下来。抽下来是对的。王若望在《安

徽文学》上发表的“御用”文章，把文人分为两类。他说他是针对着刘金的。岂止如此？他又搞竞选，这样一来，王若望可能走到尽头了。（孔罗荪插话：陈沂说上海有三个持不同政见者，一个是巴金，一个是王若望，一个是白桦。）王若望一年来发表的文章，够持不同政见者了。江苏几位同志发表的言论（按：主要是指顾尔谭的文章），也是乱打一通，强调安定团结，不是和稀泥。胡耀邦批评文艺界没有声音，是很婉转的，要求《文艺报》能顾全大局，把维护安定团结放在首位。他说，文艺的成绩是主要的，但方向和目的有问题。他要求文艺界要发出声音，是发出时代的声音。他要求《文艺报》要有鲜明的态度，同党中央站在同一立场上，把文艺创作引导到正确的方向上来。小说创作有问题，但问题不是很大。《我是谁？》明明不大健康，有人就一定说很好，是非不明。《文艺报》要开个会研究研究，希望文艺界发出更响亮的声音，在发展社会主义生产的目标下，发出振奋人心的力量，不要使读者失望。我们不举这个旗帜，《时代的报告》就会举。我不主张与《时代的报告》采取针锋相对的立场讨论问题。小说《飞天》发表后引起了批评，[13]而《十月》的文章却百分之百地肯定《飞天》。《文艺报》发表沙叶新的文章，也引起很大的波动，几个会议上不断谈起它。文章里有几句话确实不好。（孔罗荪插话：我们登了陈荒煤和凤子的文章后，就算了。）我也不愿意把此事搞大。客观地想想，《文艺报》这样的刊物，发表这样的文章，安徽马上就公演《假如我是真的》，还登广告欢迎外省来观摩。上海知青闹事，阿克苏地区的知青返回上海。做实际工作的赵紫阳同志，对思想战线很头痛，不合作，一再向文艺界呼吁维护安定团结的局面，与中央发出同样的声音来。现在自发刊物全国有五六十家，文艺界有些同志也头脑发热，纷纷要搞同仁刊物。我们要维护安定团结，行动起来，发出时代的声音，满足广大群众的精神需要。

牵扯到的事情很多，分歧显然是相当深刻的。但我们对于四年来文艺所取得的成绩是坚信不移的，对我们自己的态度和行为也是心中有数的：我们是三中全会精神的坚定的拥护者。但我们听了冯牧传达和他自己的一

[13]《飞天》发表后，《解放军文艺》1980 年 9 月号发表了燕翰的批评文章《不要离开社会主义的坚实大地》。

片忠言，却感到了问题的严重。连“二唐”也感到了问题的严重和肩上担子的沉重。唐达成说：“一片哀叹改变不了现状，国民党时期那么黑暗，鲁迅还说文学是指引国民前进的灯火。”唐因说：“现在多数作品拘泥于个人的悲欢，而不注意国家命运。文艺要在多难中兴邦。”

尽管领导上一再呼吁团结，到了第二年即1981年的春天，在文艺领导层中两种思想的分歧不仅没有解决的迹象，甚至更加剑拔弩张了。1981年3月23日，罗荪来编辑部说：《人民日报》社论发表后，各地纷纷打电话来询问。冯文彬回答说，澄清了经济上反“左”、意识形态反右的问题。上海的陈沂同志有个讲话，说上海基本上没有贯彻第四次文代会的方针和精神，四次文代会是否正确还是个问题。现在看来，分歧仍然是坚持三中全会还是反对三中全会的问题。四次文代会是胡耀邦同志抓的，周扬报告是政治局讨论通过的，有人却认为第四次文代会上自由化是主要的，现在应该反自由化。

一波未平，一波又起。中宣部文艺局正在处理顾尔镡的文章《也谈突破》、安徽《戏剧界》的问题时，白桦的电影文学《苦恋》（影片名《太阳和人》）的问题又出来了。4月22日冯牧跑到编辑部来，慌慌张张地向我们通报情况。他说，关于电影《苦恋》，《解放军报》连续发了5篇文章。有些作家紧张起来了，反映很强烈。大家不要对一些问题想不通，以免造成新的失误。那样，有人就会不饶你。要慎重，这几期要特别注意，个人写文章也要注意，要与中央保持一致。像《十月》那种顶的办法（按：指《十月》在小说《飞天》上的态度），不好。昨天中宣部开了个会，研究了《解放军报》的文章（指黄钢批《苦恋》的文章）。我们对《苦恋》先不要急于表态，等等中宣部，按中宣部的决定办。新华社和人民日报都不转载《解放军报》的文章。周扬的文章（指四次文代会的报告），原定发在（《人民日报》）第5版的，现在决定提到第2版。我们按周扬文章的精神办。

冯牧说，当前有四件大事，请大家注意。第一，文艺界对三中全会以来的文艺形势的估计，有两种意见。一种意见认为，基本上执行了党的三中全会路线，也出现了一些错误，对这些错误批评不够；另一种意见，则基本上否定第四次文代会制定的文艺方针，认为四次文代会是否正确，还是个问题，实际上，就是不赞成新的文艺方针。第二，出现了两个口号的对立。第四次文代会制定了新的文艺方针，即文艺为人民服务、为社会主义服务和百花齐放、百家争鸣。中央为此也做了决定。但现在对这个方针出现了不同看法。他们攻击和抵制“二为”，他们认为“文艺为政治服务”这个口号不能丢。第三，在队伍的估计上，主要是对中青年作家怎么看。第四次文代会实际上解决了中青年接班的问题。但有人说：你们对中青年的缺点错误不批评，把他们搞成这个样子，难道你们不负责任？他们抓住安徽《戏剧界》和顾尔镡的文章不放。我们的态度是，一对中青年作家的缺点要帮助，不要护短；二是要注意对老作家进行评论。第四，又接连着出了几桩大的事件。《苦恋》是其一。此外，《花溪》上发的苏晨的文章，《清明》1981年第1期发表的小说《月华皎皎》，都应批评一下。

正在这时，传来胡耀邦同志的一个电话指示：一是要多表扬好的作品；二是对有缺点的作品要多疏导，帮助改好；三是对有严重错误的作品可以批评，要与人为善。面对这样复杂而紧张的形势，我们编辑部采取了几项对策。对文学三项（短篇小说、中篇小说、诗歌）评奖的成就要进行宣传。给广东出版局发电报，征求他们对苏晨文章的意见，然后作出决定，我们怎么办。顾尔镡思想解放，是拥护三中全会精神的，为了对顾尔镡文章表态而又做到保护顾尔镡，决定转载《新华日报》发表的批评《也谈突破》的文章，我们自己就不写文章了。（后又决定不转载《新华日报》的文章，由陈丹晨另写一篇。最终这篇文章并没有写。）至于白桦，他写过许多好的作品，现在出了《苦恋》事件，我们要全面对待他的创作，决定先发一篇评论白桦戏剧的文章，由钟艺兵执笔，另由唐因写一篇《〈苦恋〉及其评论》批评文章。

1981：第一次反自由化

刚迈进1981年的门槛，就有消息传来，中宣部部长王任重在年

初的一次中宣部办公会议上严厉地、“粗暴”地批评了《文艺报》。[14]我记得在向编辑部传达这个讲话时，还有《文艺报》是“右派骨干掌权”、要进行人员“调整”一类叫人心惊胆战的话。因为在《文艺报》的历史上，这类的政治整肃进行过不止一次了。难道粉碎“四人帮”才三四年，就又要重演了？我们感到了一种肃杀之气。特别是当时担任副主编的唐因，以及还尚未任命为副主编、就其地位而言当然是编辑骨干的唐达成，他们在1957年在《文艺报》工作时被错划为右派，被清除出文艺队伍，“改造”的时间长达20多年，刚刚归队没有多久。所谓“右派骨干”云云，无疑是指他们二位，显然是有人指名告了御状了。如果真的定性《文艺报》有那样多那样大的倾向性问题，那么我们这些人也难以幸免，要准备承受。

2月12日开始，中宣部召开有120人参加的“文艺部门党员领导骨干会议”，周扬作动员报告，要求大家提高和统一认识，同党中央在政治上保持一致。实际上就是采取整风的方式，开展批评与自我批评。[15]由于参加这次会议的有100多人，原来限制在文艺界领导成员中的分歧，一下子公开化了。会上，除了黄钢对周扬的公开批评外，林默涵在会上阐述了他和周扬、陈荒煤、冯牧及《文艺报》等在文艺问题上的四点分歧。在文学组的会上，作为作家协会党组书记的张光年，也对《文艺报》对消极现象批评不力提出了批评。在整个作家协会的工作中，《文艺报》的问题成为要检查的两个重点单位之一（另一个是《新观察》）。《文艺报》第二主编罗荪在2月28日作协党的生活会上，就《文艺报》发表沙叶新文章《扯“淡”》（《文艺报》1980年第10期）的问题，进行了检讨，但他只是承认这篇文章的“处理经过有缺点”而已。沙叶新的《扯“淡”》一文，矛头是对着在中央直接领导下、由中国戏剧家协会、中国作家协会、中国电影家协会联合召开的“剧本创作座谈会”的。沙文认为“剧本创作座谈会”的召开软禁了

[14] 参阅张光年《文坛回春纪事》第221页，海天出版社1998年。1月30日的日记载：“上午去作协会议室同罗荪、张僖、荒煤（迟到）、唐因、唐达成、谢永旺谈《文艺报》学习、改进、组稿问题，罗荪转达了陆石传达的王任重前天在中宣部办公会议上对《文艺报》的粗暴批评（甚至谈到编辑人员要调整）。”

[15] 周扬的讲话题为《联系实际，总结经验，认真学习中央工作会议文件》，发表在《文艺报》编印的《文艺情况》1981年第4期（3月10日出版）上。

三个干预生活的现实题材的剧本：《假如我是真的》、《在社会档案里》和《女贼》，开了变相禁戏的先例。因此发表针对着“剧本创作座谈会”的沙文《扯“淡”》，就成了《文艺报》鼓励错误言论的资产阶级自由化的表现之一。罗荪这样轻描淡写的检讨，显然是过不了关的。冯牧因病住进了医院，没有参加这次会议，但在各方压力下，向周扬递交了一份书面检讨，说发表沙叶新的文章，说是一个政治错误，自己上纲上线，请求给予处分。他在政治风浪面前常常沉不住气，惊慌失措，面对着在发表沙叶新文章问题上来自各方面的批评和责难，而给周扬写的这个书面检讨，大概就是这样一种心态使然。发表沙文，在《文艺报》来说显然是一个错误，至少是极不慎重的，因为这篇文章的主旨是与中央的战略、与胡耀邦在会上的讲话精神相悖的，作为刊物的主编，冯牧和罗荪固然难辞其咎，但只要我们下面作编辑工作的（包括唐因）作一检查，由他们出来承担领导责任也就行了。从另一方面来说，要承认，冯牧不把责任推给下面，而且想通过自责来保住《文艺报》，也真是一个好领导干部的一片苦心。正在追查《扯“淡”》之际，甘肃省的文学刊物《飞天》第2期发表了陈丹晨的文章《自由的文学与资产阶级自由化》，因为陈文中触及了刘白羽同志的一些观点，所以也颇为对方注意，因为陈丹晨是《文艺报》编辑部副主任，又分工主管理论，所以被说成是当时出现的、甚至与《文艺报》及其编辑思想有关的几篇资产阶级自由化的代表作之一。

这段日子里，我正受命主持由《文艺报》主办的第一届中篇小说评奖的初选工作，与来自全国各地的评论界同行藏在饭店里，与外面隔绝，潜心阅读、自由争论，对文艺界高层的这些尖锐斗争虽偶有所闻，但对其究竟不甚了了。冯牧对作品最有发言权，但他病得不能到场指导，副主编唐因管得多些。由于文艺界两种思想的对立，我们所选定的一些作品，甚至连周扬、张光年、冯牧这几位通常被认为是思想解放的领导人也都顾虑重重，怕我们所肯定和提倡的《如意》、《三生石》、《代价》等作品中多反映“人性的复归”、“人的尊严”思想，会被对方抓住说成是提倡资产阶级人性论和资产阶级自由化，怕我们所肯定和赞扬的《犯人李铜钟的故事》把社会阴暗面写得太惨太烈。对这些作品，初始他们都不大赞成给奖，犹豫再三。参加初评工作的评论家们，来自各地，相对来说都还年轻，初生牛犊

不怕虎，与那些盯着《文艺报》和冯牧的人又没有多少瓜葛，因而没有更多的考虑，始终坚持自己的看法。作为领导，尽管有外界的干扰，他们还是在很大程度上尊重了我们的意见，顶住了对所谓写“阴暗面”（当时焦点之一是“歌颂和暴露”问题）和“人性论”一类的责难。

但对《文艺报》的意见积累得太多了，终于成了文艺界领导层里不能无视的一桩案件。作为文艺工作主要领导人的周扬，面对着对《文艺报》来自不同方面的意见，当然难辞其责，尽管他骨子里是支持《文艺报》及其负责人冯牧的，因而也就不能不采取一些抑制和批评的措施。1981 年 5 月 14 日上午，周扬召集贺敬之、张光年、陈荒煤、冯牧、孔罗荪五人到安儿胡同他的住处开会，专门研究《文艺报》的问题。由于事出重要，开完会后，下午冯牧就迳来到我们编辑部向我们传达了会上的主要发言。这次小范围的决策会议触及到了《文艺报》的领导班子问题，因此冯牧向我们的传达很可能是有选择的。兹根据我的记录，把中宣部副部长兼中国文联党组书记周扬、中宣部副部长贺敬之、中国作协党组书记张光年三级领导对《文艺报》的批评意见的精神摘引如下。

周扬：今天主要研究《文艺报》的事情。前一段《文艺报》取得了不少的成绩，主要表现在解放思想，贯彻三中全会的精神。现在要讨论一下如何改进工作。《文艺报》应是党在文艺战线上的主要刊物，应在刊物上看到党的声音。成绩不小，但也有缺点。过去中宣部、作协党组抓得不够。大家要齐心协力办好这个刊物。文艺界思想相当混乱。有分歧，不要掩盖。在这种情况下，《解放军报》就发表了黄钢（批判《苦恋》）的文章。文艺界矛盾的焦点在领导核心：刘白羽、林默涵；陈荒煤、冯牧。问题不在哪一个人身上。我不主张讲路线问题。但至少有两条战线斗争，一个是极“左”，一个是自由化。总而言之，还是要斗争，主要是清理“左”的倾向。那次老同志会上点了《文艺报》的名，不要有情绪。如何加强对《文艺报》的领导，使其成为党在文艺战线上的代表性刊物？要把《文艺报》和党的关系，特别是和中宣部、文艺局的关系搞密切，同地方上文艺界的关系搞好，和军队、和老中青作家的关系搞好。《文艺报》要代表作家的全部，而不是一部分。要消除隔阂。有人批评《文艺报》是极少数人的刊物，有人对《文艺报》有意见，如臧克家说《文艺报》有小圈子，我们必须把《文艺报》办成全文艺界的刊物。要把团结的范围尽量扩大。一个时期以来，《文艺报》旗帜不够鲜明。过去在贯彻三中全会的方针政策、解放思想、扶植中青年作家、平反冤假错案等方面，是旗帜鲜明的。近来在批评文艺的错误倾向上，旗帜就不怎么鲜明。要起来斗争，对“左”的、右的，要起来斗争。只要坐得正，就不怕人家讲。攻击《文艺报》的，有三种情况：一是误会；二是有成见；三是观点不同。矛盾很多，不光是默涵、白羽。文化部也形成了三驾马车。把文化部搞好了，文联各协也就好办了。现在群众感觉双方对立得厉害，分歧表面化了。必要时要妥协。文艺局要和大家团结一致。在很大程度上，文艺局代表中宣部。中央书记处也有他的困难。要全力维护中央的领导。要把关系搞密切，有意见就讲。人家说我对人要求不严，我有这方面的弱点。现在只能进不能退。要有批评自我批评，要敢于斗争。对领导也应采取这种态度。对各省不要随便批评。他们的文章要报道，要斗争也要有策略。《文艺报》要写个改进工作的方案来，报到中央书记处去。

贺敬之：当前的问题是如何开展批评。中宣部发了两个文件（8 号、9 号），要求整顿文艺团体和文艺刊物，要求刊物检查一下有没有与四项基本原则相抵触的地方，领导班子要调整。估计在刊物的领导班子中，有 8%是好的，20%有不同程度的问题。自由化问题有还是没有？对此有不同意见。丹晨的文章，[16] 是针对白羽的文章的，不是针对中央文件，不要误会。总之，我们也有些自由化的问题。《文艺报》编辑部对自由化怎么看？《文艺报》对批极“左”比较积极，对反右不那么积极。到底哪些是“左”的？“左”是指导思想上的问题。批“左”没有举出多少有力的证据。到底“左”的东西是什么？心中无数。比如，以《苦恋》为代表的几件事，都是很重要的事件。黄钢事件不是孤立的，值得研究。四次文代会后还有人在坚持“文艺为政治服务”的观点，以及文化部的事（可能是指文化部政治部和电影局编的那期批评冯牧和陈荒煤的《简报》所代表的观点——笔者），来龙

[16] 指陈丹晨的《资产阶级自由化与自由的文学》一文，发表在《飞天》1981 年第 2 期上。因为陈丹晨当时是《文艺报》的编辑部副主任，所以刘白羽、林默涵等一直咬定这篇文章是鼓吹资产阶级自由化的文章，揪住不放。贺敬之很伤脑筋，曾多次要冯牧、二唐和我们向丹晨传话，作一个检查，争取主动。

去脉都要弄清楚。《文艺报》是要反“左”的，对反右不大关心。对错误的倾向怎么批评，采取什么办法，也要研究。不能只讲好话，不批评。我们面临着非常复杂的局面，对一些带有倾向性的和错误的文章、作品，要批评，不能有无穷的顾虑。《文艺报》与中宣部和中央的关系，要保持一致。过去一段《文艺报》与文艺局有距离，这方面要改进，要加强。去年中央开会，对《人民日报》发表赵丹文章（指赵丹遗言——笔者）、《文艺报》发表沙叶新文章有批评，文艺局很为难。编辑部需要回顾一下过去的这一段。按周扬同志讲的，写个改进工作的报告送书记处。这里有思想方面的问题，也有组织方面的问题，需要进行调整。（周扬：写报告，要从积极的方面讲。）

张光年：三中全会前后，《文艺报》旗帜鲜明，支持了中青年，文艺界对《文艺报》也很支持。不足之处是一览无余，深度不够，生动活泼不够，理论性不强，团结面也不够。过去《文艺报》抓住问题进行讨论，很热烈、活泼。现在要从学习开始，结合学习进行检查。首先要有自我批评，才能批评别人。从去年第 12 期以来，每期都有进步。短文章少，长文章多了些。《文艺报》到底是党刊，还是民刊？这一点要明确。过去《文艺报》经常挨打，被打成反党小集团。《文艺报》应成为党的喉舌。这一段出现一些缺点，也是作协的缺点。如何贯彻党的方针？王任重、赵守一，包括胡乔木的讲话，听了很郁闷，也无法宣传。某领导同志讲一次话，我们就要宣传，很难办。如何宣传党中央的文件？我对王任重、赵守一、朱穆之的讲话有看法。朱穆之说，文艺界对 7 号文件是抵制的。7 号文件有缺点嘛，文件下发之前先也不征求文艺界的意见。团结老作家的工作做得不够，要做到广泛团结，生动活泼，否则是要犯错误的。

回想十七年的时候，《文艺报》就是一个敏感的是非之地，多灾多难，其领导干部一茬一茬被打成各种名堂的犯错误干部，下了台，受了处分。人们不禁心有余悸。这次《文艺报》又处在风口浪尖上，面临着一个严重的关口了。幸运的是，那种动辄给人扣上某种政治帽子、给予政治处理的氛围不再了。作协党组负责人张光年决定按照周扬的意见，就《文艺报》的问题给中央书记处写报告。他在这天的会上说：“俟三项评奖完成后，作协党组讨论一下，就加强《文艺报》工作有关问题，写个专门报告送中宣部转中央书记处。”[17]

周扬想在这样的范围内解决问题，放《文艺报》一码，看来还是想得简单了。中央召开了思想战线问题座谈会，胡耀邦在会上讲话，提出了三个必须肯定和三个必须做好。三个必须肯定是：成绩很大；绝大多数是好同志；知识分子政策不变。三个必须做好是：批《苦恋》必须做好；中央和各省市清理去年中央工作会议以来的言论，选择主要的加以评论；中央和各省市两级文艺领导，在思想上有显著的进步。8 月 8 日，胡乔木在中宣部召集的思想战线问题座谈会上作题为《当前思想战线的若干问题》的报告，提出了反资产阶级自由化问题。[18] 他讲了五个问题，其中第二个问题是：资产阶级自由化思潮，怎样影响着党内，形成党内思想战线的涣散软弱状态，以及怎样来扭转这种状态。第五个问题是：文艺作品应该怎么样来对待“文化大革命”一类历史问题，以及怎样对待现实生活中的阴暗面。作为中央在思想战线的领导人，胡乔木的讲话，在包括文艺在内的思想界第一次明确地提出了资产阶级自由化思潮问题，给文艺界人士以强烈震惊。

胡乔木讲话之后，文艺界一连开了许多会议表态和检讨自己管辖的机构和刊物上所发表的错误文章，《文艺报》也开始在版面上对有倾向错误的作品和文章进行批评。作协党组于 8 月 13 日开会，讨论《文艺报》和《新观察》发表错误文章后的纠正办法；8 月 17 日又开会，讨论克服软弱涣散状态。

《文艺报》从 1980 年下半年以来发表了若干引起注意的文章。如 1980 年第 5 期发表的钟枚《对〈苦恋〉的批判及反应》。如第 9—11 期发表的马德波等人的《关于〈在社会的档案里〉的争鸣》文章。如第 10 期发表的沙叶新的《扯“淡”》。如第 11 期发表的荒煤的《为什么会这样呢——悼念赵丹同志》，对赵丹临终前的遗言“党要具体管创作是不可能的，而且有的人没有本领管，结果只能越管越死……”。“对我，已经没有什么可怕的了。”发表很多感叹的话，刘白羽就曾在老同志谈心会上对荒煤提出批评。如第

---

[17] 张光年《文坛回春纪事》第 246 页，海天出版社 1998 年。

[18] 胡乔木《当前思想战线的若干问题》，首次发表在《红旗》1981 年第 23 期上，继而发表在《文艺报》1982 年第 5 期上，后由人民出版社出版了单行本。

8 期发表的杜高和陈刚的《我们需要怎样的文艺批评？——读〈时代的报告〉评论员文章有感》。最引起注目的是 1981 年第 15 期（8 月 7 日出版）发表的白烨的《对于文艺批评中某些现象的看法》，该文指责了一些对有不良思想倾向进行批评的评论文章。这篇文章被指责为是与邓小平同志在六中全会上的讲话相抵触的。据说中央领导人看到这篇文章后，给习仲勋写了信。其实最初对此提出批评的人，大半是把白烨当成了白桦，以为白桦的《苦恋》还没有完事，怎么又生出事来了？后来才明白是弄错了人。周扬读了文章后，也紧张起来，给张光年打了电话，说：白烨文章帮了倒忙，起了不好的作用，简报会很快送上去，说矛头指着谁的。与白烨的文章差不多同时，《新观察》第 14 期发表了白桦的《春天对我如此厚爱》。他在文章中说，他的诗《春潮在望》得了奖，但没有去北京领奖，得奖的诗人们集体给他写来一封热情洋溢的祝贺信，又接到上千封读者的来信。此时，他的《苦恋》正受着批评，而他在这篇文章里却没有表露出任何自我批评的意思，因此这篇小文章的发表也不合时宜。胡乔木看了白桦的文章后，据说给冯牧和戈扬写了一封信，批评了这篇文章。《新观察》还发表了舒展的一篇《论起哄》。《文艺报》和《新观察》接二连三地发出这几篇文章，给作协党组惹了乱子。张光年在 8 月 13 日党组扩大会议上批评我们说："《文艺报》的同志不是不知道当前的紧张局面，还要发这样的文章！这说明了我们领导的涣散。要弥补，要检查错误。周扬同志说，《文艺报》下期是否就发一篇文章纠正这篇文章。也可以把《新观察》的两篇的问题写进去。我们口头上讲了要团结，可下来又两面三刀，违反了中央的意见。"显然，张光年在党组扩大会议上的这个批评，既是对着"二唐"和我们的（那时，唐因和唐达成两位受命住在厂桥中直招待所里写批《苦恋》的文章，由我当班处理编辑事务），也是对着冯牧的。冯牧对此感到委屈。隔了一天，15 日的早晨，当我与冯牧通电话，向他请示将"创作要上去，作家要下去"的栏题改为"深入生活笔谈"（因为胡耀邦批评过这个提法）时，他气愤地在电话里对我说："你们不要再捅漏子了！白烨文章可能是你们故意搞的！"天呐，我听了电话里传过来的一向宽厚的冯牧的这番气话，很是不高兴。心想：你这个领导也太软弱了！会后，我们根据党组会议的决定，立即组织了一篇署名赵星的《要理直气壮地开展文艺批评》，针对白烨文章进行批评，安排在第17期发表。《新观察》第17期也发表了一篇署名冯明（杨子敏执笔，取“奉命”二字的谐音）的读者来信《也谈春天的“厚爱”》，批评白桦的文章《春天对我如此厚爱》。在赵星文章的前面，加了一段醒目的“编者的话”：“本刊第15期‘读者论坛’栏中发表了读者白烨同志的《对于文艺批评中某些现象的看法》一文后，收到了读者赵星同志的来信。（赵星的信不是自发的来信，而是编辑部根据需要组织内部编辑执笔写成的——笔者注）他对当前文艺思想斗争形势提出了自己的看法，批评了本刊在开展文艺批评，特别是在对待某些不利于四项基本原则的作品和观点方面，表现出软弱状态。赵星同志的批评是正确的。……最近本刊正在根据中央加强思想战线工作的精神，总结工作，决心克服编辑工作、评论工作中确实存在的涣散软弱状态，在文艺界和广大读者支持下，使刊物有切实的改进。”[19]

作协党组扩大会后，张光年把党组秘书束沛德和我留下研究如何在《文艺报》上报道。决定由束沛德来写，他比较能准确地把握会议的精神。于是，9月7日出版的《文艺报》第17期（9月10日出版）发表了经过张光年审阅定稿的仓涟（束沛德）执笔写的《坚决改变文学领导的涣散软弱状态——中国作家协会党组、书记处联席会议简讯》。这次党组扩大会，冯牧没有参加，《文艺报》副主编唐因作了检讨性发言：刊物对文艺界的某些错误思潮及有错误倾向的作品，要么瞻前顾后，不敢批评，要么零打碎敲，缺乏通盘考虑的安排、系统的研究。从第17期起，《文艺报》连续发表了一系列批评文章，如第19期发表了唐因、唐达成撰写的影响很大的《论〈苦恋〉的错误倾向》和武陵的《评中篇小说〈月华皎皎〉》。第23期发表了周申明的《从〈将军，好好洗一洗〉看叶文福的创作倾向》，批评叶文福在《莲池》1981年第1期上发表的政治抒情诗。

冯牧在12月17日中国作家协会理事会三届二次会议上所作的工作汇报中，在肯定《文艺报》的成绩的同时，也对《文艺报》的缺点和问题作了检讨。他说：

---

[19]《文艺报·编者的话》1981年第17期，9月7日出版。

《文艺报》作了一个统计，从1980年1月到1981年12月，在版面上曾对154篇短篇小说、59篇诗作、62篇散文、报告文学、41篇儿童文学作品进行了推荐介绍；并介绍了一批较有成就的中青年作家，论述了他们的成长道路和创作经验。同时还对创作中出现的某些思想倾向和艺术倾向不健康、有害的作品，如《调动》、《女儿桥》、《月华皎皎》、《将军，好好洗一洗》、《苦恋》等30几篇作品进行了严肃的批评。对一些错误的理论观点，如《新的美学原则在崛起》一文等，《文艺报》、《诗刊》都发表文章进行了必要的批评。但是，整个说来，我们的评论，无论表扬还是批评，都不够鲜明有力。对那些应当大力提倡、扶植的作品，没有旗帜鲜明地给以突出的宣传；应当加以及时疏导、批评的消极、有害的文艺现象，没有理直气壮地及时予以批评。对反映了一种错误的创作倾向的《苦恋》，在一段时间里，我们未能提到应有的高度来认识，因此，没有及时抓住这个典型事例进行批评。[20]

无论是冯牧的汇报，还是唐因在8月份党组扩大会上的检讨，在谈《文艺报》的问题时都没有涉及“自由化”这样的字眼。我们编的刊物，在错误思潮面前软弱无力，甚至有某些错误，但我们认为不能说我们的刊物上出现了自由化。

批判《苦恋》是《文艺报》1981年度、也是《文艺报》历史上经历过的一件大事。冯牧开始阶段介入过一些，后因病住院，出院后又应吴坚的邀请去兰州养病，没有参与其事。在炎热的夏天和严酷的气氛中，文章由“二唐”承担起来。按邓小平和胡耀邦的指示，唐因、唐达成联合署名的文章《论〈苦恋〉的错误倾向》先在《文艺报》（10月1日出版的第19期）上发表，《人民日报》于10月7日全文转载。中央对文章给予充分肯定。舆论界对文章也给予赞同和赞赏。二唐文章发表之后，周扬大概感到他所领导的文艺界已经完成了一件牵动大局的事情，几年来“左”的势力的不断挑战也使他太累了，遂于10月12日在文联主席团扩大会上宣布，他已向中央辞去中宣部副部长职务。

[20]冯牧《鼓起劲来，争取文学创作的更大繁荣》，《文艺报》1982年第2期。

△ 唐达成（左二）与邵燕祥、阎纲、刘锡诚在西柏坡（1996年7月）

《苦恋》事件对《文艺报》来说，是坏事，又是好事。从此《文艺报》的形象和处境似乎有了一些改变。其标志有二。

其一，在这篇难产的批判文章发表后，胡耀邦借《中国青年》杂志第19期发表的华铭关于李剑短篇小说（《湛江文艺》1980年第6期）的评论文章《评〈醉入花丛〉》，10月13日给林默涵、贺敬之、张光年、冯牧写的一封信里，为《文艺报》说了好话，为两年来《文艺报》的恶劣处境扫除了阴云。胡耀邦在信中说："这篇小评论，也许你们都看过了，如果谁还没有看过，请他看看。我对文艺评论能够健康地发展是充满信心的。《文艺报》已经带了一个头，从这篇小评论也看出了一个好苗头。我不是说这篇东西写得很成熟，而是说它多少说了一点道理，并且根本没有打棍子。再进一步说，也只有报刊上，首先是各种文艺刊物经常有点文艺评论，才能真正带出一个好的文艺品评风气来。坐而论道，什么恰如其分的、有充分说服力的文艺批评风气，永远学不会，永远带不出。能不能向文联和各协会的负责同志提出一个指标：每人每年亲自写两篇？当然可以评论好创作，也可以批评坏作品。能不能把这个指标看作是加强对文艺工作领导的一条重要要求？请你们议一议。胡耀邦10月13日。"这无疑是对《文艺报》和冯牧的一个极好的支持。

阅、办件处理单

中共中央办公厅　198　年　月　日

中共中央办公厅　198　年　月　日

阅、办件处理单

中共中央办公厅　198　年　月　日

△　胡耀邦同志关于文艺问题的批示原件

其二，中宣部常务副部长赵守一 11 月 9 日听取《文艺报》负责人的汇报并讲话。这个汇报，已准备了很长时间了。准备工作，不仅有冯牧的参与，也有中宣部副部长贺敬之的心血。赵守一在汇报会上说：我赞成这个回顾和总结。摆在我们面前的是甩掉包袱，轻装前进。《文艺报》有成绩，也有失误。失误主要是《扯“淡”》和《苦恋》。如果说过去是徘徊，那么现在揭开了新的一章。《文艺报》是文艺战线上的指导性刊物，是党在文艺战线上进行工作的重武器，党就是通过《文艺报》领导、促进和鼓励文艺界沿着“双百方针”前进的。把《文艺报》的任务、性质说足说够，才能认识它的重要。对这个刊物，周扬同志很了解。一个时期以来，中宣部在这个刊物上表现得软弱，没有及时让《文艺报》了解中央的精神，对《文艺报》的困难也帮助不够。文艺要统一起来，中宣部要加强对《文艺报》的领导，经常检查《文艺报》的工作，半年一次，他们的困难要及时帮助解决。《文艺报》工作的重点是评论、表扬、总结好的，提高文艺创作的质量。《文艺报》编辑部要成为作家常来常往的地方，关起门来办不行。批评固然容易得罪人，要写出真正有分量的文章来，作家会有兴趣的。要千方百计保护、爱护作家，既不居心整人，也不是溺爱，要做到公正评价。《文艺报》要经常组织座谈会。评《苦恋》的文章里讲到作者的世界观问题，白桦也表示同意。要把作家们的劲鼓起来，把作家团结起来是《文艺报》的任务。今后检查，就是要看你们给了作家积极的东西还是消极的东西。耀邦同志已作了指示，我们相信是可以把刊物办好的。

贺敬之也在会上讲了话。他说：《文艺报》成绩很大，主流是好的，但一年多以来，步子不大跟得上，有些失误。经中央指出，消极可以变成积极。乔木写了信，要求把《文艺报》办成一个指导性刊物。任重、守一、周扬同志都说，不要另起炉灶啦，就要《文艺报》。要把《文艺报》办成指导性阵地，马克思主义理论阵地，指导性就是党的声音。至于体制和领导关系怎样合适，今后要研究。总之要与上级党组织密切联系，要多开碰头会。作协党组、主编冯牧、编委会，要经常开会。我现在宣布：《文艺报》的主编、副主编及骨干，没有变动，个别人的正常调动，不在此列。这一点在此必须讲清楚。编辑思想跟不上的，要拉他一把。耀邦同志说，绝大部分多数是跟党走的，也适于在《文艺报》工作。至于今后计划，两条战线斗争要坚持。当前批判自由化，要补课，但要充分研究，实事求是分析，讲效果。现在，一是批评者不讲方法，被批评者不接受；二是还要搞百家争鸣，讲多样化，但要有自己的倾向性，讲党性。理论界有人说人民性高于党性，是不对的，二者是一致的，在这一点上要旗帜鲜明。要提高质量，道理要讲透，光搞“拼盘”不行，要突出鲜明。内容上既有文学，又有艺术，文学艺术全面兼顾，文学的比重可多些，但不能偏废。要对文艺队伍的思想状况发言，恶劣的作风要批评。顾及的面要宽，中青年要宣传，老作家也要宣传。作为喉舌，要全面宣传党的方针政策和中央的精神。要对根本性的理论问题发言，如人性问题、英雄人物问题。要对文艺运动中发生的普遍性问题发言，如爱情问题，戏剧、电影的商品化问题，胡风的问题等。《文艺报》每个季度的选题计划，每期的目录，要送文艺局和编委，比较重要的文章，也可以送来看看，共同推敲一下嘛。

在胡乔木提出的反自由化中，《文艺报》的困难处境，就此告一段落

了。冯牧仍然是主编。孔罗荪没有什么争议。王任重最早提出《文艺报》"右派骨干掌权"、"要调整"之后，唐因便向作协党组书记张光年递交了辞职书。但后来王任重又变了调子，贺敬之还专门为此向张光年讲过一次。[21]现在终于以中宣部的名义宣布唐因和唐达成（唐达成是从6月7日出版的第11期起，正式在版权页上印上副主编字样的）的副主编不变，我和陈丹晨以及阎纲、吴泰昌、李基凯等被称为"骨干"的也不变。大家总算长出了一口气。

同时，中宣部部务会议根据中央常委的意见于1982年10月5日对《时代的报告》做出了决定。其内容大致有下面几点：指出《时代的报告》在知识分子改造、批《苦恋》、发表一些不好作品等问题上犯有原则性的错误。1982年第2期在一组纪念毛主席《在延安文艺座谈会上的讲话》的文章前面加的"本刊说明"中提出所谓"十六年"，混淆了两个阶段的性质。第6期发表文章，反对经中央批发的胡乔木同志讲话，对邓小平关于不要继续提文艺为政治服务的问题进行了反驳。当兄弟刊物发表了批评文章后，仍拒绝检讨，性质是严重的。责令编辑部作出检讨，保证与中央保持政治上的一致。改组编辑部，以后《时代的报告》以发表报告文学为主。对国内社会生活中的阴暗面，要实事求是，不要散布悲观主义。不要发表对文艺问题和其他方面工作的意见，有意见可直接报送中宣部。军队干部要撤出，黄钢不再担任主编和编辑。至此，《文艺报》与《时代的报告》在一系列文艺问题上的长期对峙终于结束了。作为《文艺报》主编的冯牧和我们这些编辑人员，总算等来了一个使我们感到一些宽慰的结局。

与对有错误的作品和倾向进行批评有关联的是对现代派的批评。在批评现代派的问题上，从冯牧、唐因、唐达成、我，还有理论组长李基凯，我们意见是比较一致的，我们对有些作家由以面对现实、直面人生的革命现实主义，走向"背对现实，面向内心"的现代主义感到忧虑。但我们的思想和做法，特别是把批评徐迟的文章与徐迟的文章一起登在刊物上这种

[21] 见张光年《文坛回春纪事》第230页3月16日的日记："贺敬之来谈，为王任重'调整'《文艺报》说法有所解释，说他也不同意王（任重）、赵（守一）某些说法。"

做法，与张光年的想法出现了距离，引起了他的不满。叶君健对唐因在某次会上批评他给《现代小说写作技巧》所写的序言进行批评而找了张光年。老前辈夏衍又在《上海文学》上发表了支持现代派的长文，影响很大。张光年对我们编辑部从不满到提出批评。我在《当代文艺思潮》1983 年第 1 期上发表的《关于我国文学发展方向问题的辩难》，更令张光年不满。在张光年对我们批现代派不满的时候，冯牧不再作声了。

1983 年 3 月，周扬在纪念马克思逝世 100 周年大会上所作的长篇报告《关于马克思主义的几个理论问题的探讨》受到胡乔木的批评，舆论界开始对人道主义和异化问题进行批评，后又在意识形态领域进行清理精神污染。周扬心情很不好，想摆脱他担任多年的中国民间文艺研究会主席的职务，要我到中国民间文艺研究会去担任日常领导工作。1983 年夏天，为起草第四次作家代表大会的报告，唐达成、谢永旺、涂光群和我，在冯牧的率领下，到西山一个招待所里住了大约一个月的时间。那个月里，冯牧有时住在我们这里，有时到涿县桃园宾馆贺敬之召集的会议上，在两地之间跑来跑去。我们交谈得很多，谈论的话题也很广泛，对新时期文学的成就和问题意见极为一致。那次起草的文件，由于作协的代表大会没有开成而作废。但在西山却决定了我于 9 月初调离我工作了 6 年的《文艺报》，去中国民间文艺研究会。

△ 沉思——冯牧在第四次作家代表大会上

力主革命现实主义

在真理标准讨论取得一定进展和积极成果，理论务虚会开过之后，1979年3月16日—23日，《文艺报》在京召开了“文学理论批评工作座谈会”。会议由冯牧和孔罗荪共同主持。这次有来自全国各地的100余位文艺理论工作者和高校教师参加的盛会，其缘起：一是因为在揭批“四人帮”、拨乱反正之后，文艺创作和理论建设向文艺理论工作者们提出了一系列需要回答的理论问题；二是1979年乃建国30周年，文艺工作的经验教训亟待总结。当前文艺创作中涉及到的重大理论问题，如真实性与现实主义，人物创造，人性论、人情味和人道主义，文艺与生活、文艺与政策、文艺与政治等。而有些理论问题，如现实主义广阔道路论、现实主义深化论等十七年间争论不休的重大理论问题，又与总结三十年文艺工作的经验密切相关。作为主编和会议的主持者，冯牧在会上作了一篇主旨讲话。关于创作方法，是他讲话的三个问题（一是30年来文艺工作和文艺创作的经验总结问题；二是关于文艺路线、方针、理论问题；三是关于创作方法问题）中的一个。

从1979年的文学理论批评工作座谈会开始，经过第四次全国文代会（特别是报告的起草、大会讨论），到1980年底，全国报刊上发表的探讨文艺理论问题，特别是关于现实主义的文章，数量很多，形成了一个小小的百家争鸣的形势。1980年2月，冯牧在为《刘心武小说选》写完序言——《作黄金和火种的探求者》之后，到广东、上海等省市走了一趟，一路上应邀就新时期文学发表了很多意见。他在广州召开了两次座谈会：一个是理论工作者和编辑的座谈会；一个是作家的座谈会。他于2月21日在广州文艺界发表了一次关于文艺问题的讲话。这篇讲话以《关于当前文艺创作和文艺思想的片断意见》为题发表在《作品》同年第4期上。其中涉及的问题很多，也花了相当的篇幅谈到了创作方法问题。笔者于同年3月21日收到广东作家梵扬的来信称：“不久前，冯牧同志在广州开了两个座谈会，一个是编辑、理论工作者，另一个是专门从事创作的。我在会上谈了自己对当前文学思想的一些看法。冯牧同志还跟大家作了个文艺方面的报告，讲得非常好！看来，文艺界的思想是相当活跃的，只是有些同志可能考虑不够，因而有点混乱。……一些从事创作的青年，多么要正确的引导呀！”不知为什么在编集子时，冯牧竟没有将其收入其中。关于现实主义问题，冯牧在这次讲话中说：

“作为一种带有普遍意义的、符合创作根本规律的、能够为大多数作家所接受和掌握的创作方法，还是应当以革命现实主义作为我们文艺创作的基本方法。革命的现实主义，也就是社会主义时期的现实主义。我以为，凡是愿意接受马克思列宁主义的思想指导、接受党的领导的作家，都不应当拒绝革命的现实主义。”这种革命现实主义，既有别于19世纪的批判现实主义，也不是回到“五四”时代的现实主义。他认为，在1934年苏联第一次作家代表大会上提出、并由斯大林和高尔基同意而确定下来的社会主义现实主义，“虽然现在看来可能存在着某些不完善的地方，但它对于这个创作方法的解释，对社会主义文学的任务和功能的阐述，应该说还是比较清楚的。”冯牧还指出，革命现实主义创作方法与“两结合”的创作方法也是不同的。“两结合”“这个口号还有待于实践的进一步检验”。“如果真的出现了‘两结合’的作品，真正达到了既能深刻地反映现实生活，又能高瞻远瞩地表现出作者强烈的理论和感情，照亮人民前进的道路，那么，我们就应当欢迎更多的作家采用这种创作方法来进行创作实践。”在广州，他大概与当时还是中山大学教师的黄伟宗交换过意见，听取了他关于批判的现实主义的观点。[22] 所以，他在讲话中专门讲到批判现实主义的问题。他说：“我不赞成所谓‘社会主义的批判现实主义’的提法，因为这既不符合我国社会主义文学发展的现实状况，也不符合文学史发展的实际状况。批判现实主义这个概念，最早大概是高尔基提出来的，他是在分析了19世纪俄罗斯的文学发展之后，认为19世纪的俄罗斯文学所塑造的从奥涅金到奥勃罗摩夫等一系列的典型人物，大都反映了俄罗斯社会从封

[22] 黄伟宗把自己的观点写成一篇题为《社会主义的批判现实主义》，发表于《湘江文艺》1980年第4期上。多年后，花山文艺出版社出版了他的同名专著。

建主义向资本主义发展这个转折时期的知识分子的具有普遍性的精神状态，高尔基把这些人物称之为‘多余的人’。这些典型人物的共同特征，是对于当时的社会制度不满或持否定态度，并在一定程度上表露了对于人民的同情。但是由于阶级地位的限制，他们看不到能够把这个社会推向前进的道路，因此他们对社会发展的看法常常是悲观的，甚至是绝望的。作家看出了社会的弊病，甚至看出这个社会走向衰亡的必然性，但是社会向何处去？怎样走？他们作不出回答。就是当时具有革命民主主义思想的进步作家车尔尼雪夫斯基为人们所作出的回答，也只能是空想的社会主义。高尔基把 19 世纪这种文学现象称作是批判的现实主义，这是对一定历史时期文学现象的一种概括的说法。根据这种概括，批判现实主义的一个重大特征，就是对于现存的社会制度基本上持怀疑或否定的态度。所以批判现实主义这个概念，和我们的社会主义文学是联系不起来的，想把它和社会主义机械地连在一起，成为所谓‘社会主义的批判现实主义’，显然是不恰当的。其次，如果说，提出这种口号来，目的是为了强调一下文学的批判功能，那也是很难成立的，因为现实主义本身就是具有批判的功能的一种创作方法。”[23]

冯牧结束了广州之行，到了上海。1980 年 3 月 4 日应邀在上海文艺出版社也发表了一次讲话，也谈到了社会主义时期的文艺创作方法问题。他说，周扬同志在第四次文代会上的报告中，提出在创作方法上，可以提倡“革命的现实主义和革命的浪漫主义相结合”的方法，但并不是强求一致。此论引起了一些争论，从而也出现了一些论点：(1) 有些文章，有的青年人说：“两结合”的创作方法不科学，社会主义的现实主义创作方法也不科学，按照中国的现实情况，最好的方法叫做“社会主义的批判现实主义”。(2) 还有人说：创作方法只能是现实主义，不能在这上面加上任何限制词，因为只有现实主义才符合文学史发展的客观现实，符合文学创作的基本规律，它是不受任何历史时代影响和制约，放之四海而皆准的一种创作方法。(3) 也有同志提出：现在搞创作，就要提倡百分之百地写真实，百分之百的真实性，所以

---

[23] 冯牧《关于当前文艺创作和文艺思想的片断意见》，《作品》1980 年第 4 期。

创作方法也应该是百分之百的现实主义创作方法。由此可见，在创作方法上，是存在着不同看法和倾向的，但迄今为止，还没有真正展开来讨论。

他在上海的讲话，除了又一次谈到所谓“社会主义的批判现实主义”外，着重谈了“革命的现实主义”和“革命的现实主义和革命的浪漫主义相结合”的问题。他是坚定地主张革命现实主义的。他说：

> 现在有一种比较流行的说法，我称它为“镜子说”。“文学是镜子”，这句话当然是对的。列宁讲过，“托尔斯泰是俄国革命的一面镜子”。托尔斯泰也说：“文学是生活的镜子”。这种镜子的说法，其实是真实性的一个通义，强调了文学的真实性是一切文学艺术的生命。但现在有些文章把“镜子”的功能和文学艺术的全部功能混为一谈，我是不赞成的。我认为，我们的创作方法还是应当提倡以革命的现实主义为基础，并以此作为我们的基本创作方法。
>
> 革命的现实主义在“现实主义”前面加了“革命的”限制词，是要以此区别不同时代的现实主义所具有的不同内容。有人不同意加这个限制词，说现实主义本来就很完美，它概括了全部的创作规律，因此就无所谓“新”和“旧”、“革命”和“不革命”。他们还引用斯大林同志讲过“写真实吧，只要一个作家写真实，他就会达到马克思主义”的话来证明这个看法。实际上，这种看法把现实主义与真实性又混为一谈了。现实主义是不能和写真实等同起来的。恩格斯说：“据我看来，现实主义的意思是，除了细节的真实外，还要真实地再现典型环境中的典型人物。”这就是说，现实主义的因素不光有真实性，还包括典型的环境和典型的人物。30年代，苏联对“社会主义现实主义”作了一个新的表述。那是斯大林和高尔基商量之后提出来的，大体意思是：社会主义的现实主义要真实地、历史具体地从现实生活的变革发展中，就是从运动着的生活当中来反映生活，而且要把这种对生活的反映和用社会主义精神教育人民群众结合起来。这个定义，现在看来存在某些不完善的地方，但它对这个创作方法的解释，对社会主义文学的任务和功能的阐述，应该说还是讲得比较清楚的。
>
> 建国30年来，对于文学艺术的功能，我们还没有一个很完美的，大家都觉得很正确的提法。所以，这次全国文代会在起草报告的时候，讨论过用怎样一个定义来表述，来写出我们这个社会主义时代的文学艺术

的目的、任务和功能。后来，周扬同志的报告中把它概括为这样的四句话："我们的文学艺术要为培养社会主义的新人，提高人们的精神境界，促进社会主义社会进一步完善和发展，满足人民日益增长的文化生活的需要而斗争。"我觉得革命的现实主义创作方法和这个表述的内容是一致的。如果取消"革命的"这个形容词或叫做限制词，我们今天的现实主义含义就不完全，就和果戈理的、陀思妥耶夫斯基的、巴尔扎克的那种现实主义，没有严格的区分。巴尔扎克他们的现实主义被高尔基概括为"批判的现实主义"。我们的现实主义也有特定的内容，也应该有所概括，我认为这就是"革命的现实主义"。[24]

他还说：

文学艺术的创作方法，在国外，高尔基、别林斯基等许多著名作家都有过不少的论述。在国内，茅盾同志也有论述。他说：几千年以来有许多创作方法，但主流就只有两个，一个叫做现实主义，一个叫做浪漫主义。作为创作方法，可能就是这么两个主流。至于"革命的现实主义和革命的浪漫主义相结合"的创作方法，过去一般都是从概念出发而不是从创作实践出发来探讨这个理论问题的，所以没有能解决多少创作上的实际问题。到现在为止，对于什么叫"两结合"的创作方法，能够从创作实践出发而又上升到理论高度，能够完整地、科学地对这种创作方法进行深刻的分析和阐述的文章，还不是很多的。这个口号还有待于实践的进一步检验。如果真正出现了"两结合"的作品，真正达到了既能深刻地反映生活，又能高瞻远瞩地表现作者强烈的理想和感情，照亮人民前进的方向，那么，我们就应当欢迎有更多的作家采用这种创作方法来进行创作实践。不过，作家运用什么样的方法来进行创作，应当有他的自由，应当让作家们按照自己习惯的、高兴的那种创作方法去写，不要强求一致。但是，我觉得不管什么创作方法，它都必须建筑在对生活真实的、深刻的、准确的理解上，也必须建筑在对我们所处的世界，我们的革命和生活，有一个正确的认识的基础上。而这样来反映现实的，就

[24] 这次题为《谈谈当前文艺创作和文艺思想》的讲话，冯牧生前没有发表，现根据的是马立群的记录整理稿。见上海市出版局理论研究室编《编辑参考》（内部刊物）第21期，1980年6月2日出版。

> 不可能不是革命的现实主义。只有这样，我们才能写出真正反映我们伟大时代变革的优秀作品。[25]

“革命现实主义和革命浪漫主义相结合”的创作方法，是毛泽东提出的，1958年周扬在中共八大一次会议上有一个发言，题为《新民歌开拓了诗歌的新道路》，不久发表在《红旗》杂志创刊号上。周扬对这个口号进行了阐发。周扬说：“毛泽东同志提倡我们的文学应当是革命的现实主义和革命的浪漫主义的结合，这是对全部文学历史的经验的科学概括，是根据当前时代的特点和需要而提出来的一项十分正确的主张，应当成为我们全体文艺工作者共同奋斗的方向。”[26]周扬文章中谈到提出“两结合”主张的根据，一是毛泽东本人的诗词，一是当时出现的新民歌，一是屈原和李白的诗。接着，一些著名人士，包括郭沫若、臧克家、邵荃麟等都发表文章或谈话，对毛泽东提出的“两结合”表示支持。《诗刊》为此召开了座谈会，并把当时有关支持和宣传“两结合”的文章汇集而成为一本书《革命现实主义和革命浪漫主义相结合》（作家出版社1959年）。田汉在“大跃进”运动中，实践毛泽东的“两结合”主张，曾写作了并上演了话剧《十三岭畅想曲》，结果这场体现“两结合”创作方法的闹剧，成了一闪即逝的“短命鬼”，很快就被人们遗忘了。到1960年召开第三次全国文代会时，周扬在《我国社会主义文艺的发展》的报告中，对“两结合”的口号再次作了比较详尽的阐明和分析。周恩来总理在一次谈话中则提出：以革命现实主义为基础，以革命浪漫主义为主导。

冯牧在粉碎“四人帮”不久的1978年，就开始呼吁恢复革命的现实主义了。[27]据我对冯牧的了解，在一般情况下，他是不会拂逆周扬这个老师兼

---

[25] 这次题为《谈谈当前文艺创作和文艺思想》的讲话，冯牧生前没有发表，现根据的是马立群的记录整理稿。见上海市出版局理论研究室编《编辑参考》（内部刊物）第21期，1980年6月2日出版。

[26] 周扬《新民歌开拓了诗歌的新道路》，《红旗》1958年创刊号；又见《诗刊》编辑部编《新诗歌的发展问题》第一集第6页，作家出版社1959年。

[27] 冯牧《电影创作有广阔的天地》，《耕耘文集》第358页，上海文艺出版社1981年。

领导的意见的。可是，当周扬在1979年秋天举行的第四次文代会的报告中再次坚持提出“革命的现实主义和革命的浪漫主义相结合”后，冯牧却坚决不再认同和不再接受周扬的这个提法了。[28]他在上海的讲话，较为充分地表达了他个人的见解。

稍后，华中师范大学等院校的中文系正在撰写多卷本的《中国当代文学》，聘请冯牧作顾问。冯牧于1982年和1986年先后两次就文学史的若干问题作过长篇讲话。这两次讲话可以看作是冯牧文学评论著作中最有准备、最系统的、最重要的著作之一。其中第二次谈话中（1986年）谈到当代文学的创作方法时，坚持主张“革命现实主义”而不同意再提“两结合”。他说：

> 我主张不要再提“两结合”，不要再作为重要的主张去提它。我觉得“两结合”的创作方法的提出，带有一种先验的性质，先有这种主张，再让大家去实验。而30年的实验结果，没有出现让我们大家高兴的满意的成果，多半都是生拉硬扯的解释，说得都相当勉强和生硬。我觉得提出“两结合”本身的动机可能是好的，是有感于苏联的社会主义现实主义口号的不完满而提出来的。提出“两结合”大约是为了调动作家的主观能动性，发挥作家的想像力和创造力。现在苏联对社会主义现实主义

---

[28]1979年12月5日周扬在南京师范学院会议室接见“现实主义问题讨论会”领导小组时，在回答曾弈禅先生关于“对‘两结合’如何看？”的提问时说：好处是现在什么都敢想。也有些无根据的怀疑，有的文章说，毛主席从来没有讲过“两结合”，似乎是我假传圣旨。实际是不赞成毛主席这个话。倒不一定是怀疑我。目的就是要否定“两结合”。理论家根据作家的创作实践提出某一创作方法，但我们不能要求作家一定要按理论家提出的某一创作方法去写，也不可能完全按你讲的去写。归纳整个文学艺术的历史经验，现实主义和浪漫主义有不同程度的结合，也有不同程度的分离。有的可能完全是现实主义的，有的可能是浪漫主义的。由于作者的生活经历、年龄、个性的不同，人性不同，各如其面，作者采取的创作方法必然各不相同。就一个作家来说，与他年龄的增长也有关系。不能规定得太死。鲁迅和郭沫若的个性不同，创作方法也不同。60年三次文代会上的报告，专门讲过“两结合”。革命现实主义和革命浪漫主义相结合，主席是讲过这个话的，没有讲过很多，则是事实。当时报告中曾谈到主席诗词是“两结合”。主席说：“这个问题比较复杂，不要谈得太死，不要把我的诗词做例子。”1960年正是中苏关系恶化的时候，当时主席的注意力不在这里。二者的结合，主席在抗日时期就讲过。

也作了新的解释，提出了开放的现实主义。这种提法也容易产生争议，特别是有些论者把凡是有成绩的创作、有创造性的艺术实践，都解释为现实主义，坏的、失败的都不是现实主义的，这是很难令人信服的。实际上，许多作家、评论家对“两结合”的提法早已没有多大兴趣。……我赞成革命现实主义，但不反对作家采取他认为最好的任何主义的方法来进行创作。现实主义不要有对别的主义的排他性，别的各种流派也不要对现实主义采用一种敌对的排斥态度。现在不幸的是，我看到有些主张其他主义的同志，对现实主义采取了过分的排斥和否定，有的同志把现实主义描绘成简单的自然主义，这与我们现在讲的现实主义根本不是一回事。我们主张的现实主义：第一，它是长期通过艺术实践创造出来的一种卓有成效的艺术方法；第二，它从来不是一成不变的，几千年来它都是在不断完善、发展着自己的；第三，现实主义也应当有它自己的开放性格，应当勇于和善于吸收其他任何可以不断充实丰富自己的营养和手段。总之，一句话，现实主义也应当随着历史和时代的发展而不断发展。[29]

80 年代初期，在中国文坛上，革命现实主义文学是一股强大的主流，如北京文坛上的比较活跃的王蒙、刘心武、李国文、从维熙、邵燕祥、谌容等都是以革命现实主义为圭臬的作家。在文学观上，冯牧与他们是一致的，因而他们之间也有很好的私交。到 1982 年下半年，文坛上出现了一批以现代主义为圭臬的小说和理论思潮。高行健在花城出版社出版了一本《现代小说技巧初探》（1981 年）的小册子，一时间发生了很大影响。包括一些很有成就和影响的作家，如夏衍、徐迟、叶君健、王蒙等，都被卷进了这股来势很猛的现代主义浪潮中去。《上海文学》发表了刘心武、冯骥才等人提倡现代派的文章。[30]这一思潮的出现，引起了冯牧和《文艺报》编辑部的注意。冯牧用“背向现实，面向内心”八个字来概括这种思潮（当时还谈不上流派）的特点。他对此感到忧虑。于是，1982 年 10 月 15 日，《文艺报》在西苑饭店召开了“现代主义与现实主义问题讨论会”。邀请邵牧君、

[29] 冯牧《关于中国当代文学教材的编写问题》，《文学十年风雨路》第 208 页，作家出版社 1989 年。

[30] 冯骥才《中国文学需要现代派》、刘心武《需要冷静地思考》，见《上海文学》1982 年第 8 期。

袁可嘉、陈冰夷、谢昌余、金梅、徐非光、张胜泽等，讨论现代主义思潮的兴起给文学带来的影响。11 月 7 日，冯牧、孔罗荪、唐达成等《文艺报》的领导人又邀请陈荒煤、李希凡、张炯、张守仁、唐非开了一个小范围的“当前小说座谈会”，深入讨论小说发展中出现的新趋向。我也参加了会议。冯牧在会上分析小说创作的发展趋势时说：“最近有些作者在徘徊之中，他们感到一种压力。蒋子龙、张一弓、谌容、张贤亮、徐怀中，他们坚定不移地走在自己既定的道路上。蒋子龙发表的《锅碗瓢勺交响曲》当然还可以压缩，所提供的历史背景其根据也不够清楚，但他写了一组人物，小说中的矛盾是随时随地都能碰到的，小说所引出的问题，正是党中央正在提出来要解决的。张一弓在写农村变革方面是个佼佼者。李準虽然脱离了涌动的生活，但《考验》用一个旧题材提出了大问题。史铁生有才，但他始终处在痛苦和压抑中。一个作家的深刻程度是与他的生活视野分不开的。关键是要达到过去自己满意的境界。有一段时间，文学陷入了沉闷，现在已出现了新的前景和新的声音，出现了新的空气和灿烂的阳光。文学从苍白的状况下发生了变化。这一形势必须肯定。但另一方面，文学也出现了思潮的混乱。王蒙写了《莫须有事件》，李陀写了《余光》，刘心武写了《黑墙》。”又过了些时日，12 月 28 日，冯牧在中宣部办公地中南海放映室召集的汇报会上说：“北京作家六年来对文学的发展是作出了贡献的，有些人肯定是要进入文学史的，北京也培养了一批有才能的中青年作家。我个人与他们来往很密切，私交很好，在一个时期里，我们的文艺观也很接近。最近一个时期，一批很有才能的作家出现了政治思想、文艺思想上的混乱。文学出了点问题。”在 1983 年 1 月 6 日我们主办的中篇小说评奖读书班上的讲话，他把他的思考讲得更清楚和直截了当：“我不同意那些否定写人物、写典型，否定现实主义的理论。有人提出要写文学的特异与例外性，可能是独特性的，也可能是不健康的。但不管怎样，不可能取革命现实主义而代之。我反对世界主义。王蒙同志到我家里来说：‘我如果再写两篇《杂色》这样的作品，我就会丧失所有的读者。’如果我们的《人民文学》、《十月》等连篇累牍地发表《自由落体》、《地平线》、《黑墙》（包括《杂色》）这类作品，我们的社会主义文学就会变质。”在这一时期，《文艺报》在版面上对现代派展开了讨论，第 10 期上发表了洪明批评现代派的长文《论一种思潮》之后，接着又在第 11 期上同时发表了徐迟的文章和李基凯对徐迟的商榷文章。

20 年后的今天，再来回顾那时对现代派所开展的讨论实际上是批评时，就感到有些操之过急和分寸失当。这次批评现代派，冯牧、唐因都是头脑比较热的，我也是一个积极分子，我还应《当代文艺思潮》主编谢昌余之约，在南京召开中国当代文学研究会学术会议期间赶写了一篇《关于我国文学发展方向问题的辩难》，发表在该刊 1983 年第 1 期上。我们对现代派的批评有合理和正确的部分，也有缺点和失当之处，那就是对现代派在我国文学中的影响做了不恰当的、过高的估计。所以形成对现代派进行批评的决断，除了冯牧和编辑部本身的因素外，还有中宣部及文艺局的同志多次对我们的指示。其实，现代派只不过是个别作家在文学进入苦闷期的一种实验而已，理论上的发言虽然很响亮，而创作并没有出现很有价值的成果，也就没有产生很长远很强大的影响。促成《文艺报》采取批评的举措，也有客观的因素，因为《文艺报》相当长的一个时期以来被指责为对错误倾向批评不力，被《时代的报告》为代表的势力指责为有资产阶级自由化倾向，这一段战战兢兢的日子刚刚结束，就又遭遇一些有影响的作家出来倡导现代派，自然就有一种惊弓之鸟的神经过敏，很快要跟上来进行讨论和批评。我们在粉碎“四人帮”初期，提出了恢复现实主义传统的口号，得到了全国各地作家理论家的赞同，现实主义也确实取得了从未有过的巨大成绩，这次对现代主义的批评，再次表明我们编辑部的大多数人，怀着追求一种纯粹的革命现实主义的理想。

是革命现实主义还是现代主义的讨论，虽然没有持续多长时间，影响却是很大的。从积极的方面讲，这次论争，一方面，促进那些在困惑和郁闷中的作家们转而面向现实，面向惨淡的人生；另一方面，促使现实主义采取开放的态度，从而激发了革命现实主义的生命活力。

冯牧在“文革”前写过几篇漂亮的文学评论文章，“文革”后侧重于关注文学的变革与发展，密切关注创作的动向，大量阅读作品，特别是青年作者的作品，及时地发表评论或组织和指导年轻评论家们撰写评论文章，在各种会议上发表关于创作问题的演讲。除了对作家作品的及时评论外，谈论现实主义的文章和他所提出的观点，在他的文学遗产中应是最值得注

意的。

冯牧是文艺评论家、散文家、组织家和文艺领导，但最重要的贡献，是在文艺评论方面，他称得上是建国以来40多年间、特别是新时期以来20年间，最重要的文艺评论家之一。他生前出版的评论著作不算多，计有：《繁草与草叶》（百花文艺出版社1959年）、《激流小集》（上海文艺出版社1962年）、《耕耘文集》（上海文艺出版社1981年）、《新时期文学的主流》（人民文学出版社1981年）、《冯牧文学评论集》（湖南人民出版社1983年）、《文学十年风雨路》（作家出版社1989年）、《但求无愧无悔》（人民文学出版社1995 年）。他的散文集有：《滇云揽胜》（百花文艺出版社）、《冯牧散文选萃》（解放军出版社1994年）、《我的三个故乡》（中国华侨出版社1994年）。

1999年4月21日脱稿

走进新时期
——晚年沙汀的文学情结

初识短篇大师

沙汀被称为中国的契诃夫，短篇小说大师。我初识沙汀是在1977年的秋天。

祸国殃民的“四人帮”刚刚被粉碎，整个国家，百废待兴。全国揭批“四人帮”的第三阶段还没有结束。“四人帮”的那一套“左”的理论和实践在文学上的影响还刚刚开始受到批判，当然距离彻底肃清还很远。为了使小说创作回到文学的本义上来，回到现实主义传统上来，我所供职的《人民文学》杂志社决定于10月19日—25日在北京召开“短篇小说创作座谈会”。老作家沙汀是应邀参加这次座谈会的作家之一。

粉碎“四人帮”之后，沙汀立即投入创作，并很快完成了一部8万字中篇小说《青㭎坡》。1977年9月13日，他带着写好的稿子乘飞机从成都来到了北京，亲手送到了人民文学出版社编辑部。他被安排住在朝阳门大街166号出版社的客房里。9月27日，我们编辑部各部门的负责人正在东四八条52号的办公室里开碰头会，研究揭批“四人帮”第三阶段的总结和调整工资等事情，沙汀忽然来到编辑部。在场的刘剑青和涂光群同志都是老作协的干部，都认识他，而且涂光群在25日已经到招待所去看过他，所以一见到他来到编辑部，大家都站起来握手寒暄，我们的会就停

了下来。剑青是主持常务工作的副主编，而且又是他的老熟人，就热情接待了他。他送给剑青一本《诗词若干首》。他给刊物写的纪念毛泽东逝世一周年的文章《悼念 · 回忆 · 誓言》，已发10月号，刊物很快就要出版了。从他逝世后公开出版的日记上才知道，他此次来访编辑部就是想谈谈这篇文章的修改意见。稿子是阎纲同志约的，校样出来后，阎纲曾给他送到招待所去，他作了十分认真细致的校改。他要去看望病中的郭沫若，刘剑青答应派车送他去。

召开短篇小说座谈会的计划，编辑部已研究过多次。向参加者推荐的阅读篇目也早就定了。我被指定参与会议的组织筹备工作，有些作家要去拜访通气。在被邀请的老作家中，北京的有茅盾、刘白羽、周立波、王朝闻、韦君宜、王愿坚，外地的沙汀、孙犁、李凖和茹志鹃等，其他都是新近出现的青年作家。周明同志和我已到交道口南三条 13 号拜访过茅盾先生，他虽然年事已高，仍然答应来参加我们的座谈会。立波同志那里我比较熟悉，也去同他谈过了，他也答应届时来参加。孙犁同志在天津，阎纲和我去拜访过他；他住在多伦道216号的老房子里，这座原来为二层的小楼，上层在地震中被震掉了，如今他身体不好，不能来参加会议，但答应给我们的“学点文学”栏目写谈短篇、中篇和长篇小说的稿子，谈短篇小说的文章已于8月号见刊。沙汀那天到编辑部来，我们没有插上嘴同他谈参加座谈会的事，便决定专程去招待所拜访他。9月29日下午，我到招待所去拜见他，请他在座谈会上发言。这是我头一次同他认识。走时阎纲同志给我写了一封信带上。他在这一天的日记上这样写着：“回家（招待所）午休后，《人民文学》一位编辑同志来访，说要我参加一个小说座谈会。有一点我说得不很恰当，即对一位老同志那篇谈创作的文章所持不同意见，其实根本就不该提。真是‘驷不及舌’！而且我对写作短篇所举事例，也不尽恰当。虽然也都是我一向的想法。谈话中间，得阎纲同志信，后来发现又是忙中有错：以为他是要我写评论几部长篇小说的文章。这两天太疲累了。将近4时，客人才走。”[1]

[1] 吴福辉编《沙汀日记》（中国现代作家日记丛书）第335页，山西教育出版社，1998年1月。

在我面前的沙汀，是一个清瘦干巴的小老头。虽然 73 岁了，耳朵失聪，目光却炯炯有神。操一口地道的四川话，说话很快，显然记忆力惊人地好。到京十多天以来，他每天都忙着会见老朋友。据《沙汀日记》载，这些天里，他趋访和来访的老作家有：郭沫若、周扬、夏衍、冰心、严文井、张光年、曹禺、周立波、张天翼、冯诗云、刘白羽、葛洛、草明、臧克家、卞之琳、阮章竞、李季、艾青、荒芜、吴伯箫、叶君健、吴祖光、姚雪垠、吴组缃、葛琴、周而复、骆宾基、楼适夷、冯乃超、菡子、李纳、韦君宜等数十人。“文革”十多年，朋友们天各一方，音信隔绝，命运堪忧，伤痕累累，有的甚至含冤死去。如今，雨过天晴，重新聚首，有多少话要相互倾诉呀。特别是 30 年代一起战斗过的那些老朋友的家里，在这短短的几天里，他去了多少次！却每次都还有说不完的话！当《人民中国》的记者访问他并问他“四人帮”垮台后的第一个反应是什么的时候，他说：“我现在死也瞑目了！”现在他急于向朋友说的是：赶快动手创作，在 80 岁前再写出两部长篇来。他关心的是：被“四人帮”搞颠倒了的 30 年代文艺的问题，希望周扬同志健在的时候弄清楚！

我是来请他参加座谈会的，他兴致勃勃地向我谈他关于短篇小说的见解。我静静地听着他以鲁迅的《药》、《孔乙已》等小说为例滔滔不绝地解说，也不时地插上一些应和的话。他对短篇小说以“以小见大”的表现方法区别于中篇和长篇的见解，给了我很新的感受和很深的印象。他毕竟是短篇小说的大手笔！他在 9 月 29 日的日记里所说的，当时他对一位老作家在刊物上发表的谈创作的文章持不同意见有些失悔，显然是指孙犁同志在《人民文学》第 8 期上发表的《关于短篇小说》一文。孙犁同志的文章，确未能把短篇与中篇、长篇区别开来的特点说得很清楚，而侧重于把短篇越写越长的弊端，归咎于概念化的结果。孙犁文章的失当，说来应归咎于我和阎纲两人。我们在向孙犁同志约稿时，他问我们当前小说创作上有什么问题，我们对他说有越写越长的趋向。孙犁在文章中就是以我们的这个话题作为开篇的。沙汀的谈话则在更多地剖析短篇小说之为短篇小说的特点。但我同时也发现，当时，沙汀对当前的小说创作也还并不是十分熟悉。这些天来他在朋友面前所谈的也并非短篇小说的写作，他的注意力还没有来得及转到小说座谈会的议题上来。也许他更为关心 30 年代文艺的问题，他

希望对此有一个说法。他近来探望的朋友，大都是30年代的朋友，这是他们谈论最多也最有争论的问题。自《人民文学》1978年第1期发表了在京文学工作者座谈会的纪要《热烈欢呼华主席的光辉题词向“文艺黑线专政”论猛烈开火》一文，李何林同志写信提出异议后，文学界内部对30年代的争论就已箭在弦上。沙汀对发表在《鲁迅研究》上的唐弢的文章也持有异议。9月20日他去看望周立波和林蓝，在场的有严文井、韦君宜。“(张)光年到后，谈话更热闹了，从30年代扯到唐某的文章。这篇文章见《人民文学》第8期(即唐弢《尺素书——有关鲁迅先生几件事情的通信》一文)，和他发表于《鲁迅研究》者颇有差别，原来光年曾经同他谈过一次。”[2]

一丝不苟的作风

短篇小说座谈会的会址在南城虎坊路一带的远东饭店。这是一家很小的饭店。外地的作家已经来了，马烽、茹志鹃、赵燕翼、叶文玲、张天民、邹志安、萧育轩。李凖就住在西四北四条一位电影界朋友的家里。北京的作家多数不住会。沙汀同志身体不适，张光年同志正在帮他找医院做一次彻底检查。10月12日张光年给他打电话，请他在小说座谈会上作发言。10月19日是座谈会开始的一天，一大早，我们按照事先约定派车去接业已转移到国务院二招227房间暂住的沙汀和家在百万庄宇宙红4号楼2门7号的周立波。

这次短篇小说座谈会，是十年“文革”大浩劫之后召开的第一次全国性文学会议。当时中宣部还没有恢复，中国文联、中国作协也都还没有恢复工作。在拨乱反正的时刻，召集这样的创作座谈会的责任就自然地落在了暂列在出版局编制下的《人民文学》杂志社身上。这次会议，本来是应

[2]《沙汀日记》第324页。

多邀请一些作家出席的，但因有些作家还没有恢复名誉，有些作家还没有开始写作，有些作家情况不明，就只邀请了20多位。会议由《人民文学》主编张光年主持。张光年在研究会议筹备工作时给这次会议提出的方针是："生动活泼，交流经验，交换意见，不作结论，择善而从。"作为主持人，他不希望张扬，他希望悄悄地开好会议，认真地探讨创作问题，不要给中央添麻烦。

沙汀在参加我们的座谈会之前，不仅在老作家中有了广泛的交往，而且已于9月24日参加了国家出版局召开的一个出版座谈会，听了许多老作家和出版家的发言，他自己也在会上就出版问题发了言。应该说，他对北京文艺界特别是创作界的情况已经有了大致的了解。事先不仅有我们去约他，张光年也亲自打电话请他准备发言，因此他这次是有备而来的，所以会议开始的第一天上午，他就发了言。他在发言中作为举例分析的作品，主要是鲁迅的小说。好处是讲得细，抓得准。但现在看来，当时，沙汀的思想也还没有充分解放，因为在整个十年浩劫中，只有鲁迅的作品是最站得住的，没有人出来否定过。从鲁迅的小说来谈短篇创作，保险系数自然要大得多。由于他发言之前，茹志鹃从批判《朝霞》讲到百花齐放，提出了选定一个题材后应该从什么角度写的问题。张光年针对"四人帮"思想影响下形成的创作模式插话说："与其说从正面写，不如说从表面写。"沙汀就是从这一契机开始他的发言的。他的发言已经发表，我这里从我的记录引出一段来，这是发表的文本中没有的：

> 有的人一定要正面写，白刀子进去，红刀子出来。这并不一定是个好的办法。鲁迅的《药》是写革命家秋瑾的，题材很深远、很重大，但鲁迅写的却是茶客，写用拳头打人，写"用馒头蘸血舐"，写老百姓的愚昧落后。《离婚》写黑暗势力的强大，这是不是说不依靠群众？当然不是。列宁说过，统治阶级要维持自己的统治，不光是依靠军队、警察、法院，还依靠群众的落后。（张光年插话：还依靠宗教。）试问，在《白毛女》中，是写杨白劳喝卤水能启发人们的觉悟？还是写他拿起扁担痛痛快快地打地主老财，更能启发人们的觉悟？我们有些观点是片面的，形而上学的。应当把艺术形式与内容分开来。作品的主题从何而来？——从生活中来。作家要运用马列主义立场观点去观察生活，提取有重大意义的

题材，然后下笔。不是翻翻书就能找出主题来。《伤逝》写一个小家庭，一个独立王国，意在反封建。一般说写出这一点也就够了。但鲁迅却写子君与涓生分开，去寻找新的道路。他在小说里把大事件与小事件结合起来。鲁迅曾经说过，不能写大建筑，能不能写一砖一石呢？短篇小说不能求全面。任何人所接触的，都是生活的一个部分。（张光年：都写整体，就不要典型了。）鲁迅的《孔乙己》有好长？很短，只有三四千字，但那是篇好作品。作者写孔乙己无以为生，穷困潦倒，是唯一站着吃酒而又穿着又破又脏的长衫的人。他沦为偷贼。酒客的话把他的悲剧形象勾画出来了。小说抨击了封建的科举制度对知识分子的戕害。如果按“四人帮”的写法，是不是要写丁举人把孔乙己拿下，棍棒齐加？……

其实，沙汀同志是事先写好了一份有十几页稿纸的完备的发言稿的。不过发言时没有照本宣科罢了。他的发言，经编辑部同志记录整理后，由周明同志于会议结束后的第二天，即 10 月 26 日，给他送去，请他修改定稿。由于这是粉碎“四人帮”后文学界第一次创作座谈会，又有许多资深老作家在会上发言，我们商量决定将他们的发言稿分别在《人民文学》和《光明日报》上发表。沙汀是个十分认真的作家，他对自己所写的东西，总是字斟句酌，不肯轻易拿出来。《光明日报》编者急于发稿，因此作为经手人，我希望尽快拿到他的修改稿。11 月 4 日，我来到他的临时住处国务院二招，他将他改过的发言稿交给了我。他对我说，他在文稿中引用了恩格斯论哈克纳斯的《城市姑娘》里的一段话，由于他客居在外，身边没有恩格斯的原文，怕引用有误，请我帮助再查一查。我取回沙老的稿子后的第二天，他就给我写了一封长信，嘱我对文稿再帮他作些修改；之后，他又接连给我写了 3 封信。我收到这些信后，真是被他那种认真负责的精神感动了。现在把这些信件引在下面：

第一封信　1977 年 11 月 5 日

锡诚同志：

您不会认为我这个人难缠吧？因为昨晚回想起那段添的文了，尚有一点需要麻烦您查对、改正一下。也就是要请您把《城市姑娘》的写作年代、故事中人物活动的年代以及欧文搞他的共产主义“实验”，或他那一套盛行的年代，一并查对一下，然后根据查对结果，将我那段文章中所说“五十年以后”也许是“几十年以后”一语改正一下。使此大体上合乎实际。如查对不准，或太麻烦，那就不如改成这样意思的话：“如果把人物、环境或故事情节安排在欧文那一套空想社会主义盛行的年代”，现在，阶级斗争形势已经不同于欧文时代，工人阶级的觉悟已经大为提高，那么，《城市姑娘》中的人物、故事情节的处理，也就不能说典型了，因为它不符合当时的历史条件和要求，也就是不符合无产阶级团结斗争的实际，这比“五十年”、“几十年”较为恰当，且不致闹笑话。当然，这是大意，而且说得啰嗦，所以结果怎么措词，那还得麻烦你！

还有，在提到光年同志那几句话，以在“写诗之余”下加“工作之余，在健康情况许可下”等语较好。因为他担子并不轻松，健康也不算如何好，不加点限制那就无异将他的军！易使读书界对他苛求。不知以为然否？匆致

敬礼

沙　汀

（1977年11月）5日晨

你接到此信时，我可能已去上海，所以一切只有麻烦你们了！如果所加一段改起来过于麻烦，且不可能说明我的原意——昨天面谈的和你那个记录，就不加吧！又及。

第二封信　1977年11月5日

锡诚同志：

上午刚寄出一函，您看我又来麻烦您了！

上午因事忙于进城，回来睡了一觉醒来，才记起还有一点修改的地方。在谈到《孔乙己》时，我曾说酒客们对他“冷淡”。这不够，也和小说的叙述不符。应将“冷淡”改为“态度”，并加上以下字句：“当他活着时拿他玩笑、取乐，等到他在这世界上消失了，很快也就忘记了他。”然后，接上有关老板偶尔记起他的一些话。

我决定乘下星期一的特快去上海，当然无法面商，一切只有拜托

您、剑青同志、阎纲同志费神，连同上午那封信上谈到的加以改正了。并请代为致意为幸！

敬礼

沙　汀

（1977年）11月5日下午

我收到沙汀同志给我的前后两封信后，便按照他的嘱托，将恩格斯论《城市姑娘》的原文进行了查对和改正，并很快将改正后的原稿送还他，请他阅改。他又在原稿上作了些改动，于11月18日托人交给了我。他把文稿托人带交我的第二天，还不放心，又给我寄出来一封信：

第三封信　1977年11月19日

锡诚同志：

我昨天托刘昆同志转给您的校改稿，谅已收到。请您记住，我一定得看看最后的清样！这事一定得麻烦您和编辑部其他同志大力相助。还有，就是请于欠妥段处多提意见。我这个人性急、刻（？）事，容易紧张，因此也容易出毛病，往往又事后方知。比如，拙稿中，“积极为党工作”中，“为党”二字，就很不妥！

这两天想清理一下积压下来的来信，就写这一些吧。祝

编祺！

沙　汀

（1977年）11月19日晨

沙老真是太谨慎了！在他心中，文章一经发表就成了社会的，所以他总是千叮咛万嘱咐，生怕出错，造成不应有的损失。他的发言稿原来无题，署为《发言稿》，我将其改为《短篇小说我见》，一式两份，一份交给《光明日报》文艺部，一份发到印制《人民文学》的工厂新华印刷厂。所幸的是，沙老亲笔撰写的这份发言稿，至今还完好地保存在我这里，重读他那一行行用钢笔书写的蝇头小字，使我回忆起与他交往的日子。《光明日报》由于版面关系，略作删节，发表在11月26日的“文学”专版上，题目改为《短篇小说琐见》。而《人民文学》则按照我改定的题目发排。这也就是

为什么同一稿件，却出现了两个不同的题目的原因。《人民文学》排出的校样，根据他的要求，送给他自己看。他看得极为仔细认真，在校样上改得很多很乱，几乎对每一个重要的段落和表述方式，都是字斟句酌，不轻易放过。50—60年代我作编辑时，碰到过在校样上大改大删的作者，也听说过一些大作家在校样上大改大删的趣闻，如今可真的碰到了这样的一位大作家！心想：经过“文化大革命”的排字工人能有这样的耐心吗？能理解作家的劳动吗？正在思考之中，又收到了沙汀的来信。

第四封信　1977年11月25日

锡诚同志：

清样看了。我又作了些修改。这可能引起校对科同志、排字工人同志不满，但一定得请他们照此清样校改，由我负责赔偿一些损失都行。为了争取刊物如期出版，看来不会有时间让我看最后清样，那么一切只有求您们帮忙了！

特此拜托，顺祝

编祺！

沙　汀

11月25日夜

沙汀的《短篇小说我见》一文，与周立波的《关于小说创作的一些问题》、王愿坚的《新一点，深一点》、陈骏涛的《题材是广泛的》合为一组，在茅盾题写的栏目“促进短篇小说的百花齐放”下，发表于1977年第12期上。

30年代文艺和任白戈文章

通过短篇小说创作座谈会，我与沙汀的关系密切了，他有事就把我叫去，或叫我帮助办理，我也常到他那里去，得到他不少教诲。在1977

年12月20日《人民日报》编辑部召开的“坚决推倒、彻底批判‘文艺黑线专政’论座谈会”和12月28日—31日《人民文学》在总参招待所主持召开的上百人参加的以“向文艺黑线专政论猛烈开火”为题的“在京文学工作者座谈会”之后，文艺界向“四人帮”制造的“文艺黑线专政”论发起了声势浩大的批判运动。在“四人帮”制造的所谓“文艺黑线”中，30年代文艺运动是这条“又黑又粗的黑线”的重要组成部分。1978年3月30日我和刘剑青、阎纲三人到朝阳医院看望在那里住院治疗的张光年同志，当时周扬同志也在那里。我们向他请示打算组织沙汀、王瑶、林默涵等人撰写关于30年代文艺问题的文章，光年同志同意了。当天下午，我和阎纲就去了沙汀和林默涵那里组稿。第二天我又去北大王瑶那里。周扬、光年、沙汀都向我们谈到了任白戈同志有一篇文章。

曾担任过西南局书记的“左联”成员任白戈同志写了一篇批判“四人帮”的文章，清算其在30年代文艺上的谬论。他将这篇文章送交中宣部，请审查和帮助修改。4月1日，我给中宣部文艺局副局长荣天屿同志打电话，询问任白戈文章有没有给什么报刊发表，如果还没有确定给哪家报刊，我们想看看，能否在《人民文学》上发表。荣在电话里说：此稿经送周扬、茅盾看过，提了修改意见。沙汀也看过了。他说，要向张（平化）部长汇报一下，然后电告我们。过了5天，4月6日一上班，我就接到荣天屿同志打来的电话。我的电话记录是这样的：“经请示张部长，任白戈同志文章转给《人民文学》。我们写了一信，关于30年代问题有些争论，我们认为，当前应一致起来批判‘四人帮’，希望你们组织有分量的批判文章。至于有争论的一些问题，让他们学术界去讨论，也可以组织文章，也可以发些资料性的文章。至于任白戈同志的文章，经周扬同志看过，用铅笔改了一些地方。我们也改了一些地方。沙汀同志知道他的写作过程，可同他商量一下，其中个别地方，还有可以推敲的地方，你们可以同作者直接联系。”[3]领导上的这个意见很及时，对我们编辑工作有指导意义，粉碎“四人帮”后，在文艺界内部对30年代问题出现了分歧的看法，但当前的首要任务是集中精

[3] 此电文为笔者当时的记录稿。

力批判“四人帮”的谬论、清除其影响。但同时我也担心，30 年代问题没有一个符合实际情况的公正的结论，也很难把文艺界的揭批斗争进行下去。

我于 4 月 10 日收到任白戈同志文章后，即打电话向光年同志报告，并说了我读后的意见：我认为可以发表。编辑部决定在《人民文学》上发表任白戈同志的文章后，不仅得到主编张光年同志的具体而微的帮助，而且我还按照荣天屿同志的意见，与作者任白戈同志和沙汀同志取得了联系。任白戈委托沙汀帮助。正好我们也希望得到沙汀的指导。沙汀同志非常热心地帮助我们，把这篇经过多位文艺界领导人审阅修改过的文稿，又审阅推敲了一遍。我们决定在《人民文学》1978 年第 5 期上发表。题目是“坚决批判林彪江青一伙对三十年代文艺的诬蔑”。发稿后，刚过了五一节，我就收到了沙老于 4 月 30 日给我写的一封信。信中说：

锡诚同志：

脑子不够用了。今天忽然想起，(任) 白戈那篇文章，其中“而且就在谈到混入左联的这些坏人的时候”一语，是否已经改成“而且，当我们谈到三十年代的左翼文学运动的时候”？我记得你曾告诉过我，你和光年同志商酌后，已经改了。若然，那就好；否则请一定改过。盼多费神详加校正，受人之托，总怕发生差错。而我实在又没有工夫，所以只有一切拜托你了。

我最近很疲累。幸而找到一个清静的地方，可以扯伸休息几天，积蓄点精力，以便出差到南方去走走。我的新址是：虎坊桥万明路 11 号，即原东方饭店，房间号码是 132 号。匆致敬礼！

沙　汀

(1978 年) 4 月 30 日

任白戈同志的文章，在许多老同志，特别是沙汀同志的帮助下，顺利在《人民文学》1978 年第 5 期上发表了。此文的发表，对于恢复被“四人帮”弄颠倒了的 30 年代文艺的本来面貌，正确评价 30 年代左翼文艺的历史功过，起了重要作用，在文艺界的影响颇大。

沙汀同志早已被任命为中国社会科学院文学研究所所长，接替于 1977 年 7 月 24 日何其芳同志逝世以来空缺的所长之职。对于这个年届 74 岁的

老人来说，工作之忙之累，是可以想见的。他的认真负责的精神和对朋友、对事业的真情，再一次感动着我。他累了，他要休息一段时间，但他还是把他的暂时保密的住址告诉了我，他并没有堵住我去他那儿的路。

30年代文艺问题还是一直萦绕在他的心头。30年代左翼文艺的重要成员徐懋庸在“四人帮”倒台后逝世，但他的冤案在逝世前却一直没有被昭雪。徐在逝世前对他与鲁迅的关系问题有遗书。据当时担任社科院文学所副所长的荒煤同志在1978年10月20日—24日召开的《人民文学》、《诗刊》、《文艺报》联合编委会上发言时说，徐的夫人王韦同志（笔者注：王韦同志系文学研究所干部）要求对徐懋庸的问题重新审查。[4]担任所长的沙汀当然也会知道或经手此事。任白戈与徐懋庸有50年的友谊，是徐最要好的朋友，他对徐懋庸的情况最为了解，读者自然希望任白戈出来就徐懋庸的历史悬案写文章予以澄清，还历史以真面目。时机到了。四川人民出版社决定编辑出版《徐懋庸选集》，请任白戈为其写序。沙汀于1981年3月将任白戈为该选集写好的序言给我寄来，希望能在《文艺报》上发表。沙汀同志随稿给我写了一信：

锡诚同志：

白戈同志为四川人民出版社即将出版的《徐懋庸选集》写了一篇序言，现介绍给你，请你转有关同志，希望能在《文艺报》发表。

四川人民出版社早已有出懋庸选集的计划，因为稿挤，一时没有发到工厂。去年底，三联书店也编了徐氏杂文选。也由白戈写了序言，且已发表过。

但听说两种版本内容不一样，两篇序言也完全不一样。白戈跟懋庸有50年的友谊，他对徐是很了解的。因此，他的序言写得有感情，也抓住了徐作的特点。这些观点，对今天也有意义。

稿子如何处理，请早一点告诉我。

麻烦你。谨致

敬礼

[4]陈荒煤转述的徐懋庸遗书的部分内容，见《炼狱中再生——荒煤复出前后》。

沙　汀

1981 年 3 月 17 日

作为一个编辑，我对于在《人民文学》作编辑工作时，沙汀同志在发表任白戈同志关于 30 年代文艺的文章上的帮助还记忆犹新，在事隔 3 年后，他再次热心推荐任白戈同志关于徐懋庸创作的文章来，就更加使我感动。从此也可以看出 30 年代文艺问题，一直是他走进新时期以来最为关心的问题之一，用时髦的语言来表达，也可以叫做“沙汀的 30 年代情结”吧。在与主编们商量后，很快就决定在近期内安排在《文艺报》上发表。这就是读者看到的于 1981 年 7 月下旬出版的第 14 期《文艺报》上发表的《徐懋庸及其作品》这篇文章。文章并不长，但写得很漂亮，很感人，像鲁迅早年说的那样，做到了知人论事。徐懋庸地下有知，也该满足了。任白戈同志弃文从政多年，却仍然宝刀不老，实属难能可贵。

关心和奖掖青年作者

处理完任白戈同志关于 30 年代文艺问题的文章后，我在《人民文学》的工作也就接近尾声了。作为中国文艺界在十年动乱后重新恢复工作标志的“中国文联全国委员会扩大会议”的筹备工作，这时已进入了紧张阶段。在全国各地作家艺术家们的呼吁下，《文艺报》复刊的筹备工作，也已到了瓜熟蒂落的时刻。《人民文学》兼《文艺报》任务的那个特殊的过渡阶段即将结束，我们文学评论组的全部人马阎纲、吴泰昌和我三人即将告别《人民文学》转到《文艺报》去工作了。

四川省简阳县红塔区业余作者周克芹写了一部题为“许茂和他的女儿们”的长篇小说，于 1979 年发表在当地出版的内部刊物《沱江》上。这部长篇发表后，受到在重庆文联工作的老作家张惊秋（殷白）同志的赞赏，

他写了一篇长文《题材选择作家》，评介这部仅在内部刊物上发表的作品。他于1980年1月将稿子分别寄给了《文艺报》、周扬和沙汀各一份。《文艺报》评论组的编辑考虑到是在内部刊物发表的作品，就将稿子退给了作者。作者收到退稿后，即将这份退稿寄给了荒煤同志，请他转给《文学评论》。周扬同志接到殷白的稿子后，便于2月3日修书沙汀，予以推荐，并把殷白的文章和载有《许茂和他的女儿们》的《内江三十年文学作品》一并寄给了他。沙汀收到信后于2月18日给周扬同志回了一封长信（实际上是一篇书信体的长文），并将周扬同志和他的通信以及殷白的文章，一起交给了我们，并对我说他读了周克芹的小说，也认为是部好作品，请我们考虑在《文艺报》上发表。沙汀在给周扬的信里给周克芹的《许茂和他的女儿们》很高的评价。他说："我读完全书的印象是，它不止是三年来反映在'四人帮'阵阵妖风横扫下四川农村生活的佳作，就从三十年来反映农村生活的长篇说，也相当难得。"他认为小说在题材的选择和深化、人物形象的塑造（特别是许茂老汉和四姐许秀云）、小说的结构等方面有所突破。他也指出了小说的缺点：用"哲理性的抒情笔调"刻画人物的内心世界太少；作者自己出面对人物的思想和行为作评价和判断又显得太多。[5]

有了沙老的口头推荐以及周扬和沙老的通信（评论文章），在3月3日有主编冯牧、罗荪和副主编唐因参加的编辑部碰头会上研究版面时，当即决定将周扬和沙汀关于《许茂和他的女儿们》的通信列入发稿目录。限于篇幅，殷白的文章稍后再发。唐因则有更深一层的考虑，到10日发稿之前的碰头会上，唐因再次提起此事，对大家说："殷白的文章还是应同时发，否则将是一个案子！"于是定下来，殷白的文章与周扬和沙汀的通信一起发表。编辑部把决定发表的意思信告了殷白同志。殷白同志得知沙汀将他和周扬的通信以及他的文章交给了我们，我们决定发表周、沙的通信后，急忙于3月13日给《文艺报》主编冯牧和罗荪各写了一封信，历述他的稿子投寄和处理的过程，并提出了一些要求："总的意见是：如发周扬致沙汀信而无我那篇东西，可加个注，注明见《四川文学》4月号。这个办法看来有

[5] 周扬、沙汀《关于〈许茂和他的女儿们〉的通信》，《文艺报》1980年第4期。

些遗憾。所以我又提供另一办法，我说兄如厚爱，是否可以以转载形式发表，因为实际上这篇东西已经在《沱江》1980年1月号发出，《文艺报》可以以作为转载自《沱江》（专区的小刊物），而不是转载自《四川文学》。事实上《四川文学》也可以说是转载《沱江》的。这样处理似可免去我的遗憾和歉意。而且很可能《文艺报》出在前，《四川文学》再早也要在4月中旬才能见。……”看来，唐因同志的考虑和决策是对的，否则不真成了一桩案子吗？

当时我在编辑部里主管文学评论，没有读过《许茂和他的女儿们》而仅根据作品是在内部刊物上发表的这一点，就退了殷白同志的评介文章，现在检讨起来真是一种浅薄的见解，差一点儿就埋没了这部好作品。幸得老作家沙汀及时向我们推荐评介文章，又亲自把周扬和他的通信交给我，是帮了我们的编辑工作一个大忙。这样说，倒不完全是因为后来这部小说在第一届茅盾文学奖评选时得了奖，而且是因为这部作品在当时出现以及它在取材立意、结构、人物塑造、语言锤炼等诸多方面所取得的艺术成就是一种客观存在。

△ 沙汀与艾芜——文坛上的双子星座

沙汀同志逝世后，我曾在《中国作家》杂志上写过一篇《难忘的教诲》悼念他。[6]那里面说到这位老作家在新时期初期对青年作者的关怀与教导。他对待青年作者，特别是对待他家乡的那些青年作者的关怀、帮助和奖掖，一直温暖着我这个编辑的心灵，成为我做人的榜样。4 月份，沙汀已经回了成都。我从贵阳到成都后，立即到新巷子 19 号他的家里去拜见了他和艾芜先生。“五一节”又与这二位被称为“双子星座”的老作家一起参加了《四川文学》的联欢宴会，一起喝了酒。从他的口中，我知道周克芹至今还是个农民，且家境十分贫穷，生活相当困难，是在非常艰苦的环境中写出这部几十万字的作品的。我被他本人的故事和他作品中的人物吸引着。在沙汀的启示下，我决心亲自走一趟简阳，去会一会这位至今还没有脱产的农民干部和业余作家，听听他的故事。行前我曾去请教过沙汀。沙汀还交给我一些绵阳和万县的内部文艺刊物，要我有机会时见一见那里的作者，同他们谈一谈创作问题。我尽量按他的嘱咐做了。我从重庆回京时，便请殷白同志帮助安排，利用轮船在子夜时分泊岸万县的机会，在趸船上与万县的几位作者座谈了一个多钟头。

作家队伍里大都在写知青文学和伤痕文学，写知青文学和伤痕文学的作者也容易成名成家，得到更多的喝彩声。而作家队伍中关注农民及其命运的极少。有些知青文学中甚至把农民写得很坏。只有那些扎根于农村或本身就是农民的作者，才写出了正确描写农民及其命运的作品。周克芹就是其中的一个。还有江苏的高晓声，写出了《李顺大造屋》；贵州的何士光，写出了《乡场上》。鉴于此，《文艺报》编辑部于 3 月 15 日邀请了在京的一贯以农村生活为其创作题材的作家浩然、刘绍棠、林斤澜、管桦等与编辑部部分编辑，在冯牧主持下，召开了农村题材创作座谈会，向全国创作界发出了“文学，要关心九亿农民！”的呼声。作家要关注农民的问题，也是当时笔者头脑中在考虑的问题，并且提笔写成一篇《想着农民记着农民》的短论，发表在第 5 期的《文艺报》上。我就是带着这样的思想于 5 月 5 日来到位于川东沱江边上的简阳拜访周克芹同志的。周克芹见面对我所说的，与我在京常常听到的声音，是完全另外的一种思想。他对我说：

---

[6] 刘锡诚《难忘的教诲》，《中国作家》1993 年第 3 期。

"罗丹说，文学就是发现美。从司空见惯的事物中发现美，至今还有用。真善美本身没有阶级性，资产阶级可以用，我们也可以用。温柔敦厚，心灵美好，为啥不可写？作家的高低不在于思想多么尖锐，语言多么尖刻，关键在于从司空见惯的生活中发现美。有人说龙庆是个中间人物。这说对了，他的内心是美好的。像许茂这样的老农民，我不同意别人那样的写法，他生活的坎坷不幸，是时代造成的，他的心灵却是美的。四姑娘、三姑娘，也都是从生活深处发掘出来的，我是想把美展示出来，同时对破坏美的势力给予鞭挞。"我看了周克芹住的房子，区公所的一间窗户被堵起来的阴暗的办公室兼卧室，墙上糊满了旧报纸，床上床下到处是书，一张木写字桌。别人介绍说，他生活穷困得只好把门板摘下来去卖掉，而为了怕碰见熟悉的老乡，只好扛着门板到本县最偏远的集市上去。这一看，我终于理解了周克芹，理解了他为什么要写出那样一个许茂，理解了他为什么要对那些把农民和农民干部写得很坏的作品那样不齿。这个收获，还得感谢沙汀的启示。此后，周克芹与我通过多次信，我们是通过沙老连接起来的。沙老也一如既往地常向我提起周克芹，要我读读他的这篇那篇小说。周克芹后来在《青年文学》上发表了《果园的主人》。我到沙老那里去的时候，沙老就告诉我，他看了，有新意，要我也看一看，有心得的话就写一篇评论。

与推荐殷白评论《许茂和他的女儿们》的文章差不多同时，沙汀还把他自己写于 1980 年 4 月 4 日的一篇评论湖南作家周健明的中篇小说《湖边》的文章《漫谈周健明同志的小说〈湖边〉》交给了我们。周健明是刚过世未久的老作家周立波的大儿子，一直在湖南工作，但由于父辈的关系，他也与沙汀熟稔。他写的《湖边》于 1979 年底由人民文学出版社出版后，送了我一本，我们曾交给当时应邀参加由《文艺报》编辑部主持的"长篇小说读书会"的评论家们阅读。在长篇小说汇报会和讨论会上，只有钟本康同志对这部小说作了较为全面的评价。[7]沙汀对这部小说的评价相当客观，

[7]钟本康关于《湖边》的发言说："《湖边》有自己的艺术风格。人物和事件处理得好。没有写什么高大人物，也没有豪言壮语，但很真实，很有教育意义。"见《本刊举办长篇小说读书会探讨创作问题》，载《文艺情况》（《文艺报》编辑部编印）1980 年第 1 期第 5 页。

既有肯定的赞许，也指出了不足和遗憾。如他指出，作品中的对话，一般都生动、幽默，读起来兴味盎然。但也有不少语言平淡，甚至有大段不必要的长篇大论；反面人物、中间人物、次要人物，写得比主要人物生动丰满，而主要人物则写得苍白，等等。沙汀的稿子是由编辑部其他同志处理的，那时我正出差在成都。我回京后才读到他 1980 年 4 月 30 日写给编辑部的信，并一直将它收藏着。信里说：

评论组同志们：

《漫谈》收到。我同意你们的修改方案，并将删节部分抽出，改了页码。此外，我又修改了少数字句。但恐仍有欠妥之处，这就只有靠同志们帮助了。这绝非客套话，脑子实在不大够用了！而且，近来特别感到困乏。

锡诚同志已从贵阳到了成都，昨上午来谈了一阵，下午就接到您们寄来拙著原稿。他来这里是够忙的，否则倒想同他过细把按照您们的方案删节后的稿子，再字斟句酌一番。不过，我相信，如果尚有欠妥之处，您们照样也会看得出来，并加以指正的。

除删节部分，原稿寄还，请予审阅！此致

敬礼！

沙　汀

（1980 年）四、卅日

沙汀同志评论《湖边》的文章，我们已根据他的定稿发排了，预计发在《文艺报》第 8 期上。事情决定后，我曾与周健明通过信。看完清样后，我又于 7 月 18 日给沙汀寄出一信，向他说了我们最后校改的情况，信中还向他推荐了我们看到的几篇四川青年作者的新作，问他是否读过。我向他推荐新人新作和他向我推荐新人新作，那个时期是常做的事。他接到我的信后，于 22 日从成都给我回了一信：

锡诚同志：

18 日手书奉悉。周健明同志 13 日曾来一信，就说您们即将发表《漫谈〈湖边〉》一文，并称，他将从我的批评受到鼓舞。

我想，既然如此，您们校改后就发表吧，只是文章最后所说“新人新作”云，还得加两三句：“作者在基层工作期间，就写过不少通讯报道，近三年又专门从事文艺理论研究工作，但在小说创作方面，仍不妨说是新人新作，而且作者显然具有创作才能。”意思就是这些，如何增改恰当，只有烦您们代劳了。而这一增改，不仅合乎实际，也于他当前职称无伤。

《勿忘我》尚未看过，《落选》和《燕子啁秋》我倒看了。它们同见于《四川文学》5月号。后者题材新鲜，行文爽利；前一篇，即《落选》却更切中时弊，引人深思。我曾当面向作者谈过自己的一些看法。

真倒霉！牙齿问题刚好解决，哮喘又复发了。正治疗中，幸得挂念！

敬礼！

沙　汀

（1980年）七、廿二日

沙汀同志做事的周到随处可见。即使在这样一篇不长的评论作品的文章中，连作者的历史和现在处境都考虑得十分周到，生怕由于自己的不慎而给他人带来不必要的不快甚至麻烦。我们没有按照他的这些周到的想法去修改他那篇文章，但我们保留了他对自己青年时代所写作品的不足的反思，以启发作者认识自己作品的不足这一段文字，使读者不会产生居高临下教训青年人的感觉。他对我们这些编辑，没有一点大作家的架子，常常是虚怀若谷地把我们年轻一辈的编辑放在平等的位置上，倾听我们的意见，不厌其烦地修改自己的文稿，直到他自己和编辑都满意为止。

粉碎“四人帮”后，沙汀从成都来京，住了很长一段时间的招待所。住过国务院二招、远东饭店、华侨大厦等处，过着没有人照料的生活。后来，在干面胡同社科院宿舍楼里分得一套住房。那栋楼里住着很多知名学者。我多次去他家里请教他，每次去他都同我就一些青年作家的作品交换意见。最令我印象深刻的是他对四川的作家的关心和爱护，常常在我面前提到他们的新作，要我有空时读读。这些作家我大都认识，也就与他有共同语言。记得我在1987年某期的《中国作家》上读到四川青年作家包川的一组短篇小说，感到有一些特点，便写信给沙汀同志，问他是否看过，有何意见。沙汀接到我的信后，在眼睛的视力极其恶化的情况下，于1988年1月19日给我回了信。

锡诚同志：

您好！手书早收到了。由于精（力）日衰，杂务又较多，以致迟复，乞谅！

包川同志本人也提出要我看看她在《中国作家》上发表的作品，您又来信提及，我可至今未看，说起来真有点惭愧。

但我决定春节前打起精神，挤点（时间）看它一遍。她被调到《现代作家》编辑部时，我是有意见的，可是有什么办法呢？您知道吗，她这三年主要是在编《人世间》，几乎停笔了。

我一直认为，文联、作协的刊物，应该由搞理论批评的同志负责主持、参加，搞创作的，乃至连什么代表、委员都不必让他们承担。这是我多年来总结的一点经验。匆祝冬安

沙　汀

八八年一月十九日夜

他在这封信中除了谈到包川本人外，还谈到文联、作协如何爱护作家的问题。这些意见虽是他的经验之谈，但对于文联、作协这类单位的工作，却是极端重要的。

此后，由于种种原因，再也没有见到沙老。

沙汀逝世于 1992 年冬。总其一生，他在短篇小说上的成就，可以说是独步文坛的。他是一个热爱生活的大作家。他在十恶不赦的“四人帮”被粉碎后又一次来到北京，以极大的热情走进了文学的新时期。他在晚年，除了《青㭎坡》、《红石滩》等作品（这些作品在艺术上无法与他早年的作品相提并论）外，他把一个作家的热情和精力，大半献给了文学所的行政工作和扶持青年作者。这也值得。许多他所关心和帮助过的晚辈作家已经成长起来了。青年时代，他曾由着自己的性子离开贺龙的部队，完全是一副文人的脾气和个性；晚年，他也仍然像个纯真无邪的儿童。爱他所爱，恨他所恨。他的人品受到人们的尊敬。他的声望，不只是存在于他的同辈和朋友中间，也存在于我们这一辈人中间。他的作品，将活在一代一代的读者中间。他的名字，将闪耀在中国现当代文学史的册页上。

1998 年 2 月 8 日

渴望 liberty 的人

——获得自由后的周立波

“试笔”：一个苦涩的字眼

周立波是我心仪已久的老作家。他曾在一篇文章里写过立波这个名字的来历。“立波”乃是英文“liberty”的汉译。这表明他一生渴望自由和解放的心迹。因为在中学读书时就读过他的长篇小说《暴风骤雨》里的《分马》那一章，此文曾给我幼小的心灵以深刻的影响；后来，在大学里又读过全本的《暴风骤雨》，从小说中知道了许多我不了解的东北地区土地改革的情况以及人生的道理。《暴风骤雨》又与丁玲的《太阳照在桑干河上》一起，在建国不久就获得了斯大林文艺奖金。50 年代初期，我们不知道世界上还有什么文学奖，只知道斯大林奖金在文坛上的地位是十分崇

△ 创作《暴风骤雨》时的周立波

高的，作为斯大林奖金获奖者的名声，给周立波这位早年就在国统区文坛上成名、后来又在解放区出道的作家增添了一些神秘感。

周立波1958年就自愿下放到老家湖南省去体验生活，一气呆了20年。1958年原在北京的作家下放到地方上去，是一股政治性的风潮。下去之前，周立波在北京住在哪里，我没有考察过，但我知道他早在香山附近是买下了一个院落的，就在香山路顶头的高台上，据说有40亩地那样大。要走了，怎么办？他把这所院落，交给了当时四季清乡的乡长，请他帮助看管。听说，“文化大革命”中他在湖南受到了残酷的迫害，被多次批判，多次游斗，后期被关进了监狱。粉碎“四人帮”之后，他回到了北京，与林蓝和他们的小儿子住在二里沟附近一座叫做“宇宙红”的简易楼房里。林蓝同志当时是北影的编剧。这批简易楼组成的楼群，据说是“文化大革命”中的“革命思想”的产物，“宇宙红”这个名字也很革命，令人想起革命的“红海洋”。

那是1977年下半年的某一天，我刚从新华社调到《人民文学》杂志社工作不久，决定去拜访周立波，向他约稿。他的编制那时已经转到北京来了，据说在文化部文艺研究院，在那里过组织生活的，还有冰心等老作家。我在二里沟路东一片简易楼群中找到了周立波住的那间简易房。整座楼据说是用单层红砖垒砌起来的，墙皮显得很薄。家家的窗户玻璃上都有一根烧黑了的铁皮烟囱穿出来。我敲开门，林蓝同志问我找谁。我简单回答她，我是《人民文学》的某某人，来干什么。由于没有客厅，甚至连过厅都没有，一眼就看见了站在林蓝身后的个子很高、身体很瘦的著名作家立波同志。过去我见过他，现在竟然瘦成了这个样子！我迅速环视了四周，室内没有暖气设备，也没有专用的厨房，厕所是居住在同一层楼里的人家共用的，里面只有一个蹲坑，就与火车上那种厕所差不了多少。一个中国的大作家竟然蜗居在这样一所简陋的房子里！我头脑里顿时闪出了一个也许是很荒唐、很不切实际的想法：想法帮他弄一套房子！

过了些日子，有一次到他那里去的时候，我的确向立波同志讲了我经过考虑的建议：把他在香山的那个院落交给某个部委，部委可以在那里建一所很好的招待所（那时头脑里还没有后来的那些“别墅”“花园”一类的词汇），请他们给立波一套像样的楼房，让这位老作家有一个舒适的写作环境和安度晚年的家园。尽管在一旁的林蓝同志对此不感兴趣，立波同志却意外地同意了我的建议。那个时候，我才40岁出头，血气方刚，很愿意为这位我所尊敬的老作家办事。于是，我便亲自到香山去了一趟，进到那所以前我曾进去过的院子里看看，那所原来很雅致的农家小院，公社化时期，一度成了公社的马棚，现在里面也还拴着几匹牲口，显得冷落萧瑟、破败不堪了。过了些天，我把长期担任作协秘书长、主管行政工作的张僖同志和《人民文学》的行政干部陈树诚同志一起拉去他的家里，商量换房的事。在北京要办成一件事谈何容易！这件事情也终究未能办成。不久，国管局给他在南沙沟 1 号楼分了一套单元房，与林默涵、贺敬之同志楼上楼下，全家欢天喜地地搬进了新居。香山房子的事也就没有人再提起，不了了之了。我心里想，就算周立波同志给四季清作了贡献吧！

这个时期，我常去他那里坐坐，谈谈。看起来，他也还喜欢跟我谈话，从我那里了解一些外面的情况。我请他给《人民文学》写文章，他说他在里面（监狱里）呆了好几年，十多年没有摸笔了，一时还难于写出什么作品来，但他已经在构思一部长篇小说和一篇题为“湘江一夜”的短篇小说，长篇是写抗日题材的，反映八路军三五九旅的一次远征，从陕甘宁边区冲破国民党的层层封锁、日寇的沿途堵截，一直打到湖南敌后；由于形势变化，随后又回师北上。[1] 他渴望 liberty，如今已经获得了 liberty 的他，对 liberty 更加珍惜。他说，他现在先着手写个短篇，作为“试笔”。

△ “文革”出狱后第二天与家人合影

这个题为“湘江一夜”的短篇，是他从大劫难以来到获得自由后如此漫长的年月里，很艰难地写成的第一篇作品，大概也是他一生中最后一篇小说。这篇小说构思于1977年，而写成的时间则是1978

[1] 沙汀《安息吧，立波同志》，《文艺报》1979年第11－12期合刊。

年春夏之际。对于这位作家来说，这篇小说极具纪念意义。至于酝酿已久的长篇，却始终没有写成，只是以报告文学的形式，写成了《万里征程》(1—6)，发表在《湘江文艺》1978年第6—11期上。

我在他那里第一次听到“试笔”这个词儿，感到惊讶和苦涩。一个写过那么多重要作品的老作家，一个被称为中国的萧洛霍夫的作家，竟然还要“试笔”！？了解了他在“文革”岁月中的处境后，我才逐渐明白了无休止的残酷批斗、长期关押和公开批判，是怎样摧残了这位老作家的身心啊！

让我来引用一些我收集来的当时的材料吧。

1969年10月28日《××日报》文艺部某人给湖南省革命委员会的电话记录：

一、……

二、批判周立波已经列入了我们的计划，当然最后要由中央定，打算在明年年初见报。需要一个综合的打中要害的大型文章，请你们认真研究，抓紧准备。写好了，经过中央批准，我们报纸就可以转载。

三、周立波的要害问题，我们也会研究的。但现在还正在作准备，在接触他的作品，没有跟领导同志请示、研究。批判周立波，要把他的全部作品、几十年来的创作倾向、文艺理论，进行系统的分析研究，抽出其中要害的东西。这样才能打得准，打得有力。周立波不光是创作，还有理论，在几次黑会上都发了言，平时还散布了很多谬论。赵树理和周立波比较，赵树理还是土的，周立波有些洋，受苏修的影响，《被开垦的处女地》就是他翻译的，很崇拜萧洛霍夫。我个人看了他一些作品，觉得丑化工农兵，《山乡巨变》是很典型的。这个作品很阴险，把农村两个阶级、两种道路、两条路线完全颠倒了。所谓山乡巨变，看到末尾，不是“巨变”，而是“倒变”，我看了后很愤怒。他把合作化写成洪水猛兽，写成灾难，好像合作化不是给贫下中农带来幸福，而是给贫下中农带来痛苦。刘雨生，这个合作社的社长，被搞得妻离子散、家破人亡，活寡夫等人也是。毛主席在《关于农业合作化问题》的报告里告诉我们，我国实现农业合作化是有基础的，广大农民愿意走社会主义道路，他们的热情像火一样。可是在《山乡巨变》里，农民都不愿意走社会主义道路。有个亭面糊是什么人？被丑化得不成样子。“中间人物论”、“现实主义深化论”，必然落脚到写所谓英雄人物的阴暗面，导致丑化工农兵。《山乡巨变》没有一个正面人物，每一个人都有阴影，都有创伤，内心世界都很复杂，这正是苏修的理论。周立波受萧洛霍夫的影响很深，《山乡巨变》里面的亭面糊，就比《暴风骤雨》里的老孙头更突出，这里面很有东西。……

四、重点文章，一定要认真研究材料反复讨论……

五、关于周立波的材料，要收齐。他写的东西，他的言论，都要收集。你们那里存一份，还请给我们寄一份来。我们都希望找一些内部材料，我向领导反映一下你们的要求。不过批判主要是研究创作，批创作倾向，没有掌握内部材料，也不妨碍批判。

六、除了保证写好重点文章之外，还要有几个人组织工农兵写批判文章。《××日报》将来在发综合文章的同时，还要发一些小型的文章。

——录自湖南省革委会政工组宣传组记录

在接到这家大报文艺部某人的电话后，《湖南日报》从1970年9月起至11月间，一连发表了若干篇批判周立波的文章。这些文章，把周立波指责为“是一个打着‘写工农兵’的旗号，干着丑化工农兵勾当的反革命文人；是一个挂着‘写农村题材的第一流作家’的招牌，疯狂鼓吹农村资本主义复辟的吹鼓手；是一个拉大旗作虎皮，以革命者的姿态写反革命文章的两面派”。[2] 批判文章还把周立波的《暴风骤雨》指责为《被开垦的处女地》的变种，鼓吹阶级斗争熄灭论，为富农路线和修正主义路线鸣锣开道。无论是《暴风骤雨》中的老孙头、花永喜，还是《山乡巨变》中的盛佑亭、陈先晋，都是不仅不敢革命，不愿革命，而且抵制革命，反对革命！在上纲越来越高的批判声势下，周立波被投进了监狱，在狱中长达七年之久。获释后，才回到了北京。

被视为在鼓吹阶级斗争熄灭论上与赵树理齐名，而反革命修正主义影响更大的周立波，带着病弱的身体和寂寞无助的心情，就住在那所简易楼里。当时，文学界还没有恢复“文革”前的中国作家协会这样的作家组织，也没有恢复其他刊物。除了早年的老朋友外，几乎没有什么文学界的人与他联系。他虽然在思考着他的文学创作，但头脑中的那一段空白，实在是

2《鼓吹农村资本主义复辟的黑作品》，《湖南日报》1970年10月28日。

太长了。要把自己的创作思维接续起来，还需要时间。

学者作家的风采

我所供职的《人民文学》杂志社的编辑同仁们，在编稿过程中深感“四人帮”那些文艺教条仍然严重地束缚着作者的头脑，来稿、甚至已发表的作品，“帮气”也还相当浓重。“文革”前的一大批作家，如沙汀、艾芜，和年纪稍轻一些的王汶石、李準、白桦等，都还没有动起来；一大批被划为右派的作家也还没有出来；编辑部团结的一批中青年作者，如湖北的吉学沛，湖南的萧育轩，陕西的邹志安，河南的叶文玲等，愿意写，但都感到苦恼。鉴于这种创作态势，1977 年 9 月 27 日的一次编辑部碰头会上，副主编刘剑青同志在谈第 11 期设想时，提出了召开一次短篇小说座谈会的初步设想。但他在发言中却又表露出顾虑重重：“当前全党全国正在抓揭批‘四人帮’，我们却召开短篇小说座谈会，合适吗？”这个重大举措，终于于 10 月 8 日在张光年同志家里，向他汇报时确定下来。编辑们希望通过座谈会，促进小说作者们从“帮气”中挣脱出来，繁荣短篇小说的创作。座谈会于 10 月 20 日在北京召开。

由于我与周立波接触较多，邀请立波与会的任务，就落在了我的头上。周立波已经知道，他的老朋友沙汀同志已应邀从四川来京，准备参加会议，就住在西直门南边的国务院二招，老朋友要在这个会上见面了，也高兴地同意了。这是他自“文革”以来第一次应邀出席文学会议，所以他积极准备了一份发言稿。他的发言的题目是“关于小说创作的一些问题”，旁征博引、细致入微地阐述小说的艺术。他的发言很慎重，富有逻辑性和说服力，但也显得很拘谨，很像当年在延安鲁艺讲授外国文学的那个老师。他那种与生俱来的文质彬彬的书生气质，和博学多才的文学造诣，特别引起到会者的敬重。

他事先阅读了编辑部提供的一些比较好的短篇小说，如王愿坚的《足迹》、叶文玲的《丹梅》、贾大山的《取经》等。他对这些青年作者的小说给予了肯定的评价。他说，青年作者们对生活熟悉，反映生活及时，使短篇小说的创作向前迈进了。“四人帮”对革命者的迫害和摧残是极其残酷的，揭露和反对“四人帮”这一题材，不仅可以写，而且应该写，现在已出现了几篇不错的作品，如曹大澄所写的小说，比《奥德萨档案》写得要好，但这还仅仅是开始，对“四人帮”的残酷性揭露得还不够。

他还向到会的朋友们披露了“四人帮”借他的散文《韶山的节日》对他进行残酷迫害的事件。他说，因为我在这篇散文里写到了杨开慧，张春桥就给康生写了一份报告，康生又将其转给江青。于是对他的迫害就这样开始了。开始批斗我时，问我毒在哪里？我茫然不知道。他们说：“你的东西坏到什么程度？坏到不能登报批评，也不能公开检讨！”因为这篇东西，连当年主持《羊城晚报》的王匡同志都被勒令检讨，陶铸同志也受到连累。

会后，我们把立波同志在这次座谈会上的发言稿安排在《人民文学》1977 年的最后一期，即第 12 期上发表。此后，立波便开始写他酝酿已久的短篇小说《湘江一夜》。他在 1978 年 2 月 5 日写给沙汀同志的信里说：“我的短篇小说还没有做出。杂务多，客人也不少。”到初夏，我们终于拿到了他的这个短篇，并决定在同年的第 7 期上发表。

《山乡巨变》终于得到平反

这时，粉碎“四人帮”尽管已经两年了，可是，许多受“四人帮”迫害的作家和被打成毒草的文学作品，却仍然没有得到平反昭雪。伤痕累累的文艺界，又不能等待日理万机的党中央下令一个个地来解决。“真理标准问题”讨论的强劲东风已刮到了文艺界。北京文艺界人士已决定召开实践是检验真理唯一标准座谈会。编辑部决定派人到一些地区调查了解情况和组织稿件。我和高洪波去长沙和广州，雷达和李炳银去重庆、西安和宝

鸡。我们分别访问了欧阳山、陈残云、萧殷、于逢、杨益言、杜鹏程、魏钢焰等老作家和一大批青年作家，听取了他们对文艺形势的看法和要求。《文艺报》和《文学评论》于1978年12月5日联合举行“为作家和作品落实政策大会”。周立波这时已发现癌症晚期，但当他听到要开会为被诬陷的作家作品平反，揭露“四人帮”的罪行时，他十分高兴。他亲笔给大会写了一份发言稿交给我，由我代他在大会上发言。20年来我一直珍藏着他的这份发言稿。现在将其公布在下面，可作新时期文学的一份史料：

林彪、“四人帮”实行文化专制主义，把一切文艺书籍，一切作品都打成毒草禁锢起来，这真是千古冤案。党中央一举粉碎了“四人帮”两年多来，被禁止的书刊大都出版了，有的正在出版中。这是文艺界的大喜事。但可惜评论还没有跟上来。

粉碎“四人帮”以后，人民不但争购这些“禁书”，争看遭到同样命运的旧戏和旧电影，而且希望在双百方针的指引下，大家动手写出反映四个现代化的新作品来。

我写了一首小诗，拿它来献给《文艺报》和《文学评论》召开的这次会议：

四人帮派狠如狼，
绮丽文章一扫光。
霹雳一声惊破晓，
工农争盼百花香。

1978年12月3日

我读完周立波同志的发言稿后，还根据我在湖南的调查了解，简述了湖南有的人迟迟不给周立波公开平反，有人写了给《山乡巨变》和《暴风骤雨》平反的文章，报社在外来干预下抽下不发。我呼吁尽快为周立波同志平反。事情正如张光年同志在发言中所说的：“现在还有那么多作品、作家没有平反昭雪，今天会上只谈了一部分。很多作家惨遭迫害呀，比如周立波同志，先身患重病，癌症晚期，但还坚持写作。沙汀等许多老同志，也是长期受迫害，报纸上长篇累牍地对他们进行诬陷。我们今天为他们平反，是正义的、政治的行动。要解放这些被压抑的、受挫折的社会主义文艺生产力，调动他们的积极性，是很有现实意义的。我们不进行斗争，就不能得到解放。”这就是我们大家当时的心情。

1978 年，对周立波来说，是重要的一年。当时湖南思想界的某些人对实践是检验真理的唯一标准问题的讨论不感兴趣，甚至还有抵触和阻力。周立波的大儿子周健明同志 11 月 24 日从长沙给我的来信里说：“我们这里情形，仍无大变化，比起广州来，相差很远。也许‘文艺黑线论’特别在这里有‘群众基础’吧。设置‘黑线论’的情形，我们也略知一二。”即使这样，揭批“四人帮”、肃清流毒的斗争毕竟是大势所趋，《湘江文艺》第 1 期发表了周立波本人写的《〈韶山的节日〉事件的真相》和秦牧的《〈韶山的节日〉一文的奇祸——从一个典型事例戳穿“文艺黑线专政论”的黑幕》；第 3 期发表了罗瑞卿同志关于《韶山的节日》事件的来信；第 4 期该刊又发表了《人民日报》关于《韶山的节日》事件的“编者按”和金尧如的《读罗瑞卿同志关于〈韶山的节日〉事件的一封信有感》。而关于《山乡巨变》的平反文章，因涉及到当地一些人，他们还是希望由我们北京的人来写，他们宁可提供材料。为此，《湘江文艺》的负责人张盛裕同志为我提供了当年《湖南日报》等批判《山乡巨变》的有关资料，并多次来信催促我把文章写出来。出于义愤和责任，我于 1979 年 5 月 7 日写完了一篇《谈〈暴风骤雨〉及其评价问题》的长文，批驳了污蔑不实之论，恢复了这部中国新文学史上的重要作品的地位和名誉。这篇文章刊物上公开发表后，送给了病中的立波同志。

△ 在家乡农村深入生活写作《山乡巨变》时的周立波

北京召开的落实政策会议，发言者宣布给《暴风骤雨》和《山乡巨变》平反，对思想解放的湖南文艺界人士是一个很大的支持，对周立波本人来说，也具有阶段的意义的：凶险的噩梦般的日子终于结束，一个新的阶段开始了！

病榻上的祝贺

我们哪里想到，在渴望已久的新的创作时期即将开始的时候，立波同志竟然离开了他那刚搬进去不久的南沙沟住所，住进了301医院，而且一病不起。许多老作家和我们这些熟悉他的老编辑，都关心着他的病情。年事已高的茅盾先生向病卧在床的立波提供了一个单方。远在上海的巴金先生派他的女儿李小林借开会之机去医院探望。最近我整理当年的一些书简时，发现了好几位文学界人士来信向我打探立波同志病情的书函。大家祈愿他早日恢复健康，拿起笔来一同描绘新的时代。可是，大家盼望的第四次全国文代会，他也不能出席了。他的病情时好时坏，常常昏迷。在文代会召开前20多天，他从昏迷中醒来时，口占一绝，祝贺文代会的召开：

因病不能出席盛会，是为憾事，赋此小诗一首，敬献大会，以代发言。

艺术群英集一堂，
放谈国庆好时光。
扬眉奋笔歌四化，
万里文苑百艳香。

1979年8月29日又一次昏迷被抢救醒来后口述，已录音。

在炼狱中渴望自由的周立波，获得了自由的生活后，却又遇上了无法抵御的死神。在文学的新时期，我们景仰的这位著名作家，在301医院住了近两年的时间后，于1979年9月27日不治而逝，告别了人世。由于“四人帮”多年的残酷折磨，使他在晚年没有能够留下更多的作品，实在是时代的悲剧！是中国的悲剧！

1997年12月4日

一个抒情的人道主义者

——我所认识的汪曾祺

汪曾祺先生逝世的噩耗传来时，我不胜愕然，一时无法相信这是真的。十一天前汪曾祺、林斤澜夫妇与我及妻子刚刚从成都双流机场乘同一架飞机回京，两天后我又同他通过电话，问候他这次在四川参加中国当代作家“五粮液”笔会期间，连日劳顿，回来后身体状况如何。他在电话里回答我说他的身体没有问题，还反过来问候我的老伴怎么样。才过了不到十天的工夫，我所敬仰的当代文学巨擘，竟猝然地离开了我们！时间是1997年5月16日。

往事如烟

四十年前，我认识了汪曾祺先生。我在大学读书时，曾翻译过苏联学者的几篇理论文章，投给《民间文学》杂志，就是经当时编辑部的负责人汪曾祺的手给发表的。从北大毕业后，踏进王府大街46号当时的中国文联大楼，与他在一个单位工作。那时他虽然还没有后来在文坛上的成就和名声，但我知道他在西南联大时曾经师从沈从文先生，在写作上深得沈先生的真传和称赞，青年时代就发表和出版过《邂逅集》等文学作品。全国解放后，在北京市文联，一面编《说说唱唱》一面写作，文采独具，才华超群，在北京文坛上是大家公认的才子。在单位里，我们朝夕相处了一年多，我一直把他尊为写作上的老师。

大约是在1957年的上半年，他收到了已故神话学家程憬（程仰之）先生的遗孀沙应若女士从南京寄给他的一部程憬的遗稿《中国古代神话》，请他帮忙出版。程憬于40年代毕业于清华大学，后在中央大学教书，不幸于50年代英年夭折。他粗略地翻阅过书稿以后，给当时主持丛书编辑工作的陶建基先生写了一封信。陶先生又转给了主持研究工作的路工先生。我来单位报到后，路工先生就将程憬的稿子和汪曾祺先生的信一起交给我来处理。我看过稿子后将其送给文学理论家毛星同志，请他代为审阅，他接受了；后我又请历史学家顾颉刚先生为这本著作写了序言。汪曾祺用毛笔书写的推荐信，就一直由我保存着。全文是这样的：

建基同志：

这是前中大教授程憬（此人你或当认识）遗著《中国古代神话》原稿及校样——此稿似曾交群联出版社，已付排印，不知曾出书否，由他的夫人沙应若寄来给我的。我与沙应若初不相识，她来信说是顾颉刚叫她寄来的。

我拆开看过，只看了个模样，未看正文。你翻翻看看，这一类的书我们出不出？若可出，似可找公木、顾颉刚校阅一下。

程夫人沙应若在南京第八中学。

关于这部稿件的情形，可问问顾颉刚先生。

曾　祺

1957年？月

我接手这部书稿时，正值反右派斗争的后期，汪曾祺虽在反右中侥幸躲了过去，却在第二年的反右补课中被补划为右派，经过再一轮的批判后，给发送到了农村，从单位里除了名。所以他并没有看到程憬遗稿的处理结果，也没有可能亲笔复信回答沙应若先生和顾颉刚先生的拜托。接下来，便是反右倾、文艺界小整风、下放农村搞四清运动等一连串的政治运动。从农村回来没多久，就爆发了“文化大革命”。我在“文革”初期就受到冲击，被揪出来、被隔离，这部由铅排校样和毛笔手写稿混合组成的文稿，从此就不知下落了。我被多次抄家，自认为稍有问题可能会带来灾祸的笔记本和文稿，也都偷偷地在厕所的马桶里付之一炬。接着交出了在和平里的宿舍，带着老婆孩子全家下了干校。剩下的东西都寄存在一位朋友家里和爱人单位文学研究所的图书资料室里。去年我的老伴马昌仪听顾颉刚先生的大女儿顾潮说，程憬先生这部书稿和顾先生的序言都保存在她那里，便借来看，但遗憾的是书稿只剩下了半部，其余的半部不见了。最近，整理新时期初期作家们给我的一些书简和“文革”前留下来的资料，竟然在我的劫后旧稿旧物中找出了汪曾祺这封被尘封了整整40年的信件，不禁悲从中来，使我回想起过去了很久的许多往事来。

在我所供职的单位里，特别令我敬重的，就是这位文质彬彬的作家兼编辑汪曾祺，那时他年仅37岁，几乎整天坐在办公室里吞云吐雾，伏案秉笔，不是改稿编刊，就是写东西。平时他都是用毛笔写作和改稿，一行行行书小楷，清秀而透着灵气。但见他写完一张张的稿纸，总是抟成一卷，扔进身边的纸篓和麻袋里，于是废稿堆成了一个个小山。当时我很纳闷，对在写作上的这种刻苦磨炼很不理解，只是到了后来才悟出，曾祺先生所以能够成为一个当代文学的大家，才华固然十分重要，与当年孜孜不倦的苦苦锤炼与追求也是分不开的。

那时，他在编刊之余，常写作些民间文学论文和故事，那是分内的工作，如他曾写过关于鲁迅先生的民间文学观的文章，他还曾用曾芪的笔名改写过一些民间故事。他也写作散文随笔一类的文章，正是这些散文随笔给他带来了政治上的灾难。他平时谈吐幽默，在那个不平凡的夏天，用“抽烟看云”和“铜绿气”一类的诙谐俏皮语汇讽刺单位里个别共产党员，因而受到批判，在1958年春天，把他补划成右派，并刻不容缓地把他遣送到张家口一个果园去劳动改造。这个不知掩饰自己锋芒的书生，从此被赶出了文艺队伍。但他的才情和形象，却从来没有从我的感觉中消失。

1962年突然在《人民文学》上读到了他在劳动中写的短篇小说《羊舍一夕》。我心中甚喜，预感到这个才华出众的作家重新回到文坛的日子也许不远了。但是我的想法是过于天真了。传来的消息说，虽经老舍先生的极力保举，当时原单位的领导人却仍然拒绝接受汪曾祺回原单位工作。后来，他到了北京京剧团，开始了他的剧作生涯。即使在那样的年代，我们一帮年轻人都对那位胸膝狭窄的领导人表示不满。20年后，我曾在一篇论述汪曾祺作品的专文中，对汪曾祺这篇小说作过论述，指出其在他全部创作历

程中的转折意义。不敢说做到了知人论事，却抒发了作为他的一个老相识和文学评论工作者的情感。这次在四川笔会上，汪老又对我说起那篇作品，他说，发表在那个时代，仍然受到当时“左”的文艺教条的影响，笔墨也没有放得开。

我是个抒情的人道主义者

1977年夏天我重回文艺界工作，先后在《人民文学》和《文艺报》做编辑工作，与汪老接触又多起来，除了约稿、开会等见面机会外，也多次到他的家里去。他总是把我当作部下和小弟弟看待，关心着我的生活和事业。在重建中国作家协会的过程中，诗人李季主持其事，因积劳成疾而英年早逝，我与汪曾祺在八宝山李季同志的追悼会上相遇时，他把我拉到一旁语重心长地对我说，听说要调你到中国民间文艺研究会去工作，可千万不要去呀，与那个人是不能相处的呀。对过去的事，我与他都心照不宣。对他来说，痛苦的历史记忆，虽经历了多年的冲洗，却仍然难以忘怀，因为那是用惨痛的政治罪名为代价写成的，因此他急于要把自己内心的感受，告诉我这个曾经在他手下工作过、还能信得过的小朋友和小同行。他的每一篇作品，凡是我知道的，我都设法找来阅读和欣赏。对《受戒》和《大淖纪事》等名篇，在我参与主持《文艺报》评论的版面时，都组织了评论，并将其放在中国现代文学发展史这一背景上给予了高度评价。80年代，我也写过一篇论述他的小说创作的美学追求的长文，倾诉了我对他的作品成就、美学追求和人格精神的赞赏。我看得出，他于50年代对中国民间文化和下层文化的研究，对他后来在小说创作上达到较高的成就，有着重要的影响。没有民间文化的学养，就不可能把《受戒》及其僧俗主人公写得那样出神入化，不可能在字里行间散发着那样强烈的人道主义。这一点似乎被评论家们忽略了。到了老年，他在这方面的兴趣似乎仍然未曾减退。当他得知我的夫人正在写作一部关于动物的文化学著作时，他对她说，他对动物也有兴趣，也要写一些以动物为主角的小说。可惜，上帝没有给他留下足够的时间，让他完成自己的遗愿，他带着遗憾离开了我们。

1983年的春天，我应《北京师范学院学报》编辑吴宗蕙之约，撰写一篇《论汪曾祺小说的美学追求》，并代约汪曾祺也为该学报写一篇谈自己创作的文章。我跑到他当时在钓鱼台西边的一栋单元房里去拜访他。那房子很局促，记得只有两间。那天他的老伴施松经大姐也在家。施大姐是新华社对外部特稿组的资深记者兼编辑，我也曾在对外部工作过一段时间，说起来我们是同事。见了面，我就同她说我们是同事呢。我向汪曾祺说明了来意，请他写一篇谈创作的文章，他先是不肯答应，说这类文章很难写，不知道该怎么写。我明白，当时正在批判人道主义，这样的形势下很难说话，特别是很难说真话；而假话和敷衍的话，他又不肯说。经我再三恳请，他终于答应了我的约稿，说试试看。过了几天，收到他寄来的一封长信，说他想了几天，还没有想出个头绪，在信里向我谈了些在文章里和座谈会上都不能谈的思想，而这些思想却正是他的真实思想、真实政治观和文艺观。他写道：

锡诚同志：

师大学报的文章我实在写不出来。写什么呢？我想了几天，还订了个很有针对性的题目："我是个中国人"。我想说我的思想受了儒家思想的影响。我很欣赏"暮春者，春服既成，冠者五六人，童子六七人，浴乎沂，风乎舞雩，咏而归"这样的境界。我的生活态度和创作态度可以说是这样："万物静观皆自得，四时佳兴与人同"，"顿觉眼前生意满，须知世上苦人多"。我大概可以说是一个中国式的、抒情的人道主义者。我的理想是："致君尧舜上，再使风俗淳"，是唤人心，正风俗。但是这些话怎么可以讲呢？这岂不是自我暴露，把自己给卖了么？这些思想怎么可以和马克思主义者扭在一起？特别是在"人道主义"这个问题现在正在"热火朝天"的时候，怎么可以提出这样的问题呢？我真希望有人写写这样的文章：中国的传统思想和马克思主义及现代思潮的关系。你等我再想想吧，也许有一天我能把儒家的"赤子之心"和马克思主义之间的墙壁沟通。至于文章的后一部分倒是好

办的，就是我提出过的：回到现实主义，回到民族传统。然而，民族传统又怎能和民族的传统思想不发生关系？

这是个很伤脑筋的问题，真不如写小说省力气。我不是个搞抽象东西的人。学报是严肃的刊物，不能用创作经验之类的文章塞责。我再想想，再想想吧！

敬礼！

汪曾祺

1983年4月11日

这篇稿子，他最终还是写出来寄给了我。寄出稿子后，他又在6月15日和7月1日连续给我写过两封信。他在6月15日的信里说："你为师院学报所约稿已寄上，想已收到。这篇短文，写前即颇犹豫。写的时候倒是放笔直书，说了些真话。寄出后，又很犹豫。这篇东西真可能是左右俱不逢源，姥姥不痛，舅舅不爱。我是写小说的，朋友们都劝我不要发议论。我想也是。好端端的，招来一些是非，何必呢？因此，我希望和师院同志研究一下，最好不要发表。近来文艺界似乎又有点风吹草动，似宜'默处'为佳。如何？"收到这封来信，我对他为朋友两肋插刀很是感动。

△ 汪曾祺在中国当代文学研究会的讨论上发言

回想 1983 年，在理论界和文艺界自上而下地发动了一次“清除精神污染”的斗争，对“自由化”、“人道主义”和“异化”等进行批判，正如汪曾祺在信里所说的批判搞得“热火朝天”，许多文艺界人士对此忧心忡忡，担心十一届三中全会以来的思想解放运动的大好局面会受到损害。在这种特殊形势下，我约他写这篇东西实在是很不合时宜，因而也很难为他；他的文章，毫无敷衍塞责之意，说的是真话，须知在那种形势下，说真话多么不易。他说他信奉儒家的思想和文化。我们常说要继承发扬民族传统，而民族传统就应是民族的传统思想。他是个抒情的人道主义者，他希望有一天能够把儒家思想和马克思主义的墙壁沟通，等等。这些思想深层的观念，不是一日形成的，既指导着他的生活，也对他的创作起着重要的影响。因此，这无疑是一篇可以永远供评论家研究家们参阅的文章。7 月 1 日的信则是嘱我把他的这篇文章复印一份给北京作协，他们正在编辑一套北京作家评论集，其中也选定他为评论对象。他信里说：“我实在没有什么新鲜的话好说。忽然想起，可以拿师院学报的一篇去充数。”我即照他的嘱托办了。所以，北京作协所编的北京作家七人评论集里所用的，也是我约请他写的那篇文章，从此也可见出他对自己这篇题为“我是个中国人”的文章的重视。遗憾的是，评论界和文学史家们似乎并没有充分注意到他的这篇文章所表露的他的世界观和艺术观，连新近出版的权威著作《中华文学通史》有关章节中，也仅仅是说“构成他（汪曾祺）作品精神魂魄的是一种恬淡的人生，劳动者的自然、质朴的人性，和知识分子不与黑暗社会同流合污的高洁品性；其中又包含着作者返璞归真、赤诚以待，和操守高尚的人生追求”，[1] 而根本没有触及他的儒家思想和人道主义的世界观，更没有谈到他在文体上对中国现当代文学的贡献。

[1] 中国社会科学院文学研究所、少数民族文学研究所主持，张炯、邓绍基、樊骏主编《中华文学通史》第 9 卷第 145 页，华艺出版社 1997 年。

川南之行：最后的旅途

虽然不久前在周梅森长篇小说《人间正道》座谈会上见到过他，但4月下旬当我在北京机场第一眼看到他时，邵燕祥帮他提着那个瘪瘪的小行李包，他慢吞吞地跟在一旁走着，我脑子里立即闪出一个印象：汪曾祺老了，变成汪老了。我叫惯了他的名字，不习惯叫他汪老，但我还是下意识地叫了他一声“汪老，您好！”我急迎上去，扶住他，见这位77岁的老翁，脸色变得黝黑而油亮，布满了老年斑，行动迟缓了。但，精神依然很好，那细声细气的苏北腔，那随时绽出的笑里露出一排特别显眼的白牙齿，这都是很熟悉的，没有变。

这次出行，有幸在来往双程中与他同乘一架飞机，在成都竹岛度假村，其他作家都住在后面的小洋楼里，汪老、梅志及女儿张晓风和我们夫妇，则同住在远离众人的一排平房里，使我和夫人马昌仪有机会照料他，尽一个老相识和小朋友的责任。汪老在这次笔会上，成了明星，时刻被一些年轻作家，特别是女作家们包围着，被人们拉着去写字和画画，有时竟写到凌晨一两点。要名人字画，已成为时下这类活动的一个特点。我看到这种盛况，虽然也曾为老先生怀着某种隐忧和担心，但在这种场合又不便于挤到近前去照顾他，说些令人扫兴的话。只是有一次，在宜宾“五粮液”酒厂的展览厅里，主人安排作家们留墨宝时，汪老不断地泼墨写字绘画，几个小时下来，已经感到很累了，可是当他写完一张又一张字画后，又有一位女作家来求字，他实在是不想再写了，就说要休息一下，于是在我旁边的一把靠椅上坐了下来。他歪过身来悄声地问我：“这位女同志是谁？要不要给她写？”我告诉她是某人，休息一会就给她写一张吧！哪里知道，他刚给这位女作家写完，又有一位颇有名气的作家接着把宣纸送到了他的面前。我看到他那无奈的表情，便把他扶走了。这些日子里，他早晨起床都很晚，我们总是在他的住房门外等着他一起去吃早餐。他说：“昨天晚上睡得太晚了。”“昨天晚上睡下后，又被叫起来写字，一直写到转钟一点！”“……”他虽然感到累，可看来他又很喜欢这些女孩们围在身边！难怪人老了！

汪老喜欢年轻人，把文学事业的希望寄托在年轻人身上。他在这次由老诗人孙敬轩组织和主持的当代作家笔会上，就即将成为过去的“二十世纪文学”这个话题发表了即席演讲。那天他也是与我坐在一起，坐在会场的最后一排座位上。他发言的声音很低，操着苏北话与北京话混杂的声调，仍然细声细气地，称赞不同年龄段的青年作家们的起点，比老一代作家高，是大有希望的一代，21 世纪的文学将由他们来创造，他们会自主地意识到自己肩上的重担的。我的右耳失聪，听力很不好，虽近在他的身旁，听他讲话却颇感到吃力，可是来自全国各地的著名作家和四川的中青年作家们却都听懂了，而且在听完他的这番意味深长的讲话后，由衷地向这位已经是耄耋之年、胸怀如此宽阔、识见如此远大的老作家，报以热烈的掌声。他的这番讲话，是他对文学青年们公开的最后一次告别。这次相处中他同我的多次交谈，也使我更多地了解了他的文学观。在双流机场旁边的一家宾馆里等待回京的飞机航班时，他同我谈到他的文学创作时说：“有一位外国汉学家采访我，问我如何看自己在中国文学史上的位置，我想了想，答复说：在中国现代文学史上，我大概算得上是个文体家。”他的意思是说，总其一生的文学成就，主要表现在文学文体的创新上对中国当代文学的贡献。他在逝世前夕十天对我们所说的这一席关于自己一生创作的总结，是恰如其分的，是清醒公允的，使得用任何其他的语言所作的概括，都显得蹩脚，欠准确。由于我很赞同甚至很欣赏他对自己创作成就所作的这个概括，于是就对汪老说，你的这个概括很准确，不仅给我，而且也给其他文学批评家和文学史家提供了解读你的作品的一把钥匙。万万没有想到的是，他关于自己创作的这次谈话，竟成了他的一个宝贵的临终遗言。

记得汪老从年轻时就喜欢喝点白酒。这次四川之行，他也喝了些酒。他高兴。他的逝世，因此引起了一些说法。有人说他喝酒喝多了。又听说汪老是吃面条时，因生冷的黄瓜划破了食道血管而不治，导致死亡的。其实他的病早几年就发现了。他的老伴一直都嘱咐他出门不要喝酒。事情也怪，恰恰这次笔会的主人又是“五粮液”酒厂，见到名酒怎能不喝点呢？

他的确是喝了些“五粮液”。那天在“蜀南竹海”游览参观时，中午的餐桌上，也上了一瓶“五粮春”。他也高兴地喝了好几盅。同桌的有诗人邵燕祥、小说家林斤澜，都是极好的朋友。我也和他们坐在一张餐桌上。汪老闷着头喝得高兴，一声不响地喝，但喝得并不多，几小杯而已。知他的林斤澜在餐桌对面提醒他：“别喝了，汪老！”他这才笑着止住了举杯。

四川之旅是我与汪曾祺先生的最后一次相见。在一起的时间，有一个多礼拜。这段时间里，给了我一次重温对这位老相识、老领导、老作家一生的认识的机会。他说他是个中国式的、抒情的人道主义者，是儒家思想的信奉者，这个概括真准确。到底是自己了解自己。他就是这样的一个中国当代作家。如今我们之间已经被奈何桥永远地分隔开了，再也看不到他的音容笑貌，听不到他那细声细气的苏北腔和北京腔的混杂声音了，但他的作品却将永存于一代代的读者中间！

写于1997年

附　录

试论汪曾祺小说的美学追求

汪曾祺在他年逾六旬的时候，竟然以如潮似涌般的激情写起小说来了。当我们为一茬又一茬摆脱了“左”倾教条主义影响、在艺术上才气横溢的中青年作家破土而出、刷新我国当代文学成就而呼喊的时候，从舞台深处向我们走来的也有一位长者，而且是一位学者作家，这件事情本身已经足以使人们对之产生浓厚的兴趣了。况且，他所写的小说，其取材的角度与一般作者的角度颇见不同，其题材大多是解放前苏北城镇的市井生活，在读者面前展开的是一幅幅使我们既感到陌生、又感到亲切的社会风情画，其语言是经过洗练的、既不做作又不俗气、有点学者式的语言，因而引起今天的读者油然生出一种如同读中青年作者的作品时常有的那种共鸣、谅解与交流。

作为一个作家，汪曾祺与我们今天通常被称之为中青年作家、实非中青年的一些作家们在气质和造诣上有很大的差异。他不仅受过系统的、正规的高等教育，而且更多地受到中国传统的思想文化的熏陶，他不仅谙熟诸子百家、经史子集、诗词小说，而且专攻过源远流长的中国民间文学和戏曲艺术。他在创作中表现出独特的美学追求和特殊的艺术风格。

一

我常常有这样的体会：读懂一部作品是容易的，而要理解和判断一个作家则是困难的。要理解和判断一个作家，不仅要读他的作品，弄清他的作品给文学带来了什么因素，而且还要了解作家其人，他的生活道路，他的气质，他的艺术造诣和哲学思想。这就是鲁迅所说的知人论世。汪曾祺常常说，他是寂寞

的，他有孤独感。我没有同他谈过这个问题，但我猜想大概包含着两重意思。一重意思是他在进行着独立的艺术创造，与他同行者甚少，所谓曲高和寡。一重意思是他在艺术领域里的耕耘，别人不大能理解，说也说不到点子上。不管怎样，要理解和判断汪曾祺，就应该从他的生活道路、人品气质、艺术造诣等多方面去考察，才能做到准确，也才于事情有益。但这无疑是有困难的。我们也还只能就他的创作所提供出来的东西做出判断。

汪曾祺的小说创作已经惨淡经营了四十多年，在这时断时续的经历中，大致可以看出有三个不同的时期。即青年时期、20世纪50—60年代和党的十一届三中全会以后。青年时代的作品留下来的不多，只不过薄薄的一本《邂逅集》。20世纪50年代初读到它的时候，我不明白作者为什么起那样一个半文不白的古怪的题目。最近读了他在自己小说集（北京出版社，下文中引自该书的，一律不注）序言里的一段话，才明白他是取在题材的选定上“不期而遇”的意思。不看气候，不追风向，根据自己对生活的感受，“不期而遇”。到今天他也还是这样做的。当然，“不期而遇”不等于作家不应该对人民有责任感，可以置人民、置时代的需要于不顾，可以像在真空里那样绝对自由；“不期而遇”也不等于作家对生活中的东西不加选择、不加提炼、不加剪裁，碰到什么写什么，不分轻重，没有区别。不是这样。他所说的“不期而遇”，只是就题材的选定而言的。他对那个时期的作品，已经做了自我鉴定式的一段自评，他说：“我解放前的小说是苦闷和寂寞的产物。我是迷惘的，我的世界观是混乱的，写到后来就几乎写不下去了。”[1]那个时期的作品读来虽然不免感到艰涩，但作为作者对现实生活中的所见、所闻、所历的印象，的确显现着一个青年知识分子的苦闷寂寞、愤世嫉俗以至玩世不恭的灵魂。同时，那里面也流露着作者对生活的认识的表浅和幼稚，这一点，只要把他40年后所写的同样是那段生活的作品加以比较，就看得很明白。这没有什么奇怪，没有青年时代的幼稚与表浅，就不会有老年时代的老辣与深邃。然而可贵的是在少年、青年时期，他曾用艺术家的眼睛观察过、研究过他生活于其中的那些小城镇上的古朴的和淳厚的、庸俗的和卑琐的市民层、知识分子层在政治与经济的倾轧和战乱中的衍化、融合、分崩、离析

[1]汪曾祺《要有益于世道人心》，《人民文学》1982年第5期。

的生动过程。一个没有艺术家的眼睛的人，是永远成不了艺术家的。那个时期的感受、记忆、储存，酝酿了40年后的艺术果实。

建国以后，汪曾祺带着已经初步形成的混乱的世界观进入了新的生活轨道，自觉或不自觉地逐步接触并接受了马克思主义，努力于自身世界观的转变，努力追求把他从中国传统的思想文化中接受的诗书继世、温柔敦厚、静观其变等思想遗产与马克思主义的唯物史观联系起来。有很长一段时间，他在《说说唱唱》、《民间文学》杂志作编辑工作，由于工作的关系，不大可能有多少时间从事小说写作了。但由于大量地阅读各种类型的民间作品和通俗作品，他不仅得天独厚地从中汲取了文学方面的营养，而且民间文化的哲学思想与美学思想也不可能不对他过去所接受的儒家思想有所冲击，这对于他后来创作中对文学民族性的追求，有着明显而有益的影响。1958年由于政治的原因，他被发送到他后来作品中常常提到的张家口一带从事体力劳动，他被不公正地抛掷到了正常生活之外。不仅文学写作事业，就是工作的权利也给中断了。到60年代初，他才又提起笔，开始了他的小说创作的第二个阶段。这时的作品以1962年在《人民文学》上发表的《羊舍一夕》为代表，曾由少年儿童出版社结集出版过。那些作品给人一种清新的、明快的、温馨的感觉，反映了他在下放劳动时期对社会生活的感受。看得出来，作者是努力用一种纯洁的、甚至是童贞的眼光看取人生的，因为他刚刚结束了政治的惩罚，他怎么能够敢于触及生活中的固有的、普遍存在的矛盾和症结呢？这不能责怪作者。即使在他用纯洁的、童贞的眼光所观察和描写的那些生活场景、那些人物关系中，也仍然透露着作者的或明或暗的意向：人情。作者写农工小吕在劳累一天之后，又被派去看水，在天色将亮未亮的黎明之前，陈素花和恽美兰给小吕带来的不仅是两个焖得烂烂的甜菜，而且也有关照、体贴、同情。(《看水》)对人情味的挞伐，曾经是1964年开始的文艺整风的主要对象，在那场运动中，连深孚众望的夏衍、阳翰笙等文艺前辈都未能幸免。想起这些往事，我们就感到汪曾祺在批判斗争的夹缝中颂扬人情在人的关系中的地位与作用，是多么的可贵了。

1979年，党的十一届三中全会之后，在思想解放运动兴起，“双百”方针得到重新认真贯彻之际，他第三次开始写小说。这个时期是他一生中小说创作最有成绩的时期，他成为了一个形成了自己独特风格的、成熟的作家。他的小说

创作，就如同一个长期受着羁縻而今获得自由的小鸟那样，写什么、怎样写，自由决定，自由发挥，可以扬其所长，避其所短。他调动了各个生活时期的生活积累，运用了不同的艺术手段，追求着（也可以说是探索着）自己的艺术世界，写得很顺手。他的作品虽然并不是篇篇都好，甚至有的篇章还缺乏时代气息，缺乏深厚的历史内容，但他确实写出了一些优秀篇章，《受戒》、《大淖纪事》已得到普遍好评，也获得了优秀小说奖。他在一篇短文里说：不是十年浩劫的惨痛教训，不是党的十一届三中全会和拨乱反正，不是思想解放运动，就不会出现他今天的小说创作。这是由衷之言。

二

评论界在评论汪曾祺的小说时，大都把汪曾祺说成是一个城镇市井小说或风俗画小说的作家。统观他的作品，感到这种说法虽不无一定的道理，但毕竟是不准确的。他在一个时期里写了一些反映市民生活的小说，而且也取得了一些成绩，但他的创作题材不是单一的，他也写了不少反映其他生活内容的作品，而且，就一个作家而言，很少有从一而终的，一个时期写写这类题材，过些时候又要写写别的题材。巴尔扎克虽写过巴黎生活场景，也写过外省生活场景，还写过私人生活场景。文学批评应当根据作家创作的实际情况加以公正无私的评论，帮助作家总结经验，帮助读者正确地理解作品，而不可用狭隘的功利观点去代替客观的、历史的评价，需要强调什么的时候，硬把作家拉去充当本来他不应充当的演员。

根据个人的观察，汪曾祺的近作（解放前的除外），至少有三类作品：

第一类，写的是塞上生活场景。如《骑兵列传》、《黄油烙饼》、《八里茶坊》等，《寂寞与温暖》也可勉强列入这一类。这些作品是在新的历史时期对历史的重新认识和重新评价。这些作品所反映的历史生活，是他带着伤痛下放劳动时期的生活，其时正是我国农村以及各条战线上“左”的思潮广泛泛滥、浮夸冒进风给社会主义建设带来严重损害的时期。历史的鏖战留下了血的脚印。同样还是那些生活，同样还是那些人物，萧胜（《黄油烙饼》）与小吕有何等的不同呵！作者经历了十年内乱和拨乱反正之后，对历史有了新的认识，他不再用那种纯洁甚至童贞的眼睛看世界了，不再作违心之论了。他在重新描写塞上那些父老兄弟时，不是“于彼此，左顾右盼，以求当众人之意”[2]，而是尊重历史真实，还历史以本来面貌。这些作品，其所涵茹的社会生活内容，其所触及的社会矛盾，其所勾画的人物形象和关系，都非60年代那些作品所可相比的了。

《黄油烙饼》通过一个孩子萧胜的经历，把内地与口外联结起来，写出了三年困难时期干部和群众关系的恶化，再现了在“左”的思想影响下农村的面貌。当萧胜从食堂（那时还是一个逼迫农民吃食堂的时期）里打回掺了糠的红高粱饼子和甜菜叶子汤的时候，却嗅到了从对面干部食堂里飘来的黄油烙饼香味。妈妈拿出奶奶在饿死时都没有舍得享用的黄油给孩子烙了两张与南食堂里一样的黄油烙饼。萧胜一边流着一串一串眼泪，一边吞食着黄油烙饼。黄油烙饼是甜的，眼泪是咸的。造成饥馑的原因，固然有自然灾害，但“左”的思想、政策的危害也不可低估。干群关系的对立，在南北食堂里制造出来的掺了糠的红高粱饼子和飘着香味的黄油烙饼里，形象地表现出来。“三级干部会就是三级干部吃饭”的议论，固然不失褊狭，但在作品的描写中，却又显得那么典型。今天大概不会再有人来揪辫子了吧，萧胜的黄油烙饼却仍然有着文学的认识作用。

第二类是取材于较近的或当前的现实生活的。用常用的术语说，就是触及时弊的作品。《皮凤三楦房子》(《上海文学》1982年第3期)、《晚饭后的故事》(《人民文学》1981年第8期)、《尾巴》(小小说，《百花园》1983年第4期)，都是这一类的作品。这些作品的共同特点是针砭时弊，反映当前或较近生活中的矛盾，对阻碍生活健康正常发展的腐朽的人物、作风进行鞭挞，其中不乏《儒林外史》式的揶揄和讽刺。因此，如果勉强给它们起个名称的话，大概可以称之为讽刺小说。评论汪曾祺的小说，怎能忽略这些作品呢？这里面倒是充满着他的智慧。《皮凤三楦房子》用评书的形式，塑造了一个新时代的皮凤三——高大头，通过谭局长、高主任不给他落实政策，他在九平方米的地基上楦房子的、有点荒诞的故事，揭露了现实生活中的不正之风。谭凌霄、高宗汉一类把持着县财政局长、房管处主任大权的人物，正是“文化大革命”当中上蹿下跳、为

[2] 刘熙载《艺概》。

非作歹的造反派。《尾巴》在极短的篇幅里塑造了一个优秀的做人事工作的老干部，外号“人事顾问”的老黄的形象。小说讽刺了像姓董的人事科长那样思想僵化、老是捉知识分子的小尾巴的干部。有人说汪曾祺“所写的不是社会中最重要的、最主要的”，我读了他写的这些作品之后，对这种论断实不敢苟同。无论是高大头、人事顾问，还是《晚饭后的故事》里描写的郭庆春及其夫人杨科长，他们以及与他们发生着各种关系的那些人们（谭局长、高主任、董科长、许招弟……），他们之间发生的纠葛，他们所具有的这样或那样的性格，不也是社会上重要的、主要的矛盾的反映吗？

第三类作品，是描写城镇市民生活场景的小说。他在这类作品里描绘了市民阶层的各色人等，有商人（王瘦吾、陶虎臣、八千岁），有工匠（金大力），有医生（王淡人），有打鱼的，杀猪的，卖果子的……这些千姿百态的人物，构成了整整一个市井社会。他笔下的这个社会，既是停滞的、愚昧的、麻木的，又是动荡的、充满矛盾的。尽管作者并没有写出市民中的觉醒意识的增长（40年代的城镇已经是一个阶级斗争高涨时代的敏感地区，这一点也许作者在今后的短篇里会有所描绘），但作者毕竟还是提供了在缓慢的脚步中前进、旧的社会制度摇摇欲坠的生动图画。王瘦吾、陶虎臣的破产（《岁寒三友》）、八舅太爷告八千岁通敌、资敌（《八千岁》，《人民文学》1983年第2期），都是组成这幅图画的有机部分。

汪曾祺的城镇市民生活场景小说引起了文坛同行的重视，也使得他取得了一些桂冠。《受戒》和《大淖纪事》还获得了优秀短篇小说奖。这里面有些什么利弊得失呢？

在我们的创作界一哄而起竞相写伤痕文学、继而又写反思文学的时候，汪曾祺扬长避短、另辟蹊径，转而去反映三四十年代自己所熟悉的江苏高邮一带家乡市井生活，的确不失是一个好注意。他的这种选择，是从他的具体情况出发的，因为他熟悉那些生活和人物，那些生活已经过去了几十年，变成了稳定的历史，不致因为政策的变化而出现评价和描写上的纰漏。同时，他的修养和气质，也与那种市井风俗作品比较合拍，因为他在文学上师承他的老师沈从文，欣赏他的老师对湘西人情风貌表现得那样舒卷自如、入情逼真。他不喜欢把小说写得剑拔弩张，而宁愿写得游刃有余。他崇尚李卓吾的“为文无法”，宁肯把小说写得散散漫漫，飘飘逸逸，就像生活本身那样。他的这些艺术观点，也确与他所选定的题材相适应。他在这条蹊径上付出的努力，是有成效的。过去由于文艺政策上的偏差，很少有作家敢于涉足城镇市民这一题材。粉碎“四人帮”以后，江苏作家方之率先写了一篇题为“内奸”的小说，塑造了一个小商贩的艺术形象。陆文夫继续他的《小巷深处》的路子，以他生活的苏州为背景，描绘他的市井人物画廊，写出了一个走街串巷的挑担小贩朱世达的形象。汪曾祺加入了这个城镇市井生活小说家的行列，奉献出了小和尚明海、锡匠十一子、画家靳彝甫、卖果子的叶三等一系列下层人物形象。比较起其他同行来，汪曾祺又有自己的追求，他潜心于表现存在于这些引车卖浆者流中间的美好的情愫。他说：“……谁规定过，解放前的生活不能反映？既然历史小说都可以写，为什么写写旧社会就不行呢？今天的人，对于今天的生活所从来的那个旧的生活，就不需要再认识认识吗？旧社会的悲哀和苦愁，以及旧社会也不是没有欢乐，不能给今天的人一点什么吗？这样，我就渐渐地回忆起43年前的一些旧梦。当然，今天来写旧生活，和我当时的感情不一样。……40多年前的事我是用一个80年代的人的感情来写的。”[3]

三

任何一个成熟的作家，都不是纯客观地表现生活。他通常总是在自己所写的故事中，隐藏着他所要追求的美学理想。正是在这个意义上，我们说一个作家应该也是、而且必定是一个思想家。

汪曾祺自称他是一个中国式的抒情的人道主义者。这当然是指他的艺术倾向而说的，而不是指他的完整的世界观。他这话的意思无非是说，他是一个深受中国传统文化、传统思想、传统道德规范影响的知识分子，在艺术气质上是一个有着浪漫气质和赤子之心的人，是一个主张发扬我们民族性中的同情、仁爱、互相帮助、相濡以沫这些朴素的人道主义思想的人。我的解释可能是望文

[3] 汪曾祺《关于〈受戒〉》，《小说选刊》1981年第2期。

生义，并不一定恰当。但我从他的作品中看到，这些确是他的美学追求。

作者在他的作品中描写了不同类型的人物和生活。他赋予这些人物以传统的美德，在这些人物的相互关系中，突出地赞美他们的扶危济困、相濡以沫的人道主义精神。《岁寒三友》中的画画的靳彝甫就是一个能体现作者这种美学理想的人物。草绳商王瘦吾、开鞭炮店的陶虎臣在蒋介石的统治下，都未能经得住政治的、经济的挤压，最终破产了。他们的命运，在半封建半殖民地的中国，是很有典型性的。王瘦吾躲不开蓄意要置他于死地的王伯韬，落得家徒四壁，莫可奈何。陶虎臣被蒋介石“新生活运动”逼得关了张，不得不以20元的身价将亲生女儿卖给了一个驻军连长，最后拿着腰带去上吊。靳彝甫得知二友的窘困，决定拔刀相助，将爱若生命、刻有文三桥边款的三块田黄石章卖给季匋民以周济他们。既不是缙绅之辈，又不是引车卖浆流的靳彝甫，是个很有骨气的人物，他竟然把大画家季匋民登门来求而不卖的宝物，轻而易举地给季匋民送上门去，为的是周济自己潦倒的朋友。作者对他的品德的赞美之情，是可以想见的。《徙》里面描写的先是五小教员、后为初中国文教员的高北溟，也是作者笔下的一个近乎理想人物的人物。无论他的教书育人的品德和处理世态人情的态度，都堪为人表。靳彝甫是一个知识不多、造诣未深的画画的，属于小知识分子与工匠之间的人物。高北溟则不同，他既是有旧学修养、又有新学造诣的知识分子，他身上集中了中国优秀的文化传统和做人的道德。他傲岸刚正，落落寡合，不苟言笑，不喜交际，谢绝聚会，对派别斗争不介入。对学生因材施教，无所阿私，只看品行，不问家庭。对于资质顽劣之徒，常加训斥，不管他们的爸爸是什么局长还是党部委员。在部颁课文之外，他还自选教材，讲白居易、归有光、郑板桥，讲朱自清的《背影》，都德的《磨房书札》。他选的文章，大都有感慨，有性情，平易自然，有一个贯穿性的思想倾向：人道主义。作者在另一篇文章里曾说他有两位启蒙老师，一位教他归有光的文章；归有光用清淡的文笔写平常的人情，对他是有影响的。高北溟身上不是显然有这位老师的影子吗？高北溟的中国优秀知识分子的品德，还表现在他的恩师谈甓渔老先生刻印遗稿这件事情上。他为了积攒印费，宁可不让心爱的、才貌双全的二女儿高雪上大学，以致遗恨终生。在生活十分拮据的情况下，还不惜周济谈老先生的哲嗣谈幼渔。高北溟在他所生活的时代，并不是一个具有先进世界观的人物，而仅仅是一个忠于职守、为人正派、讲究义气、肯于助人的知识分子，他以人道主义作为思想支柱，作为教育人立身的根本，作为协调人与人关系的杠杆。作者肯定他的为人道德，自然是寄托着他的理想的。但作者也同时表现出了某种局限性：他未能充分展现高北溟的美好灵魂、善良愿望和人道主义思想同黑暗的教育制度的悲剧性对立。《鉴赏家》里所写的市民叶三的重义轻利的性格里，也包含着作者同样的美学评价和道德评价。作者在处理送果子的叶三和画家季匋民的关系上，显示出一种有着理想色彩的浪漫主义精神。两个社会地位相差悬殊的人之间，竟然能成为相知、至交，已属耐人寻味。叶三讲出“紫藤里有风”、“红花莲子白花藕”的道理，又能对画家有所启示，使画家对叶三十分敬重，题“泽之三兄雅正”。叶三虽家境不佳，但从不卖季匋民送他的画。叶三死后，还叫他的儿子把季匋民的画和他的遗体一起装在棺材里埋了。叶三在品德上的境界，甚至超乎于子曰诗云者之上。在这一对人物关系的描写上，作者着意强调地位不同的人们之间的尊重、理解和信赖。

《受戒》一类作品所写的是另一种情况。它肯定和赞美合乎人的天性的人性和纯洁朴素的友情。荸荠庵的小和尚明海和庵赵庄的小姑娘小英子的爱情，宣示了冷若冰霜、扼杀人性的佛门戒律的虚伪与破产和人性的胜利。作者是把和尚作为人来写的。和尚也是人，人所具有的七情六欲，和尚都有。压制合乎人的天性和人性的佛规，是反人道的。在荸荠庵里实际上也没有这些清规。明海的师傅们的生活与普通人的生活之间，也没有隔着一层竹幕。在这庙里，除了普照师叔整日坐在方丈室里不食人间烟火外，其他和尚与普通人并无二致，和尚似乎仅仅是他们的一种职业。仁山如此。仁海是有家眷住在后面的。仁渡是个花和尚，喜欢在姑娘媳妇们面前风流打俏，唱调情小调。他们与贩鸭人一起聚赌。他们吃猪肉也不避人。明海就生活在这样一个特殊环境里，他日日跑到小英子家里去，替她做农活，一起车水，薅草，肩并肩坐在一个石滚子上看场，帮小英子的姐姐描花样子……小英子在“揼”荸荠时，故意用自己的脚丫子去踩明海的脚，明海看着小英子在沙滩上留下的一串串脚印，心里萌动了一种从来没有经验过的感觉，小和尚的心被搅动了。明海去善因寺烧戒疤，小英子拿船送他去，劝他不要当方丈！也不要当沙弥尾！“我给你当老婆，你要不要！”他们的爱情来得那么合理，那么自然，那么必然！《大淖纪事》里小锡匠十一

子与挑夫黄海蛟的女儿巧云的多难的爱情，也有着惊天地、泣鬼神的道德力量。受尽磨难之后，花容玉貌的巧云宁愿一个女人担起两个男人（她的瘫痪在床的爹和被打伤的十一子）的生活，默默地挑起了爹挑过的箩筐。这不是忍辱负重、委曲求全那样的道德概念，而是真挚深沉的爱情与友谊的表现。

四

汪曾祺是一个有自己的艺术风格的现实主义作家。他十分重视小说的民族传统。今年初，他在中国作家协会北京分会召开的讨论他的小说创作的座谈会上发言时，提出了“回到现实主义，回到民族传统”的艺术主张。[4]这对他来说，本不是什么新的问题，他从来是自觉地遵循现实主义原则的。他所以提出这样的问题，特别是把回到民族传统与回到现实主义并列，是针对着文坛上一些似是而非的理论而发的。文坛上确实存在着削弱现实主义、轻视民族传统的问题。我们的文学，要想向成熟、向高峰迈进，必须深化现实主义，必须重视民族传统。

无论在理论上还是创作实践上，他都是忠实于现实生活的，不因为某种需要而牺牲真实性，也不把现实生活当成可以随便揉捏的面团。他认为，文学作品首先是描写生活、反映生活、达到艺术的真实的。他的小说所反映的客观世界，时间、地点、人物、风俗等都是实在的，虽然不追求故事的有头有尾的那种完整性，但大多数情况下还是有头有尾的，人物的性格在故事所提供的有限范围内完成。因此，读了他的小说，真实的生活扑面而来，从不知不觉中就能领略到作者的意图，感到那么真实，那么自然。他的小说没有一篇不是写人物的，即使是那些篇幅很短的小小说，如《晚饭花》（三篇）、《故里杂记》等，几乎就是人物素描。他追求神似，注意写人的灵魂世界。他的人物素描，有其独到的特点，即使不标上他的姓名，也可以根据风格判断出来。比如他一般不直截了当地在开篇就写人物及人物的关系，他不把人物的关系剪裁得干干净净，而是从较为充裕而舒缓的环境、风俗、民情的铺叙中，自然而然地引出他要写的

[4] 汪曾祺《回到现实主义，回到民族传统》，《北京文学》1983年第2期。

人物来。而到正式写人物的时候，则往往信马由缰，用清淡的文笔，着重写人情（人情也是一种关系）的冷暖。《大淖纪事》的开头先写大淖的来历，写轮船公司往东往西的两丛人家及其迥然有别的乡风；然后写西头的锡匠们，他们的活计，家伙，他们的义气，这才引出十一子这个主要人物；再写东头的挑夫们的生活，过年过节的乡俗，男婚女嫁的情况，女人性生活的随便，到第四节才写到巧云。这些看似闲笔的风俗画，不仅给作者所写的生活增加了立体感、真实感，使生活充满了活的血脉，而且为人物的性格、活动提供了很好的铺垫。总之，作者不是为风俗画而风俗画，风俗画是为作品的总主题、为人物形象的描写服务的。有些小说写得颇像散文，娓娓写来，情景交融，物我双会。“五四”以来，写散文式小说的不少，去世的李广田，健在的孙犁，都享有盛誉，现在汪曾祺也深得其法。《受戒》就是一篇优美的散文，又是一篇成功的小说。那里面连自然的景色、民情风习都与主人公的心绪非常合拍。汪曾祺坚持一种严格的现实主义，但他又不保守，他在一些小说里用的是浪漫主义手法，在一些小说里也采用意识流的手段，只要是有助于表现生活，刻画人物的手法，他都不拒绝借鉴。

汪曾祺强调民族传统，意思是创造出有深刻的民族性的现实主义文学来。这是经验之谈，也是符合艺术规律的。综观世界文学，19 世纪的俄国文学、法国文学，都是有深刻民族性的批判现实主义文学，今天的拉美文学，也是有深刻民族性的现实主义文学。我们的文学应当走这一条宽广的大道。他讲的民族传统，包括我们几千年来形成的民族文化、民族思想、民族气质、民族生活方式，也就是别林斯基所说的民族性。文学的民族性，正确地描绘出风情民俗固然是必要的，但关键还是塑造出浸透着我国民族文化、民族思想、民族气质等的人物形象来。把民族性仅仅理解为风习民情的再现，童年生活的情趣，纯洁无邪的田园生活，如果不是误解，也是过于狭窄了。汪曾祺的小说有他的弱点，如前面提到的时代感不够鲜明，还有某些小说静止地剖析市民的麻木的国民性（鲁迅所描写的阿 Q 的精神麻木，是与辛亥革命的失败有密切关系的，因而是震撼人心的），但他对人物的民族心理气质、民族文化教养的探索，是应该引起注意并加以肯定的。这一点，正是当前活跃于文苑里的一些青年作家所不足的，可以向汪曾祺学习的。

我们还缺少一批有个人风格的作家，作家们的创作实践，也还未能提供出从理论上探讨风格问题的足够的可能，而是否具备独立的风格，无论对于一个国家或一个民族的文学，还是某一个作家，都是是否摆脱了模仿阶段，而逐渐走向成熟的标志。在建立自己的风格方面，汪曾祺的努力是值得一提的，他的成就，在他的同时代人之中也许是最值得重视的不多的人中间的一个，尽管他的部分作品，用真正的艺术品的标准来衡量，还显得粗糙，甚至可以说剥去了前人已经做过的那些以外，真正属于自己的“私产”，也还不是很多。我这样说，是否过苛了，看在朋友的面上，我想汪曾祺会宽恕我的。

批评汪曾祺同志的创作时代感不够鲜明的议论已经不少了，我无须再浪费读者的时间。我想他正在考虑这些见解的价值，择善而从之。同样，我要指出，任何时代的伟大作品、传世作品，都是有强烈时代感的。汪曾祺可以照他选定的路子走下去，他也许会在某一天变化一下自己的枪法，论者不必把事情看死了。相信他吧，他是有社会责任感的。

1983 年 6 月 16 日

（原载《北京师范学院学报》1983 年第 3 期）

仄径与辉煌

——为钟敬文百年而作

世纪老人、中国现代民俗学的奠基者钟敬文先生在其近作《拟百岁自省》中写道:“历经仄径与危滩,步履蹒跚到百年。”这多少有些悲凉的诗句,使我联想起世界上许多伟大的科学家,几乎都是从“仄径与危滩”中走过来或没有走过来的,像伽利略,像布鲁诺,像达尔文,像培根……相比之下,在“连续不断的重大事件的惊涛骇浪中漂渡过来的”钟敬文先生,到晚年终于赶上了“改革开放的历史新时期”,[1]也终于实现了多年萦回于心的平生夙愿:建立全国民间文艺学和民俗学机构、培养一批民俗学高级人才、建立起中国式的民俗学理论框架。

△ 百岁钟敬文与季羡林在一起(1999年)

本文的任务是描述钟敬文先生与中国民间文艺研究会(1987年5月经批准改名为中国民间文艺家协会)的关系。要声明的是,笔者撰著此文,仅以亲历和从其他渠道得到的材料为据,并对所用资料和阐述的观点负责。不当和失实之处,欢迎批评指正。

---

[1]《我与我的时代·祖国》,见钟敬文著《历史的公正》第424、444页,大众文艺出版社2000年10月。

参与中国民间文艺研究会的组建

20世纪40年代末在香港达德学院文学系（后改为文哲系）任教的钟敬文，应中共中央的邀请，与在港的一大批进步文化界人士，于1949年5月4日乘苏联的轮船转道天津，回到祖国。到达北平，在南河沿东亚旅馆住下后，便迅即投入了全国第一届文学艺术工作者代表大会的筹备工作，在茅盾的领导下参加起草国统区文艺活动的报告（后未采用）。三天后，从东亚旅馆搬到了翠明庄（即现在的翠明庄中组部招待所）。在参与起草报告的过程中，钟敬文萌生了倡议组建一个全国性民间文艺工作机构的想法。文代会开会前五天，即6月27日，他在驻地翠明庄写下了一份大会发言稿《关心民间文艺的朋友们集合起来》，这篇发言稿刊登在《光明日报 · 文代会特刊》（7月11日）上。文章最后说：

> 数百位本来分散在各地的文艺工作者，由于人民解放军全国的胜利，从四面八方汇集到这个文化的名城（北京）来。他们当中，对于民间文艺，有的曾经做过长期的工作，有的具有深刻的认识和浓厚的兴味。在个别的接触中，我已经听到好些朋友对于这方面工作的热诚和期望的声音。个人没有机会碰到，而心里一样怀着这种热诚和期望的朋友，想更是不少的。
>
> 赶快集合起来，一切关心民间文艺的朋友们！我们更多交换意见，互通经验。我们要热烈讨论，周详计划。或者建议全国文学艺术工作者大会，在新“文联”中把这方面的活动做为经常工作的一部分，或者在“文代会”外成立一个全国性的学会（可以叫做“中国民间文艺研究会”之类），长期有组织地、有计划地来干这方面的工作。我们的条件是那样优越，时机是这样良好，只要我们大家集合起来，共同策划，共同努力，成功是有充分担保的！

正如他在发言稿中所说，在文代会期间，曾与许多代表就成立民间文艺机构问题交换过意见。特别值得提出来的是，他曾同来自解放区、在延安帮助过说书艺人韩起祥整理说书的广东籍诗人林山交换过这方面的意见。在文代会上，钟敬文被选为全国文联候补委员及中国文学工作者协会（后改为中国作家协会）的常务委员。这时，战争还没有结束，广东等省还没有解放，文代会闭幕后，广东籍的一些代表，纷纷随人民解放军南下。林山就是其中之一，因此他没有能够把他们酝酿的事付诸实施。欧阳山、符罗飞等人邀请钟敬文一道南下，但钟敬文因要组建全国性的民间文艺机构，便婉言谢绝了他们的好意，在北京留了下来，并接受北京师范大学校务委员会主任黎锦熙的聘请，自同年的 8 月 1 日起，担任了该校教授。

在悼念周扬的文章中，钟敬文回顾这段往事时写道："建立一个专门搞民间文艺工作的机构，虽然是我个人的夙愿（解放前我在广州、杭州等地都参与创办了这类学术活动机构），但是，这时具有这种愿望的人却不只限于我一个。例如在延安曾经帮助过说书艺人韩起祥的诗人林山同志，就是很热心的一位（可惜因为工作关系，在次年这种机构成立时，他已经不在北京了）。我们这种愿望不但在学术上是有理由的，在现实上也是很有可能的。因为自从毛主席《在延安文艺座谈会上的讲话》(1942)，其实还可以上溯到《中国共产党在民族战争中的地位》(1938) 发表后，重视民众固有的文学、艺术，乃至他们的整个文化，差不多已成为延安以及国统区进步文学艺术界的一致认识和共同态度。此时，又是在新中国就要宣告成立的前夕，一切有利于广大人民文化的活动或事业，只要条件许可，都可能举办，都可能由设想变成事实。这是我当时的想法，也是赤热的希望所在。"[2]

在文代会期间，钟敬文向当时担任文化部副部长、又主持文代会筹备事务的周扬提出了成立民间文艺专业机构的建议，在座的冯乃超和邵荃麟二位也从旁帮腔，他们二位都是从国统区来的著名文学家，邵荃麟在香港

[2] 钟敬文《悼念周扬同志》，首发于《民间文学》杂志 1989 年第 11 期第 41－43 页；后收入王蒙、袁鹰主编的《忆周扬》一书时，编者将标题改为"周扬与民间文艺"，作者在文后加了很长一段附记，对一些史实作了重要补正和说明，见该书第 335 页，内蒙古人民出版社 1998 年 4 月第一版。另见杨利慧编的《雪泥鸿爪——钟敬文自述》第 161－168 页，可惜，编者大概没有看到《忆周扬》一书中作者所作的那个附记。

工作时是文化界党的领导人，他们与钟敬文都是熟人。钟敬文回忆说，他的倡议，在文代会后很快得到了周扬的答应。周扬指派了当时在文化部艺术局工作的翻译家蒋天佐跟他一道筹备。“1949 年晚秋或初冬的一天，蒋天佐同志带着送我的寓言集，到石附马大街北师大宿舍看我。这时他提起了周扬同志要我协同筹备中国民间文艺研究会的事。我当然没有迟疑地答应了。此后我们就一起进行筹划工作，一直到该研究会成立。”钟敬文还在“附记”里说：“今年（按：1990 年）四月下旬，在《民间文学》第 4 期上，读到贾芝同志的《民间文学在春天中萌发》，才知道在我建议设立民间文艺研究会之前，周扬同志已经和吕骥同志商谈过这类事情。……可惜的，当时我没有机会参与他们的商谈，以后也没有听见周扬或别的同志谈及。这样有关我们事业的倡议，直到四十年后才能知道，而倡议者已经弃我们逝去了！”他还写道，蒋天佐是自始至终参加了筹备工作，希望蒋天佐能出来写些史料情况的回忆，他能把一些有关的事情讲得更清楚准确。[3] 可惜，中国民间文艺研究会的筹备史料，不仅当事者之一的蒋天佐没有写出只言片语，研究者们也还没有做更深入细致的调查与研究，以致使这段筹备工作的一些细节，至今还不能不是若明若暗。

钟敬文作为组建中国民间文艺研究会的主要倡议者和筹备者之一，在 1949 年的冬季，曾多次参加了在东四头条文化部召开的筹备会议，商讨研究会的对象、参加的人员、研究会的章程、以及研究会的办公地点等。刚从美国回国的老舍，也被邀请参加筹备会议，在他得知未来的研究会没有办公会所时，主动表示把他自己的私人住宅提供出来做会所（未被采纳）。经过一番筹备，1950 年 3 月 29 日在京召开了中国民间文艺研究会成立大会。据《民间文艺集刊》所载《本会成立经过纪要》称：“本会经过两月余的筹备，于本年 3 月 29 日举行成立大会，到会会员及来宾 200 余人。大会主席周扬报告筹备经过后，郭沫若、茅盾、老舍、郑振铎相继讲话。大会通过了《中国民间文艺研究会章程》和《征集民间文艺资料办法》，决定总会设于首都，各地可依具体情况并遵照会章规定设立分会，最后选出正副

[3] 钟敬文：《周扬与民间文艺》附记。

理事长3人，理事47人。4月12日召开第一次理事会，会上议决设立常务理事会，选出常务理事11人（正副理事长在内），并暂定各组组长人选。本会遂正式开始工作。”[4] 郭沫若被选为理事长，老舍和钟敬文被选为副理事长。中国民间文艺研究会的筹备和成立，是在周扬一手领导下进行的，周扬在中国民间文艺研究会成立大会上致开幕词。他说：

> 今天我们开这个会，召集了许多文艺界的朋友。成立中国民间文艺研究会是为了接受中国过去的民间文艺遗产。民间文艺是一个广阔的富藏，它需要我们有系统地有计划地来发掘。在“五四”时期曾有些爱好民间文艺的文艺工作者，出版过不少各种的关于歌谣的刊物。在我们解放区也曾有过地方戏剧的研究，如今天优秀的歌剧作品，都是研究民间文艺的成果。但我们觉得最出色的民间艺术还没有发掘出来。今后通过对中国民间文艺的采集、整理、分析、批判、研究，为新中国新文化创作出更优秀的更丰富的民间文艺作品来。
>
> 不仅让对民间文艺有素养的文艺工作者来参加，还让那些只爱好民间文艺并非文艺工作者来参加。我们的民间文艺专家要和广大的民间文艺采集者紧密结合。

周扬不仅与有关方面协商决定了即将成立的中国民间文艺研究会人选（钟敬文以民间文艺专家身份当了副理事长），而且通过会章和开幕词，规定了即将成立的中国民间文艺研究会的性质和工作：“为了接受中国过去的民间文艺。”不知为什么，他的这篇主旨讲话，当时没有在很快就出版的《民间文艺集刊》上发表。三十五年后，在他已经不能视事后于1985年出版的《周扬文集》第2卷里，收入了这篇几近被埋没的文献。[5]

从香港回国后，钟敬文进北京师范大学当教授，同时在北京大学、辅仁大学兼课，如今又兼任了中国民间文艺研究会的副理事长，并被指定负责主持研究会的会务。这样一来，他就不能不把在全国如何开展民间文学

[4] 见《民间文艺集刊》第1册第103页，中国民间文艺研究会编，新华书店出版发行，1950年。

[5] 周扬《中国民间文艺研究会成立大会开幕词》，《周扬文集》第2卷第10页，人民文学出版社1985年。

工作放在心上。中国民间文艺研究会成立之后没过几天，5 月 6 日，他就着手改定了一篇在文代会前夕草拟的关于搜集工作要求的文稿《谈谈口头文学的搜集》。[6]这篇文章既讲了搜集口头文学的一些原则，也为搜集者（个人和集体两类搜集）设计了一些具体项目和细节，是一篇实用性很强的搜集工作指导手册。接着，和研究会的人员一起，着手编制《民间文学丛书》的编辑和出版计划，同时，于 1950 年 10 月（？）创办了一份以理论研究为主的不定期刊物——《民间文艺集刊》，第一册由新华书店出版发行。[7]第一册上除了发表郭沫若在民研会成立大会上的讲话《我们研究民间文学的目的》和老舍的讲话《老百姓的创造力是惊人的》外，还发表了钟敬文的长篇论文《口头文学：一宗重大的民族文化遗产》。

钟敬文对于他所兼职主持工作的中国民间文艺研究会，是充满热情和恪尽职守的。那个时期，他在报刊上（如《光明日报》的《民间文艺》周刊）写的民间文艺文章很多。民研会成立半年后，1950 年 9 月 18 日，他写了《一年来的新民间文艺学活动》，从民研会领导人和学者的双重角度，从组织机构的发展、资料的整理和出版、理论研究等三个方面，总结了一年来所取得的成绩。他写道："这个会（中国民间文艺研究会）现在有会员二百多人。会中设有民间文学、民间美术、民间音乐、民间戏剧、民间舞蹈和编辑出版等组。半年来主要的工作是计划并实行编辑《民间文艺丛书》（按：应为《民间文学丛书》）和《民间文艺集刊》等。自从这个全国性的民间文艺研究会成立后，各地（例如上海、西安、广州、四川等）的文艺界同志都准备成立分会。他们有的正在酝酿，有的已经在积极筹划。西北人民艺术学院的教职员和同学中，对这方面工作已经有相当成绩或抱很大兴趣的共 30 余人。他们在今年 8 月 24 日开过一个座谈会，讨论成立分会，进行搜集、研究工作等。其它，希望成立分会或小组的地方、文艺工作团体也当不少。""由于条件的便利，资料集的整理和出版也越加兴盛起来。

---

[6]《谈谈口头文学的搜集》，收入《民间文艺谈薮》第 304-316 页，湖南人民出版社 1981 年。

[7]刊物发稿时，地址还是东四头条 82 号，即文化部所在地，出版时，已搬到演乐胡同 74 号中国民间文艺研究会的新址。

在这种出版物中比较优秀的，要算去年 11 月出版的、安波编辑的《蒙古民歌集》。这不但是介绍我们兄弟民族（蒙古族）民歌的第一个集子，而且就它的数量或质量看，也都是值得我们称许的。除新编印的以外，也有把已经刊行过、现在再加以整理或增补出版的，例如田星编的《民间故事选集》、李束为等记录的《水推长城》、董均伦编录的《单辫郎》等。至于中国民间文艺研究会所编辑的《民间文艺丛书》共十二种，它们的名称，有《陕北民歌选》、《东蒙民歌选》、《定县秧歌选》、《北京歌谣选》、《民间故事传说选》、《云南民歌选》、《陕西梆子音乐》、《西北少数民族歌曲选》等。这些资料集，有的早就付印，有的已经整理完毕，有的还在编辑中。今年底将印出一部分来。此外，还有一些性质比较特殊的著作，例如袁珂的《中国古代神话》，是把我国那些著名的古典神话加以编写的；又如边垣的《洪古尔》，是用纯诗体去改写兄弟民族的民间传说的（据说原文是有唱有白的弹词体），这些都是值得注意的民间文艺学方面的新尝试。”他在总结理论方面的成绩时说：“严格说来，这方面并没有很大的成绩。”但他还是实事求是地做了分析：第一，“现在已经有了一些比较精细分析的文字”。如严辰等写的一些关于歌谣的短论。第二，“谈论的对象也扩大了”。“过去几年，大家谈论到秧歌、民谣、故事、窗花、门神等，近来，大家注意和探讨的对象是更加广泛了，莲花落、相声、灯影戏、道情……这些名目都上了‘论坛’。这是我们民间文艺探究范围的一种开拓。”第三，“不断出现了许多工作经验的总结报告”。他还特别提出了《民间文艺集刊》的编印。过去的民间文艺集子，大都是资料的集子，为着补救我们学界这方面的缺陷，研究会的同仁决定编印一种集刊，“它当然还负有别的任务（如反映会务、沟通消息等），但是理论研究无疑是它所负担的一种主要任务。创刊号编好了，理论方面的文字，共有十多篇。我们希望这个集刊逐渐发展下去，能够成为民间文艺理论研究方面的一个中心园地。这在整个新民间文艺学运动上无疑是很需要的”。

他还指出了民间文艺研究会以及民间文艺界所存在的缺陷和问题，提出了一些批评和要求。比如，他说，全国性的搜集研究机关是建立了，但由于这个机关的负责的同志大都是兼有别的职务的，因此，“在工作的设计和实行上，不免有些滞涩”。在资料的编辑、整理、出版上，固然有了可喜

的成绩，“但是，有好些做这种工作的同志，在见解上多少还存在着偏向。例如对于民间文艺作品的采录和编印，只抱着一种狭窄的功利主义，即单纯的‘从民间来、到民间去’的思想，没有周全地考虑到人民创作一般的历史、社会的意义，没有考虑到它对于当前文艺及一般学术、文化可能发生的多方面的作用。因此，在材料的弃取上，在记录的方法上，都可能发生某些问题。有许多本来有用的材料，因为不合于那‘直接还给人民’的标准而被抛弃了。又因为记录者的目的只限于编辑大众读物，对于某些材料就不免加以删削或增益。这些做法，从民间文艺的广泛的意义和作用看，是值得商量的。自然，采取人民自己的创作，并加以严密的审订，然后还给人民，这是我们今天文艺界应该做的一件工作，而且是相当重要的一件工作。肯去担任这种工作的人是我们应该尊敬的。但是，我们要记住：这种做法，只是处理民间文艺‘资产’工作的一部分，而决不是它的全部。此外，还有别的同样重要的做法。例如把比较有意义的和有价值的民间文艺资料忠实地、丰富地采录起来，并给以印行，去供给一般文艺工作者学习、研究。这也是这方面整个工作的一部分。而在这种工作中，即使有些局部带有缺点的材料，也不妨收录（不必说，完全健康的当然更好）。至于为供给历史学者、社会学者们参考而集录的材料，自然界限更加宽大了。总之，民间文艺的意义和作用是多方面的，我们对它的看法和处理也不要单单限于某一面（尽管那一面是怎样重要）。”

除了对民间文艺工作者和本会工作人员中存在的缺点和问题提出意见外，钟敬文还对当时文艺界、文化界某些人对民间文艺的不正确的态度和看法，提出了自己的意见。他说：“有些人对于神话、童话等的看法，就有些不正确的地方。他们一看到这类作品中有着‘超自然的’的人物和情节，就轻率判定它是迷信的，甚至于是反动的。他们不明白那种天真的想象，大部分是文化没有发展成熟的人民在精神上的自然产物。真正由劳动人民自己的头脑产生的虚构性的作品，在根柢上往往是唯物主义，是现实主义的（自然，这是朴素的唯物主义和现实主义的）。它在一定社会阶段上尽着一定的社会作用，而且在今后的社会里也还是有益无害的艺术品。这跟统治阶级、宗教骗子们所伪造的东西，是形貌相近而实质不同的。这些道理，在马克思和高尔基的论著中是说得相当清楚的。可是，文化界和文艺界中有些同志，对这些还没有相当透彻的理解……”[8]

钟敬文在这篇建国一周年时写的民间文艺工作的总结性文章里所发表的两个批评性观点，在正常学术环境中纯属学术的见解，现在看来无疑是正确的。在新中国成立二周年时，他又发表了一篇类似的总结性的文章，在历数了民间文艺工作所取得的成绩后，再次指出了上面谈到的那些问题，特别是批评了根据当前的思想政策去窜改民间作品的思想和情节、拿现在流行的或个人爱好的文体去改变固有的叙述的不良倾向。[9]如果当权者接受了他的这些正确的批评意见，对存在的偏向或缺点及时加以引导和纠正，我们的民间文艺工作肯定会沿着一条比较规范、比较健康的道路前进的，但由于他的批评意见牵涉到了当时在中国民间文艺研究会里担任某些工作的同志，所以种下了几年后在反右派斗争中遭到批判并被划为右派分子的种子，并被指责为“资产阶级民俗学”的“学阀”，从而酿成了他的命运的悲剧。

编辑《民间文艺集刊》第二册时，正值抗美援朝战争爆发刚四五个月，全国上下反美情绪高涨，钟敬文把原拟写作的《中国近代歌谣中的反帝意识》，改写成了一篇《民间歌谣中的反美帝意识》，发表在他所主持的刊物的这一期上。刊物初创时，是由新华书店出版发行的，从第二册（1951 年 5 月 15 日出版）起，改由人民文学出版社出版，继续由新华社发行。第三期（9 月 1 日出版）上，他又发表了一篇《从口头文学看武训与人民的距离》的文章。编者在《编后记》中允诺从下期起更多地发表民间文学作品，但由于抗美援朝战争的原因，第三册出版后就停刊了。这份以推动理论研究为宗旨的民间文艺刊物，虽然前后只存在了不到两年的时间，仅出了三期，但它团结了全国各地的许多民间文艺专家和有志于民间文艺的爱好者，收到了许多民间文艺工作者寄来的珍贵资料，对中国民间文艺学的研究和资料的收集、整理工作，尤其是在倡导科学的搜集和研究方法上，起了开

[8] 钟敬文《一年来的新民间文艺学的活动》（1950 年 9 月 18 日），发表于《胜利一周年》（纪念文集），1950 年；后收入作者的《民间文艺谈薮》一书第 269－280 页，湖南人民出版社 1981 年。

[9] 钟敬文《民间文艺学上的新收获》，写于 1951 年 9 月 20 日，发表于《新建设》第 5 卷第 1 期，1951 年；后收入《民间文艺谈薮》第 281－293 页。

拓性的导引性的作用。

事实上，编者也是把刊物当作推动工作发展和引导学术进步的重要工具和渠道。如编者在第二期的《编后记》里就当时民间文学的学术思潮发表议论说："过去有些学者，把民间文艺比做古文化上的枯枝和落叶。这自然是极端错误的。相反的，民间文艺是一株古老而却永远年青的树，它每年都在添新叶，吐花朵。这是因为劳动人民永远是文化的创造者。特别是在社会处于大变革的时代，新的生活和思想，必然更加丰富和新颖地反映在群众自己的创作里。……当然，旧的比新的不知多好多倍，对于旧的，绝不应该存有任何的轻视心理，——我们的工作，正是要发掘多年的宝藏；但我们同时也非常希望各地的同志们注意搜集新的作品，而且也绝不要因为新的在技巧上不如旧的，一般比较的粗糙，也就随便轻视它。"这通议论，显然是有所指的。同一时间，钟敬文在给《光明日报·民间文艺》所写的一篇文章《对于民间文艺的一些基本认识》里，也说了意思大致相同的一段话："过去，民间文艺，在人民的教养上，无疑是一个巨大力量。除了那些实际生活和风俗、习惯之外，在民间，尽着重要的教育作用的，就是它。一般民众，从摇篮时代起到进坟墓时候止，差不多都沐浴在民间文艺的江河里。它给他们教导，给他们鼓励，给他们扶持，给他们快乐和希望。它是生活的百科全书，是知识上、行动上多方面的教师、朋友和爱人。自然，今天，那些作品再不能担当起这种重任了。它的大部分已经随着'社会的地震'而掉落了它的作用。但是，在今天，并且在明天，一部分优越的民间文艺，还是一种'活的文化'。对于新教养，它还是个继续能够提供新鲜奶汁的乳房。"[10]

《民间文艺集刊》停刊后，以联络和指导为主要工作方式的中国民间文艺研究会，失去了与各地民间文学工作者及其地方机构的联系渠道，事业的开展受到很大影响，会内人员只能把精力放在编辑丛书上。《民间文学丛书》的出版获得了相当的进展。

从 1952 年起，钟敬文又接连受命担任了北师大的副教务长；1953 年起

[10]《对于民间文艺的一些基本认识》，原载《光明日报·民间文艺》，见《民间文艺谈薮》第 22 页。

创建了人民口头创作教研室，开始招收民间文学研究生；1954 年被任命为学校科学研究部主任。因此，在中国民间文艺研究会的兼职，特别是主持会务，不能不陷入捉襟见肘之势。

中国民间文艺研究会的归属问题，长期没有得到妥善解决。建会初期，隶属于文化部艺术局编审处，后编审处改编为人民文学出版社，民研会便成为人民文学出版社的下属单位。三年后，转到了中国科学院文学研究所。后又由中国科学院文学研究所转到中国作家协会。时间不长，于 1955 年转到中国文联，这才算稳定下来。转到中国文联之后，对于飘摇不定的中国民间文艺研究会来说，创办一份新的定期杂志，加强同各地民间文学工作者的联系，自然成了最理想的选择。于是，《民间文学》月刊经过一段时间的筹备（包括确定方针、调集编辑等），便于 1955 年 4 月 23 日在北京创刊了。成立了由八人组成的编委会：钟敬文、贾芝、陶钝（以上是常务编委）、阿英、王亚平、毛星、孙剑冰、汪曾祺。当时没有确定并经上级领导机关批准主编人选。由于钟敬文是中国民间文艺研究会主持会务的副理事长，所以刊物的工作，理所当然地由他负责主持。但因他是兼职，会内设有秘书组长之职，具体的编辑事务，也就由贾芝负责，还从《说说唱唱》调来汪曾祺担任编辑部主任。刊物的重要稿件，由编委会讨论决定。《民间文学》的《发刊词》，是由钟敬文执笔撰写的。由于《发刊词》在一定程度上带有半官方文告的性质，包含着一些重要的原则和思想，所以它的发表，是受到民间文学界的重视的。它包含了有关民间文学的几个基本的观点：

第一，把民间文学定位为“人民口头创作”。人民口头创作是各民族创作的精神文化，而这种精神文化，在过去长时期中经常受着本民族或异族的统治阶级的鄙视和摧残。一个民族的优秀的人民文化，就是那个民族的文化的精华。

第二，人民口头创作有过去流传的，也有现在新生的，无论前者或后者，都具有教育的作用和认识的作用。“过去人民所创造和传承的许多口头创作，是我们今天了解以往的社会历史，特别是人民自己的历史的最真实，最富饶的文件。”“在这种作品中，记录了民族的历史性的重大事件，记录了广大人民的日常生活和斗争，记录了统治阶级的专横残酷和生活上的荒淫无耻……作为古代社会的信史，特别是人民生活和思想的信史，人民自

己创作和保留的无数文学作品，正是最珍贵的文献。”

第三个观点是，人民口头创作对文学艺术的批评和创作的意义和作用。

作为中国民间文艺研究会机关刊《民间文学》的《发刊词》，它所阐发的有关民间文学的一些基本观点，成为一个时期（二十世纪五六十年代）我国民间文学工作的基本信条，其影响，远远超出了一篇任何个人的文章，特别是对散布在全国各地的业余民间文学搜集者起着启蒙甚至指导的作用，对我国民间文学事业（尤其是搜集整理工作）起了推动作用。这篇文章既是官方性质的，又是个人的。作者采用“人民口头创作”一词，显然是从苏联的民间文学理论中借用而来的。当时钟敬文在北京师范大学、北京大学、辅仁大学三校开的课程，也叫“人民口头创作”。这是历史的必然，是几乎很难超越的，因为那时是全社会都在“一边倒”。把民间文学定位为“人民口头创作”，有很强的阶级性，是建基于从原始社会的统一的文化进到奴隶社会之后，文化便一分为二，出现了与统治阶级的文化与人民的文化这个基点上的。这种观点曾经在很长的时间里影响着我国的民间文学工作，起了积极的作用，其消极的影响也是显而易见的。比如，有些学者和基层文化工作者强调“被压迫者的创作”这一观念，在搜集和整理民间作品时，为了突出其所谓的思想性和战斗性，往往任意拔高和篡改其内容，走到了反历史主义的斜路上去，并且成为我国民间文学工作的一大顽症。在这一点上，钟敬文的此文无疑为日后越来越严重的“左”的、庸俗社会学的民间文学思潮的泛滥，留下了可乘之机。

这篇《发刊词》发表，文艺界的反胡风运动正开展得如火如荼，作为一种半官方文件，作者没有超越、也无法超越这次波及全国的政治运动的阴影，况且多少年来钟敬文都是以“左”派学者和作家面貌出现于文坛上。因此，在此文中，对胡风把民间文艺说成是“封建文艺”的理论进行了批判。到 20 世纪 80 年代历史新时期，胡风的冤案平反昭雪后，钟敬文在把这篇职务作品收到自己的《钟敬文生平 · 思想及著作》一书中时，将这段批判的文字删除了。尽管对胡风的批判是建国后的一大政治冤案，现在已经彻底平反昭雪，我还是不能不表达这样一种观点，胡风关于民间文艺的观点仍然是错误的，但它属于学术上的一种观点，把他的民间文艺观点拉到政治运动中是不适当的。

好景不长 春花易谢

1956年，对资本主义私有制的社会主义改造宣告完成，国家进入了历史性的转变时期。党中央召开了知识分子问题会议，周恩来总理做了知识分子问题报告。4月28日，毛泽东在中共中央政治局扩大会议上提出了“百花齐放、百家争鸣”的方针。

钟敬文作为民研会的副理事长和作家协会的常务委员，积极参加了文联和作协举办的一系列活动。3月，中国作家协会召开第二次理事扩大会议，老舍在会上作了搜集、整理和翻译兄弟民族文学的报告；钟敬文也在会上作《回答新形势的要求》[11]的发言（3月6日），呼吁作家协会、高校的文学史教材要重视人民口头创作问题。这年的暮春，他又参加了中国文联组织的文艺界人士西北参观团，在陕西、甘肃两省的一些大中城市参观访问，8月底从兰州回到北京，又到西山碧云寺去写作和休息，前后住了个把月才回到学校。这时全国党组织整顿“三风”的运动已经开始了。

作为主持工作的民研会副理事长，在1956年整个一年中，钟敬文没有在民研会的刊物上发表过一篇文章，大概也没有怎么过问民研会的事。这种情况的出现，当然是耐人寻味的。根据后来的（1957年10月之后到1958年上半年发表在《民间文学》上的）一些批判文章所提供的材料判断，在此之前和在此期间，他与在会里工作的党员负责人之间，产生了一些意见分歧。这些意见分歧，逐渐演变成为所谓党外人士向党内人士争权、甚至力图摆脱党的领导的一种罪证。

1957年的春天，“双百方针”得到继续贯彻，各民主党派充分发挥参政议政作用，畅所欲言，知识分子帮助党整风，大鸣大放。像许多知名学

[11]《回答新形势的要求》，收入《民间文艺谈薮》第13－19页。

者教授一样，钟敬文在北师大、教育部等单位召开的帮助党整风的座谈会上发了好几次言，在《人民日报》上发表了《破浪前进》的短文，在《文艺报》上发表了《为了我们高贵的共同事业》。

到了夏季，全国政治形势发生了急剧的变化。6 月初，反右派斗争开始了。在逐渐升级的反右斗争中，钟敬文在座谈会上的几次发言成了他向党进攻的罪证。他任教的北京师范大学，对他以及黄药眠、穆木天、彭慧、启功、李长之、陈秋帆、俞敏等好几位知名教授，口诛笔伐，把他们划为“向党猖狂进攻”的右派分子。这时，中国民间文艺研究会也开始对钟敬文进行揭发批判。《民间文学》第 10 期发表了贾×的长文《必须坚持为人民服务的方向——论民间文学工作中的两条道路》，把五四新文化运动以来民间文学领域里的学术观点，划分为资产阶级和无产阶级两条道路。文章虽然没有点名，行内人士一眼便知道，钟敬文便是作者所指的保留着“一套腐朽的学院派学术思想”、又代表着“资产阶级”方向道路的代表人物，并给他开列了六条大罪状。同期发表的，还有钟敬文当时最信任的学生、在后来的批判中被指责与他的老师划不清界限和钟敬文在民研会的“坐探”的张某的文章《民间文学能不要党的文艺方针吗？》，这篇批判文章，把钟敬文在建国一周年时写的《一年来的新民间文艺学活动》等的观点引出来加以批判，说他在根本上反对毛泽东的文艺方针，以表示他已与他的老师划清了界限。11 月 9 日—19 日，中国民间文艺研究会又连续在王府大街乙 64 号文联二楼会议室召开了三次会议，邀请部分理事、《民间文学》编委、民研会全体工作人员、北师大民间文学教师和研究生等参加，批判钟敬文的“反党反社会主义的罪行”。[12] 同期上还选发了在批判会上的几篇发言稿，它们是：林×的《民间文学的两条道路的斗争》、×××的《活教材》和×××、×××的《钟敬文对于青年的毒害》。转过年来，即 1958 年的《民间文学》上，继续发表批判钟敬文的文章：贾×《再论民间文学工作的两条道路》(第 1 期)、××《钟敬文要的是什么权和什么样的尊重？》(第 1 期)、××《钟敬文是个什么样的专家？》(第 2 期)。

[12]《民间文学》杂志记者：《打垮右派分子钟敬文对民间文学的进攻》，见《民间文学》1957 年第 12 期第 9-13 页。

在笔者与钟敬文先生多年的接触中，关于1957年的事，他一直讳莫如深，不愿谈及。研究者们也都忽略不计。但他在97岁时，在西山修养、静思中想起走过的近百年的坎坷历程，却还是禁不住要把真话写出来告诉读者，于是一发不可收拾，写下了一篇回忆录：《我与我们的时代·祖国》。在写到关于中国民间文艺研究会召开的那几次批判会时说道："我的主要工作岗位是在北师大，批判（以后还要管制）活动的重点当然也在这里。但是，我还兼任中国民间文艺研究会管事的副理事长，就常理说，在这样大是大非的阶级斗争上，会里当然不能轻易放过我，何况还有其它的因素在加温呢？因此，在这一年冬天（我已被强制劳动），民研会特地为我召开了两天批判会。由于准备充分，加之某些领导的个人感情因素，其炮火的猛烈，比起北师大，实有过之无不及。批判会散场后，我在那里的职务、权利当然都被取消了。"[13] 钟敬文在回忆中含蓄地提到的"某些领导的个人感情因素"，实在是尽人皆知的。

由于钟敬文被认为是"反动学术权威"，所以在批判告一段落之后，北师大中文系的学生组织专门班子写作了一本专著《钟敬文文艺思想批判》（人民文学出版社1958年）。笔者至今还收藏着一本。前些日子，钟先生的公子少华来借去翻拍复制，我得以粗略地翻阅了这本出版于40多年前的奇书的《结语》，那些杀气腾腾的话语跃然纸上："解放后，他继续贩卖资产阶级民俗学的观点，顽固地坚持他的反动立场。他攻击党的领导和党员干部，攻击党的文艺方针、政策，打起'外行不能领导内行'的旗号，贴着几个'马列主义'的标签，到处招摇撞骗。1957年5月，在黑云滚滚的时刻，他也乘机兴风作浪，企图使中国沦为帝国主义的殖民地，复辟资产阶级的民俗学。一声春雷天地动，反右斗争开始后，他的罪恶目的暴露于光天化日之下，一切隐隐现现的东西、新新旧旧的货色，都不可逃遁地呈现出来。历史就是这样不可凌辱，不可动摇。"[14] 他在回忆中国民间文艺研究

[13] 钟敬文《我与我们的时代·祖国》，见《历史的公正》第422页，大众文艺出版社2000年10月。

[14] 北京师范大学中文系四年级批判右派分子钟敬文反动学术思想小组编著《钟敬文文艺思想批判》第145页，人民文学出版社1858年。

会组织的三次批判时写道："为了批判我，某些人（包括后来中国民间文艺研究会的一些同志）不但搜查了故纸堆，发表了口头批判和书面论文，还写作了专书（《钟敬文反动文艺思想》），在国家一级的书店里刊行。（那时跟我同样受到这种待遇的，记得还有王瑶同志，虽然他侥幸未被划为右派。）这样做，还嫌不够彻底，于是又组织了大学本科的优秀学生，大兵团作战，日夜鏖兵，编纂了一部数十万字的《中国民间文学史》（按：上下两册，人民文学出版社 1958 年），即进一步批判了我的'谬论'。"[15] 的确，这大概是当代史留下来的一本奇书了！《中国民间文学史》的作者在《导论》中主要以郑振铎先生的《中国俗文学史》和钟敬文的民俗学理论为批判对象，除了学术批判之外，甚至把钟敬文说成是"自觉不自觉地充当了帝国主义的代理人"。[16] 这部书出版后，中国作家协会、中国科学院文学研究所、中国民间文艺研究会、北京大学、北京师范大学联合或分别召开座谈会，进行讨论，在充分肯定学生们的革命精神的前提下，也提出了一些具体意见。学生们又于 1959 年和 1960 年两次进行修订，并印出了修订本，但基本格调如旧，没有什么大的改变。

钟敬文的副理事长职务，在民研会召开的三次批判会后，就无形中被终止了。在 1958 年的"三面红旗"运动中，"浮夸风"刮遍全国，新民歌应运而生，风起云涌，自然也给以搜集民歌民谣为己任的民研会带来了大好机会。7 月初，在北京召开全国民间文学工作者大会，报告人贾芝作大会报告《采风掘宝，繁荣社会主义民族新文化》，对钟敬文与胡风、冯雪峰再次进行批判和清算，把他定位为"修正主义逆流里的狂妄的野心家"，"'五四'以后提倡资产阶级民俗学的一个后起的代表人物"。[17] 这次全国民间文学工作者大会，实际上是中国民间文艺研究会的第二次代表大会，因为在会上产生了新的即第二届理事会和主席、副主席，郭沫若继续为主席，

[15]《我与我的时代·祖国》第 441－442 页。

[16] 北京师范大学中文系 55 级全体同学著《中国民间文学史》第 19 页，人民文学出版社 1958 年。

[17] 贾芝《采风掘宝，繁荣社会主义民族新文化》，《民间文学》1958 年第 7、8 期合刊。

副主席为周扬、老舍、郑振铎。[18] 这次会议，钟敬文当然被取消了参加的资格，而且在组织上完成了撤销其副理事长职务的手续。从此，他与中国民间文艺研究会的关系就切断了。

被划为右派、政治生命受到惨重的打击的钟敬文，被监管劳动。正式的文件是 1958 年 2 月下达的："钟敬文，职务：研究部主任、人民口头创作教研组主任、校务委员会委员、师大学报编委、教授。处理意见：按五类处理，保留教授学衔，由一级教授降至三级教授（工资由 345 元降至 245 元），撤销研究部主任、教研组主任、校务委员、学报编委职务。"（见《北师大反右运动档案 · 1957 年被划右派分子名单及其处理情况》）[19] 直到 1962 年才被摘帽。摘帽后，他又捡拾起民间文艺的研究，在此期间，写作和发表了两篇关于晚清民间文艺学史的论文（《晚清革命派著作家的民间文艺学》、《晚清改良派学者的民间文艺见解》）。只有一次，他被邀请参加民研会的活动，即 1963 年春天，观看应邀来京的河北省乐亭皮影演出，并应《民间文学》编辑之约，写了一篇《看了乐亭皮影以后》的短文，发表在该刊第 2 期上。

历史新时期

文革中，中国民间文艺研究会像其他文艺家协会一样，停止工作达十年之久。"四人帮"被粉碎后，各文艺家协会陆续恢复活动。1978 年春夏之交，中宣部批准成立了恢复中国文联和各文艺家协会筹备小组。中国民间文艺研究会也成立了筹备小组，钟敬文作为筹备小组成员参加了筹备工作，并参加了 1978 年 6 月初召开的中国文联三届三次全委扩大会议。

[18] 见《中国文学艺术工作者第三次代表大会资料》第 498 页，中国文学艺术界联合会 1960 年编印。

[19] 转引自杨哲《风雨世纪行——钟敬文传》第 365-366 页，华东师范大学出版社 1999 年。

他在一首小诗中表达了他当时的心情："文物民权一扫光，四凶真比法西狂。到头魔垒旗终倒，日月重辉万乐昌。/服务文场与教坛，蹉跎已过古稀年。当兹世道云兴日，合作铮霞照碧天。"钟敬文在全委会上作了《用百倍成绩回击"四人帮"的野蛮迫害》的发言。[20]他在发言中呼吁：一，经过一段时间的必要的筹备，早日恢复中国民间文艺研究会；二，各高校恢复民间文学课程并恢复和建立民间文学教研室或教研组；三，《民间文学》杂志尽快复刊。文联全委扩大会6月5日闭幕，恢复中国文联和各文艺家协会筹备小组负责人宣布第一批五个协会（中国文联、中国作协、中国剧协、中国音协、中国舞协）恢复活动。（笔者当时在《文艺报》任职，文联全委会期间担任宣传组副组长，协助组长邹荻帆工作。恢复文联和各文艺家协会筹备小组开会听取民研会筹备组的筹备汇报后，认为民研会的筹备工作尚不成熟，本次全委会上暂不宣布恢复活动，留待第四次文代会时再议。）

在三届三次文联全委扩大会议期间，中国民间文艺研究会于6月2日—3日召开了常务理事扩大会议，就恢复民研会及《民间文学》刊物问题，进行讨论。《民间文学》先行复刊的建议，得到了上级的批准。钟敬文这时虽然不是民研会的常务理事，但他作为恢复民研会筹备小组的成员和民间文学专家，出席了这次常务理事扩大会。马学良作《扫除"四害"，肃清流毒，让少数民族民间文学大放异彩》的发言，提出成立少数民族文学研究所的建议之后，在民研会常务理事会上再次重提这个建议，得到了钟敬文、傅懋勣、常任侠等学者的附议。周扬当场采纳了他们的建议，并建议民委和社科院联合筹备。经过一年半的筹备，中国社会科学院少数民族文学研究所于1980年1月25日正式成立了。

1978年是中国思想解放运动深入人心的一年。4月5日，中共中央批准中央统战部和公安部《关于全部摘掉右派分子帽子的请示报告》。5月11日，《光明日报》发表了署名本报特约评论员的《实践是检验真理的唯一标准》的文章。从而在全国思想界开展了一场大辩论，极大地推动了思想解放运

[20]钟敬文《用百倍成绩回击"四人帮"的野蛮破坏》，《民间文学通讯（内部刊物）》第1期，中国民间文艺研究会筹备恢复小组、中国社会科学院文研所民间文学组编，1978年6月；后收入钟敬文《新的驿程》，中国民间文艺出版社1987年。

动。年底，召开了党的十一届三中全会和理论务虚会，确定了解放思想、实事求是的思想路线。作为一个老学者，钟敬文跟上了时代的步伐。他在文联全委会后，到兰州参加少数民族教材编选和学术会议，并亲自召开座谈会，听取各地教师们的意见，决定并着手组织人马编著高校教材《民间文学概论》。

此时的文艺界，思想解放运动一浪高过一浪。但在文艺工作者中，“心有余悸”还很普遍，长官意志还所在多有，艺术民主还有待发扬。为了扩大社会主义民主，推动思想解放，经中央同意，周恩来总理 1961 年 6 月 19 日在广州会议上所作的《在文艺工作座谈会和故事片创作会议上的讲话》分别在 1979 年初的《人民日报》和《文艺报》上发表。全国文艺界人士对艺术民主问题展开了广泛的讨论。钟敬文参加了中国民间文艺研究会召集的座谈会，并以“谈框子”为题在会上发言。他在破除“框子”的题目下，提出并分析了民间文艺界存在的一些“影响不好”、需要“打破”的“框框”，如：在为当前政策服务的口号下出现的把“古为今用”狭隘化；在文艺理论、民间文学理论上机械搬用苏联理论等。[21] 这篇随笔，不仅是钟敬文政治思想的解放，更重要的是，是显示了他作为一个人文学者的思想跨越，他在民间文学界率先对一向被我国学术界奉为圭臬的苏联民间文艺学理论进行了反思和挑战，尽管是初步的。

一般认为，我国现代民间文艺学和民俗学肇始于 1918 年的五四新文化运动前夕。1979 年正是五四 60 周年。60 年的征程，特别是经过“文革”后，亟待总结和清理。周扬在中国社会科学院召开的纪念五四运动 60 周年学术讨论会上作报告，提出了三次思想解放运动的学说。钟敬文也应邀在会上作《作为民间文艺学者的鲁迅》的报告。同时，钟敬文还在《民间

[21] 钟敬文《谈框子》，《民间文学》1979 年第 2 期；后收入《民间文学谈薮》第 45－52 页，湖南人民出版社 1981 年。对于钟敬文来说，这篇文章是一篇谈论思想方法的重要文件，比如他在全国解放后，就是一个提倡苏联学术理论的学者，他开的课就叫“人民口头创作”，他在那一段时间在学术思想上受苏联理论的影响，是很显然的。他在这篇随笔式的文章里，对苏联的民间文学理论提出了异议和初步的批判清理，认为是发展学术的“框框”。可是后来他的几个为钟先生编辑著作的学生，却都不收这篇文章，似乎钟敬文先生的学术思想，与社会、时代没有关系，只是一个生活在真空里的纯粹的民俗学者。

文学》1979年第2期上发表《五四前后歌谣学运动》，他在这篇与《作为民间文艺学者的鲁迅》相呼应的文章中，试图对现代歌谣运动的起因、成就和局限进行思想的和学术的总结。钟敬文的文章是粉碎“四人帮”后最先论述歌谣运动的文章，在观点上，与五六十年代发表的那些将五四时代及倡导歌谣运动的代表人物划为“资产阶级学派”的文章显然相左，旨在纠正民间文学界自1958年以来借政治运动和学术批判之机而占了主导地位的错误观点，以恢复歌谣运动的历史地位和文化传统。但对五四前后的歌谣学运动的局限，特别是到30年代的后续发展中出现的缺点和问题，其分析和批评，则显得不够，在某些问题上没有达到他后来的认识。

在全国批判声讨“四人帮”的第三阶段，钟敬文于1978年9月9日写了一篇《为孟姜女冤案平反——批驳“四人帮”追随者的谬论》的长文。但那时没有刊物可以发表。1979年1月《民间文学》复刊。他在完成纪念五四运动60周年文章写作后，便着手对其进行了修改，并交给《民间文学》杂志发表。[22] 这篇文章，固然是对“四人帮”的政治批判，但它又是一篇有理有据的学术性很强的论文，不仅在当时引起了学术界的关注，而且引发了《孟姜女故事论文集》很快出版，钟敬文并为这本论文集写了序言。他在序言里写道：“这个传说学的研究成果还有些值得商榷的地方。如我在《为孟姜女平反》文里所指出的，对于杞梁妻崩城（或崩山）的故事转到孟姜女哭倒长城的故事，那情节大转变时期的断定，就是一个例子。但是，这种商榷的意见即使有道理，也是学术史发展上常有的情况，并不足为奇。如果一个学术上的问题，前人对它所写的文章，过了半个世纪（特别像我们所处这样的时代），还句句正确，没有一点可重新讨论之处，即使不是件奇迹，也是稀有的现象吧。”[23] 这篇序言，表现了钟敬文作为学者的实事求是的治学态度，他并没有对亦师亦友的顾颉刚先生早年的孟姜女故事研究采取全盘肯定的态度，而是在某些问题上提出了新说，修正他的看法，

[22] 钟敬文《为孟姜女平反——批驳“四人帮”追随者的谬论》，见《民间文学》1979年第7期；后收入《新的驿程》第192-210页，中国民间文艺出版社1987年。

[23] 钟敬文《〈孟姜女故事论文集〉序》，中国民间文艺出版社1983年版。现据《新的驿程》第297-302页。

从而推动学术的进步和发展。他在注解里还说："(顾先生对苏联汉学家李福清说）他写作那篇孟姜女论文时，年纪很轻，意思是对问题考虑可能不够周全，看来，他并不坚持他早年的意见。"

在1979年10月30日至11月16日召开的第四次全国文代会上，宣布中国民间文艺研究会恢复活动；接着，中国民间文艺研究会于4日—9日召开了第三次代表大会。作为筹备小组成员的钟敬文致开幕词，筹备组组长贾芝作报告。会议选举周扬为主席，钟敬文、贾芝、毛星、顾颉刚、马学良、额尔顿·陶克陶、康朗甩等八人为副主席。笔者从消息可靠人士那里听到，四次文代会前夕民研会筹备组上报的名单中，钟敬文并不是列在副主席中的第一位。倒是作为文联负责人的林默涵火眼金睛，一看到这个报告，便大笔一勾，把钟先生勾到了前面。重新当选民研会副主席的钟敬文，以新的姿态和昂扬的热情参与了民间文艺研究会的恢复和民间文艺事业的开展。他写道："我像蛰伏多年的动物，这时顿感到'龙抬头'的时候到了。过去的二十多年里，我的许多宝贵时间被糟蹋了，我的饱满的精力被销蚀了，我的学术作业被抹黑了。尽管如此，我那颗为祖国、为人民的雄心壮志犹活跃着。这在我处于那些黑暗时期所作的诗篇和论文中是可以得到验证的。我此时的心境正如曹孟德带着醉意所吟唱的诗篇所表白的：'老骥伏枥，志在千里。烈士暮年，壮心不已！'为了恢复民间文学事业，为了重新建设民俗科学，我不仅在逾越古稀之年，孜孜写作科学论文，培养研究生、专业工作者，更孜孜致力于中央这类学术机构的恢复或新建——例如中国民间文艺研究会（后改称中国民间文艺家协会）、中国民俗学会。为了推动和协助各省市这类学科和机构的建立和发展，从70年代末到80年代末，十多年间，我北至辽宁的丹东，西至兰州、四川，南至广东、广西，东至上海、杭州及宁波；或参加成立学会大会，或参与科学讨论，或进行学术讲演……只要有利于民间文艺学、民俗学的建设与发展，而我的体力还能支持，我都不会放弃自己的责任。"[24]

钟敬文在代表大会上还作了题为"把我国民间文艺学提高到新的水平"的长篇发言。笔者在执笔写作这篇文章时重新阅读他20年前的这篇发言，

[24] 钟敬文《我与我的时代·祖国》，《历史的公正》第445-446页。

与其说从中得到了许多民间文学的见解和知识，毋宁说感受到作者敢于说真话的可贵。在发言中，他没有因为重新回到文艺界、重新回到民间文学专业机构里来，而不顾一切地歌颂大好形势（他也讲了三年来取得的成绩），而是切切实实地讲了一些中国民间文学界存在的、有待克服和提高的问题。这些问题是：

第一，三十年和十七年的问题。“三十年”是指从建国到 1979 年的 30 年，“十七年”是指文革前的 17 年。这是整个文艺界在批判了“四人帮”的法西斯文化专制主义后，都在关注和讨论这个敏感的、甚至分歧很大的问题之一。其实，主要分歧的核心是，过去的文艺界是否有一条“左”的路线统治着的问题。1979 年初，我所供职过的《文艺报》召开全国文学理论批评工作座谈会，总结建国 30 年来的文艺运动，三十年和十七年的问题，就成为各地理论批评家们最为关注的焦点，而且导致了此后文艺界领导成员中的严重思想分歧。在这个问题上的分歧和争论，在民间文学界也不例外，不过由于种种原因，争论没有展开，没有深入，正如真理标准问题的讨论没有在民间文学界深入开展一样。钟敬文指出，在民间文学的搜集整理方面，我们有较大的成就，特别是发现和刊行了许多兄弟民族的民族史诗。但是，在记录、整理的忠实性方面，始终存在着一些问题。至于研究、探讨方面，不足之处更大，专门的、比较有分量的著作寥寥可数。特别是兄弟民族的史诗，还很少见到比较认真的、有一定分量的研究著作。汉族的歌谣、故事，收集了很多资料，却缺少在质量上值得称赞、科学性较高的论著。

第二，教条主义和庸俗化的问题。钟敬文说：有的民间文学工作者“只满足于引用一些经典的名言隽语，以代替那种应由自己对具体事象进行艰苦的精神活动才能取得的结论”，更为普遍的是“把包含无限丰富内容的马列某些原理或简明公式，在运用上加以简单化、庸俗化”。他举例说：“中国长期的封建社会，经济上的私有制和家族制度上的家长制、男权主义等，产生了大量的家庭悲剧：姑媳不和，妯娌吵闹，兄弟反目等的民谣、故事。这种作品在理解中国长期封建社会各阶级的生活以及思想、情感上，具有重要的意义和作用。在表现艺术上往往也相当成熟。因为它具体地、真实地反映了当时的社会现实。但是，在研究上，以至在搜集、记录上，它得不到较高的重视，甚至于被忽视。那主要原因，是认为它没有直接反映贫苦农民对地主阶级或外族侵略者的斗争。它的社会、历史意义不大。这样把人民创作中所反映的社会历史的广阔现实，狭隘化为一两项预定的条目(尽管这种条目是很重要的)，而在研究方法上又未必真能够寻根究底，弄清这些条目所包含的现象的产生背景、起源和变迁过程等。这种对待具有广阔领域和深刻内容意义的人民创作的态度和方法，是值得我们认真反省一下的。”[25] 教条主义和庸俗化是五六十年代以来的文艺学和社会科学领域里的通病，钟敬文捕捉住了这种通病，并把民间文学领域里的这种错误倾向加以归纳和分析。

在这个报告中，还包含着其他一些重要内容和观点，限于篇幅，这里不再赘述。值得注意的是，他的这些观点，是站在思想解放的立场上评述建国三十年和“文革”前十七年的，有些地方或有些观点，无疑是针对着创造了民间文学界的“两条道路斗争”论者的。

此后的几年中，钟敬文一方面通过北京师范大学的民间文学教研室培养人才、开展学术研究、编写教材，一方面借助社会团体民研会组织民间文学的搜集整理，倡导民间文学的理论建设。他参加并主持了民研会组织的学术年会。如在第一届年会（1981 年 5 月）上，他除提交了题为“论民族志在古典神话研究上的作用”[26] 的论文外，还向与会者作了题为“民间文艺学的科学体系及研究方法”的学术报告。[27] 钟本人对《论民族志在古典神话研究上的作用》一文相当看重，在后来好几篇回顾学术生涯的文章中都

[25] 钟敬文《把我国民间文艺学提高到新的水平》,《民间文学》1980 年第 2 期；后收入钟敬文《新的驿程》第 131－148 页，中国民间文艺出版社 1987 年。

[26] 钟敬文《论民族志在古典神话研究上的作用——以〈女娲娘娘补天〉新资料为例证》,《北京师范大学学报》1981 年第 2 期；后收入《新的驿程》第 54－76 页。

[27] 这个讲演的全文，既未见发表于任何杂志上，也未见收入何种自选集中。只有《民间文学》杂志记者马捷在《东风春雨百花吐馨——记中国民间文艺研究会首届年会》中记述了寥寥数语：“钟先生还做了题为“民间文艺学的科学体系及研究方法”的学术报告。报告中就民间文艺学的科学体系、民间文艺史、民间文艺科学史、民间文艺学方法论及民间文艺资料学等五个方面，做了详尽的论述，与会代表一致感到受益不浅。”（《民间文学》1981 年第 7 期第 65 页。）王文宝在《民间文学工作通讯》1981 年第 39 期上著文《钟敬文先生在中国民研会首届年会上》，虽提到钟先生作此《民间文艺学的科学体系及研究方法》报告一事，但没有评述。

曾提及，如《钟敬文文集（民俗卷）》的《自序》说："在'四人帮'的王朝将临覆灭命运之际，我就奋力利用有关考古文物所提供的新资料，进行了一次神话学的新研究，那就是《马王堆汉墓帛画的神话史意义》。'四人帮'倒台后，我即精神饱满地写作了《论民族志在古典神话研究上的作用》、《刘三姐传说试论》等论文。在民俗史方面，我陆续写作发表了《民俗学的历史及今后的任务》、《我与浙江民间文化》、《浙江民俗学的历史、问题和今后的工作》、《中大民俗学运动及其成果》及《六十年的回顾》（纪念中大民俗学会诞生60周年）等长篇讲词或论文。这一组讲话、文章，是对我国现代民俗学运动史提供的比较可靠的资料，也是试图对它们做一些科学的评价。从我个人的学术活动史说，它们是对60年代前期写作的那组民间文学史论文的继续和发展。"[28] 在年会上，他还对中国民间文艺研究会的工作提出了四点意见：一，对民俗学要引起重视；二，民间文学有两重任务，除了作为文学读物外，还要作为科学资料；三，要开展全国性普查；四，要编辑出版《阿诗玛》的科学资料。

在第二届学术年会（1983年4月）上，钟敬文提交的论文是《建立新民间文艺学的一些设想》。他开宗明义说，新民间文艺学的特点，是"以马列主义为指导的、从实际出发的、具有中国特色的、系统的民间文艺学"。[29] 钟敬文的这篇学术报告，实际上成了这次年会的主旨报告，与会者对其进行了讨论，并纷纷表示：钟的报告"为建设新的民间文艺学奠定了理论基础，描绘了蓝图，希望不要把他的报告仅仅当成一次学术讲座，而应当迅速采取有效的措施。"[30] 据笔者推测，这篇报告，也许就是在两年前第一届年会上所作而又未能发表的《民间文艺学的科学体系及研究方法》的基础上加以修改和发展而成的，至少二者是在思想上承前启后、一脉相承的。这篇文章发表后，曾有人在"新民间文艺学"的"新"字上大做文章，说钟敬

[28]《钟敬文文集·民俗卷·自序》第14页，安徽教育出版社1999年。

[29] 钟敬文《建立新的民间文艺学的一些设想》，《民间文学论坛》1983年第3期；后收入《新的驿程》第17–29页。

[30]《中国民研会第二届年会及八三年工作会议专辑大会简报》，《民间文学工作通讯》1983年第5期总第67期第13页，中国民间文艺研究会编1983年5月。

文的这个“新”字，否定了1942年延安文艺座谈会在中国民间文学史上的地位。这种观点，显然是十七年时流行的“左”的观点的残余。其实，钟敬文提出建立新民间文艺学，前面有四个定语：以马列主义为指导；从实际出发；有中国特色；学科要有系统性。在此四个定语中，重点当然是“中国特色”，根本不存在否定延安文艺座谈会的历史作用的问题，况且任何伟大的文件都是一定历史的产物，也仅在一定的历史阶段上才是真理，毛泽东的《在延安文艺座谈会上的讲话》发表于抗日战争时期的延安，是一篇对中国文艺发展（包括民间文艺工作）起过重要作用的指导性文件，有些观点，在今天也还是适用的，但有些观点，在今天可能已失去了真理的价值，这没有什么值得奇怪的。

荣任民研会主席

1982年前后，由于领导人的问题，中国民间文艺研究会几乎有一年多的时间处在瘫痪之中。时任中国文联主席兼中国民间文艺研究会主席的周扬，不得不分心于1982年12月14日在家里主持召开民研会主席团扩大会议，解决民研会领导人的问题。他对民研会出现的问题，感到痛心，却又没有精力再过问，在他的主持下成立了一个包括笔者在内的临时领导小组。因为他在“文革”后因思想解放而在文艺界常受到某些人士的批评和攻击，特别是1983年3月7日受命在纪念马克思逝世一百周年大会上所作的报告

△ 钟敬文的书斋

《关于马克思主义的几个理论问题的探讨》，受到了胡乔木组织的批判，[31]心情极端沮丧，无法再顾及民研会的工作了。1983年春，中国民间文艺研究会在北京西山八大处举办第二次学术年会，正值钟敬文先生80大寿。当时在《文艺报》工作的笔者，给周扬写了一封信，告诉他钟敬文先生80岁寿辰的事，建议他写封信给先生，以表示祝贺和关怀。周扬果然给钟敬文写了一封信，称赞他是："成绩卓著，人所共仰。"笔者去西山参加研讨会时，又超乎自己的职责，向会议主持者建议为钟举办祝寿仪式，并得到了他们的同意。我通过电话报告了周扬，他欣然应允。我又约请了中国文联的领导人林默涵、赵寻，钟的老友、对外文委的林林等，新华社的名记者郭玲春等到会。由于我的自作多情的建议而导致的这个仪式，老寿星钟敬文既感到出乎意料，又十分高兴。出席祝寿活动的文坛老领导、老作家、老朋友热情的祝贺和温馨的赞誉，使钟敬文得到了从来没有得到的愉快和荣誉。

在回城的路上，周扬要我乘他的红旗车一道走。他同我谈话，说服我到民研会工作。此后，又以口头和写信的方式对我们表示，要求辞去民研会的职务。我到民研会后，尽可能地按照主席周扬的思路工作，特别尊重民间文学专家钟老的治会意见。我去请教钟先生时，钟先生跟我半开玩笑说："民研会是个火坑，你来会里，是跳到火坑里啦。"作为副主席，他对民研会长期处在瘫痪状态，已感到无奈和厌烦，因此也很支持我这个新来的中年干部提出的整顿意见，况且我关于加强理论研究的意见，正是他多次在民研会的会议上反复讲过的思想。于是定下来1983年12月8日—11日召开民研会的三届二次理事会，讨论加强理论研究问题。开会前我到周扬同志家里向他汇报，他对我们的意见表示赞同。会议由钟敬文副主席主

[31] 王若水在《周扬对马克思主义的最后探索》一文中引用常念思发表在《读书》杂志1995年第12期上的回忆文章《老泪纵横话乔木》说：作者在盛赞胡乔木之余，特地表示："近十五年里，乔木与周扬、王若水的对立，我看恐怕乔木是错的。乔木反对提'社会主义社会中同样有异化'，反对提出'马克思主义人道主义'，在理论上，恐怕也未必对。"……虽然这只是个人意见，但这也许是一个迹象，表明在经过这么多年之后，在这个问题上终于可以发表不同意见了。（王蒙、袁鹰主编《忆周扬》第414页，内蒙古人民出版社1998年。）

持并致开幕词，他还另外作了一个长篇报告，阐述加强民间文学理论建设的有关问题。我代表书记处宣读了《全面开创社会主义民间文学新局面》的报告。会议当中，周扬抱病来到会场，由秘书小丁扶着走到主席台上，向大家发表讲话。大家很受感动，深情地聆听了抱病前来、也是最后一次出席民研会理事会的周扬同志的讲话。[32]经过周扬一讲，与会者很快统一了意见，会议作出了加强理论的决定，其主旨是建设有中国特色的民间文艺学理论。为了实现这个战略设想，要培训队伍、组织力量、编制课题，召开各类学术讨论会，围绕着“三套集成”开展全国普查，创造开展理论研究的环境。会议圆满结束，贾芝副主席致闭幕词。关于周扬在民研会的情况，我已在《回忆周扬二三事》一文中写过了。[33]

在中央宣传部和中国文联党组的领导下，经过协调与筹备，中国民间文艺研究会于1984年12月召开了第四次代表大会。尊重周扬的意见，卸去他的民研会主席的担子，并选举钟敬文接任中国民间文艺研究会第四任主席的职务（他的实际任期是1984.12—1991.5）。钟敬文任民研会主席后，由我充任他的副手，协助他的工作，使我有五六年的时间，能直接向他学习和请教，近距离地了解这位著名学者。

毕生献身于民间文学和民俗学的钟敬文先生，在他81岁时，被选为中国民研会的主席，心情自是十分高兴。他在致答词中说：

> 我小时候读过苏东坡的《赤壁赋》，有一句话是“渺沧海之一粟”。他把世界和宇宙比做一个大海，个人只是一粟。我感到自己在民间文学的沧海中也只是一粟。大家推举我担任本届主席，实在是一种厚爱。尽管我年事已高，但作为社会主义社会的公民，一个国家干部，就有责任在他活着的时候，尽自己绵薄的力量。[34]

他还特意就为什么要加强民间文学的理论研究作为重点，做了解释和

[32] 周扬《努力提高我国民间文学研究的学术水平——在中国民间文艺研究会三届二次理事会上的讲话》，《民间文学》1984年第7期。

[33] 拙作《回忆周扬二三事》，见《忆周扬》第564－571页。

[34]《钟敬文主席在闭幕式上的讲话》，《民间文学》1984年第12期。

说明。他担任主席的六年间，称得上是中国民间文艺研究会历史上最兴旺发达的时期。他领导和参与的大事，概括起来有几项：一、首要的是推动民间文学的理论建设，编制理论研究课题，提倡加强专题研究，办好理论刊物。二、“三套集成”上马，亲任总编委会（常务）副总主编，并主持召开了第二次编辑工作会议。三、主持召开了四届二次常务理事扩大会议，这次会议决定把中国民间文艺研究会更名为中国民间文艺家协会。现略述如下：

1984年5月22至28日，民研会在四川峨眉山召开了有18个省市自治区的近60位民间文学专家参加的民间文学理论著作选题座谈会，讨论如何加强理论研究工作，提高学术水平，制定民间文学理论著作选题计划。钟敬文因年事已高，未能到会。会前，我去他家里听取了他关于加强理论研究的指示，并向他汇报了会议的开法。会议开始，首先播放了他的录音讲话，然后由我根据民研会三届二次理事会的精神作主旨发言，进行讨论。与会代表们集思广益，形成了一个《纪要》和《民间文学理论研究选题规划》。会上成立了中国神话学会，推举袁珂先生为会长。会议《纪要》中的一些设想，中国民间文艺研究会的领导班子有计划地逐项落实。首先由中国民间文艺出版社编辑出版《中国民间文学理论建设丛书》：第一种就是钟敬文先生的《新的驿程》（1987年10月）。其他几种是：马学良的《素园集》（1989年5月）、姜彬的《区域文化与民间文艺学》（1990年12月）、刘锡诚的《原始艺术与民间文化》（1988年8月）。出版社编辑部拟定的出版计划中，记得大约有20余种，几乎囊括了当时稍有名气的老中青学者，后因为出版社被撤销而中断，实在是一桩令人惋惜的事。

钟敬文很重视办好理论学术期刊，曾在多次演讲中谈过，一种学科的存在与完善，有赖于学术期刊的培育。民研会主办的学术刊物《民间文学论坛》创刊于1982年，主编们根据钟敬文的意见，设立了“民俗之页”专栏，发表民俗学的文章。后来，民俗学在社会上蔚成风气，论文来稿越来越多，发表的数量也逐渐加大，有时分量甚至过半，只好取消“民俗之页”的栏目。钟敬文的许多重要论文，是在《民间文学论坛》上发表的。如《中国民间故事类型索引·序》、《关于民间文学集成的科学性等问题》、《新的驿程·自序》、《六十年的回顾——纪念中山大学民俗学会创立六十周年》、《评介一个苏联汉学家的神话研究——序李福清〈中国神话故事论集〉》、《从石龟到石狮子》、《中日民间故事比较泛说》等。有时他还向编辑部推荐他的学生（如何彬）的文章。到 20 世纪 90 年代，《民间文学论坛》不仅形成了自己的学术风格，也得到了国际学术界的认可。

《民间文学三套集成》（《中国民间故事集成》、《中国歌谣集成》、《中国谚语集成》）的编纂是一项宏伟的文化工程，全部完成后，大约有百卷之巨。这件事，从 1983 年民研会二次学术年会上开始酝酿讨论、起草文件，但始终还是纸上的事情。经多方敦请，直到 1984 年 5 月 28 日，文化部和国家民委两个国家部委才签署了 108 号文件，正式生效立项，进入实施阶段。此时，周扬同志却已躺在病床上，成了植物人，不能再视事了，由他担纲总主编，但必须有一两位德高望重、学富五车的学者出任常务副总主编，总揽其事，工程才能进行。经协商，钟敬文和周巍峙二人众望所归，出马担任了这个角色。在总编委会之下，成立了编辑部和办公室，“三套集成”终于走上了快车道。钟先生又兼任了《中国民间故事集成》的主编，任务繁重，要审阅地方上送来的稿件，发表意见，经他签署后才能发稿出版。他虽年逾古稀，事情繁冗，但总是乐此不疲。1986 年，全国普查搜集阶段近于结束，要及时部署下一阶段的编纂工作。周、钟二位领导到杭州主持了第二次全国集成工作会议，钟并在会上发表了讲话，即前面提到的那篇《民间文学集成的科学性等问题》。[35] 如今，“集成”已出版了几十卷，故事卷也出版了十几卷（迄今已出版的有：辽宁卷、吉林卷、江苏卷、浙江卷、河南卷、福建卷、四川卷、北京卷、西藏卷、甘肃卷、陕西卷、宁夏卷），可谓成就卓著了，其中浸透着钟老先生多少心血汗水啊。

还要提到的一件重要的事，就是 1986 年 10 月末 11 月初，钟先生亲到成都出席并主持了中国民间文艺研究会四届二次理事会，并致开幕词。他在散文《成都去来》中写道：“几年前，中国人类学会，我们民间文艺研究会，就都在成都或其附近开过会，这些会是邀请过我参加的。虽然其中有些会期，恰巧碰到我临时有了别的事情不能抽身，但也不是全然如此。现在回头分析起来，主要原因，怕是由于心里没有一种‘非去不可’的迫切

[35] 钟敬文《民间文学集成的科学性等问题》，原载《民间文学论坛》1986 年第 3 期；后收入《新的驿程》219－225 页。

感。……这次，情形有些不同了。自己是会议的负责人之一，有义务去参加；附带的一种思想，年纪已经老迈了，往后外出的机会不是太多了。因此，我就决心走一趟。”[36]会议学习党的十二届六中全会决议精神，号召实行学术自由、讨论自由、批评和反批评自由的原则，促进民间文艺学理论的发展，发挥民间文艺在社会主义精神文明建设中的作用，以改革开放的精神开拓民间文学事业；通过了《1986—1990年民间文学规划草案》和将中国民间文艺研究会更名为“中国民间文艺家协会”向中央的建议。中共中央宣传部于次年5月批准了四届理事会关于更名的建议。

△ 登上妙峰山——了却平生心愿的钟敬文（左为本书作者）

举办评奖活动是新时期以来出现的新事物，是促进民间文学事业发展的一项重要手段。1983年10月，民研会举办了第一届全国民间文学作品评奖（1979—1982）活动，并在同年举行的三届二次理事会上颁奖。周扬

[36] 钟敬文《成都去来》，《历史的公正》第255-259页，大众文艺出版社2000年版。

主席担任评委会主任，钟敬文等任副主任。更名后的中国民间文艺家协会，决定于1989年9月在大连经济技术开发区举办第一届中国民间艺术节，并举办中国民间文艺家协会第二届民间文学作品评奖（1983—1988）的颁奖活动。这次评奖由钟敬文主席担任评奖委员会主任。评委会评选出了获奖民间文学作品81部。年届86岁的钟敬文先生不辞辛苦，满怀热情地毅然去大连出席第一届中国民间艺术节和第二届民间文学作品评选颁奖大会，主持了这次颁奖活动。大连之行，钟先生兴之所至，还挥笔写下了《参加首届中国民间艺术节三绝》，以记其盛。[37]

1989年是五四运动七十周年，前面说过，五四60周年时，钟敬文撰写了两篇大文章，今逢70周年纪念，他又应邀将一篇《现代民间文艺学的登场》交给了《民间文学》（发表于第5期）。据笔者判断，这篇短文，可能是作者竣稿于1989年3月25日的长篇论文《五四时期民俗文化学的兴起——呈现于顾颉刚、董作宾诸故人之灵》[38]的一个缩本或节本，后者无疑是作者多年来撰写的有关五四民间文艺学和民俗学的文章和思考的集大成者，而且郑重地创立并推出了他思考已久的“民俗文化学”这个学科名称。如果说，粉碎“四人帮”之初他所写的几篇有关五四民间文艺学的论文，更多地带有拨乱反正、正本清源的色彩和旨意，那么，撰写这篇文章，却无疑意在“民俗文化学”及其历史发展的学科建设上。

中国民间文艺家协会建会40周年座谈会于1990年4月25日在中国文联大楼举行，钟敬文到会发表了一篇题为“新中国学术史上富有意义的一页”的发言，这篇文章事后发表在民革主办的《群言》杂志同年第8期上。[39]这篇讲话历数了民研会所走过的道路和所取得的成绩，追忆了郭沫若、周扬等的历史功绩，隐含着作者复杂而难以言表的思绪和感喟。虽然不久后就要举行四届五次理事会宣告他所担任主席的四届理事会的结束，但我分明从

---

[37]《参加首届中国民间艺术节三绝》，《民间文学》1989年第11期。

[38] 钟敬文《五四时期民俗文化学的兴起——呈现于顾颉刚、董作宾诸故人之灵》，《北京师范大学学报》（哲学社会科学版）1989年第3期。

[39] 中国民间文艺家协会以他的名义主编了一本《中国民间文艺学的新时代》，将此文作为代序，敦煌文艺出版社1991年版。

钟先生的这个讲话中已经嗅出了一种类似告别演说的无奈。其时，我已像那些在中流里摇橹击水的艄公，正准备启航离开这个停泊了八年的滩头，因而也就没有亲耳去听他的高论，也无缘与朋友们分享那份喜悦与忧伤。当然，世间本来就没有不散的宴席。40 年不算长，但其间充满了坎坷，道路上长满了荆棘。走过二十一年“仄径”与“危滩”的钟敬文，如今已是百岁老人，步履虽然不免有些“蹒跚”，但他以其事业与学问的辉煌，而受到学人们的拥戴与祝福。

2001 年 11 月 30 日

[附记：本文为钟敬文教授百年寿辰而作。全文发表于美国纽约出版的《中外论坛》中文版 2002 年第 1、2 期；节本发表于《民间文化》（北京）祝贺钟敬文百岁华诞学术专刊，2001 年 12 月 31 日。]

后 记

和平安宁的生活过得久了，竟浑然不觉地把沉痛的历史都给遗忘到脑后了。不久前有一天，一位年轻的朋友打来电话问："文化大革命"的"破四旧"是指哪"四旧"呀？一时间，无法准确地回答出来。忘了，全忘了！好在那些"红宝书"还保存着。一查，原来出典于林彪 1966 年 8 月 18 日《在庆祝无产阶级文化大革命群众大会上的讲话》："我们要大破一切剥削阶级的旧思想，旧文化，旧风俗，旧习惯，要改革一切不适应社会主义经济基础的上层建筑，我们要扫除一切害人虫，搬掉一切绊脚石！"我们的"旧"思想、"旧"文化、"旧"风俗、"旧"习惯，就在这样的口号声鼓动起来的疯狂迷乱中彻底地被埋葬了。我们的文学艺术、文化传统终于扫荡已尽，发生了可怕的"断裂"！

历时十年的"文化大革命"结束时，我们突然感觉好像进入了一个新的世纪。正如当时流行的一句俗语说的，"噩梦醒来是早晨"，换了人间！于是，开始搞大批判，拨乱反正，正本清源，打扫战场，平反冤狱，平抚伤痕，平整土地，"复耕""复种"。文坛开始萌发出生机，一个新的时期开始了。

真正意义上的"文学新时期"或曰"新时期文学"，我以为大致是从 1977 年底揭批"四人帮"的第三战役、清算"文艺黑线专政论"开始，其间大约经历了八年或九年的时间，到 1985 年中就落潮了。这个被批评家和史家称为"新时期文学"的文学时期，在以现实主义的创作原则和旗帜下，以对现实生活和苦难人生的积极态度，而赢得了亿万读者的关切和热爱，出现了中国文学史上鲜见的辉煌。

作为一个文学编辑和文学评论者，笔者有幸先后在《人民文学》和《文艺报》两个杂志编辑部编辑的岗位上，亲历了和见证了这段具有历史意义的难忘岁月。在这本书里所写的，就是这些岁月里的一些"文学写照"（借

用高尔基语)，他们都是些在新时期文坛上以不同的方式、在不同的疆域上驰骋过，并对新时期文学发展作出过某些贡献的前辈作家和领军人物。他们是我的益师良友。他们曾给我以教诲和帮助。对他们的文学业迹和历史遗产，我感到，有责任写出来，让后来的文学爱好者和研究者们了解。

这部书稿是我因工作调动离开《文艺报》之后陆续写成的，前后写了好多年。离开搭建在北京沙滩北街2号红楼后面院子里的那间编辑部——“抗震棚”时，实属仓促，没有来得及清理柜子里和写字台上那些乱七八糟的稿笺和文件。无意中倒是为我写这些文章留下了一宗宝贵而翔实的史料，使我笔下的这些文字，在仅靠记忆而外又多少增加了一些根据。2003年11月，我到武汉参加一个学术会议，应邀到武汉出版社做客，得到彭小华社长和总编室邹德清主任的热情招待和允诺，要我把这部书稿交给他们出版。能得到他们的支持，我自是十分高兴，当然也很感谢。友人周健民、严平、程小玲向我提供了一些照片，也在此致谢。

我写的这些作家、批评家，都曾是活生生的身边人物，如今转眼间都变成历史人物了。历史真是无情。这些标志了一个时代的作家、评论家、学者的音容笑貌，还时常出现在我的眼前。我也发现，要公允地再现一段历史和历史人物，的确是一件很不容易的事情。我的书里肯定也会有许多不当和不尽如人意之处，欢迎文学界同行和读者朋友批评指教，以便我有机会改正谬误。

作者谨识

2004年7月26日于东河沿寓所